世纪精睿

高职高专全息化经济管理类系列教材

高等教育经济管理类"十二五"规划教材

# 广告理论与实务

（第二版）

主　编　谢　岩

副主编　王振鹏　孟晓辉

上海交通大学出版社

## 内容提要

本书从科学培养广告专业人才的角度出发，吸收了广告领域的前沿理论和实践方法，注重教材的科学性、系统性、实用性和适用性。教材采用驱动任务和案例引读相结合的方式，激发读者的求知欲，并在讲解理论时，穿插案例运用和疑难解答，将原理与案例相结合，能力培养与技能训练相结合，广告实践与广告理论相结合。本书主要内容包括广告概论、广告调查与预算、广告战略和广告策略、广告创意、广告媒体决策、广告文案、广告效果与测评、广告经营与管理。

本书既可以作为高等职业学校、高等专科学校市场营销专业及其他经管类专业的通用教材，也可供经济管理专业人员自学和培训使用。

**图书在版编目（CIP）数据**

广告理论与实务/谢岩主编. —2版. —上海：上海交通大学出版社，2016（2018重印）
ISBN 978-7-313-09794-1

Ⅰ.广... Ⅱ.谢... Ⅲ.广告学—高等职业教育—教材 Ⅳ.F713.80

中国版本图书馆CIP数据核字（2013）第111790号

**广告理论与实务**
（第二版）
谢 岩 **主编**
上海交通大学出版社出版发行
（上海市番禺路951号 邮政编码200030）
电话:64071208 出版人:谈 毅
上海春秋印刷厂 印刷 全国新华书店经销
开本：787mm×1092mm 1/16 印张:16.5 字数:357千字
2013年8月第1版 2016年7月第2版 2018年7月第3次印刷
ISBN 978-7-313-09794-1/F 定价:48.00元

# 前　言

近年来，随着社会经济文化的迅速发展，广告以其对经济的巨大推动力而成为现代社会生活的重要组成部分，它充斥着人们的视听，引导着消费，也创造着消费，影响了人们的消费习惯，进而改变了人们的消费观念。本书以发动完整的广告战役为主线，系统介绍了广告决策的各个层面。在保证基本理论“必需”、“够用”的基础上，以直接的工作结果为标的，立足于培养学生广告策划的职业感和工作技巧。

本书以满足社会主义市场经济条件下新型企业市场营销岗位群的需要为出发点，为企业培养德、智、体、美全面发展的高等技术应用型专门人才，依照广告策划和广告运作流程来构建广告学理论及实践的整体知识框架，突出高职高专的教学性质和要求，着重体现以下特点：一是针对性，即针对高职高专院校市场营销专业的学生，从其掌握广告理论知识和实践技能的需要出发，以必要的相关理论知识为辅垫，注重技能培养；二是实践性，即根据高等职业教育的培养目标和培养要求，强调“理论够用，实践为主”，以技能培养为主线，突出案例教学和实践环节；三是基础性，即以广告行业的基本技能为导向，着重要求学生具备基本的广告策划、广告策略的制定、广告媒体以及广告创意和广告文案写作等方面的基本能力。

本书的突出特色表现在内容结构的编排上，即把整个教材的内容分成学习项目，全书共有8个学习项目。学习目标是在每个项目正文前提出本项目的知识目标与能力目标；每个项目都以“驱动任务”和“案例引读”引发学生的思考与兴趣；“相关链接”、“小思考”、“经典案例”以及众多独具特色的实例与创意构图等，既有助于学生理解和掌握基本概念与原理，也拓展了学生知识的广度和深度；“思考与练习”可在巩固学生基础知识的同时，加快学生将知识转化为能力的速度。

本书由谢岩(开封大学)任主编，王振鹏(开封大学)、孟晓辉(开封大学)任副主编。全书分工如下：项目一、项目五、项目六由谢岩编写；项目二、项目三由王振鹏编写；项目四由陈鹏举(河南质量工程职业学院)编写；项目七、项目八由孟晓辉编写。全书由谢岩设计结构并最后统稿。

在本书的编写过程中，引用了许多参考资料，在此，对相关作者表示诚挚的谢意！我们在教材的特色建设方面进行了积极的尝试，恳请广大用户对本教材中的疏漏之处提出意见和建议，以便修订与完善。

编　者

2013年6月

# 目　录

**赠送课件说明:**

充实教学内容、丰富教学资源、改进教学方法是高校教师提高教学质量的基本思路,也是我们编写教材的宗旨。为方便教师教学,我们配套制作了本教材的教学课件,免费提供给使用本教材的教师。为保证教师获得课件,请授课教师填写开课情况证明,同时注明联系方式,并邮寄(或传真)至下列地址,我们将在48小时内寄出课件,或向教师提供用户名和密码,在本社网站(www.jiaodapress.com.cn)上下载课件。本书第三部分"案例介绍与分析"的相关内容也可在上述网站上下载。

联系人:王华祖
地址:上海交通大学出版社职教图书出版中心　上海市番禺路951号
邮编:200030
电话:(021)60403028,(021)60403033(fax)
E-mail:jimshua@hotmail.com

# 项目一 广告概述

## 学习目标

• 知识目标

(1) 理解广告的概念及特征。

(2) 掌握广告的传播原理及特性。

(3) 了解广告与营销的关系。

(4) 了解广告的发展史。

• 能力目标

(1) 认识广告,树立正确的广告观念,为具备广告策划、广告文案写作等能力打下良好的基础。

(2) 在广告策划的过程中,能够正确处理广告与营销的关系。

## 驱动任务

### 任务内容

阅读下面材料,完成相应的任务。

20 世纪 90 年代初,美国的牛奶消费量连续 30 年下滑。当时的年轻人普遍认为,牛奶是小孩喝的东西,牛奶的市场份额不断地被软饮料及瓶装水所挤占。作为美国最大的牛奶企业——加州牛奶加工委员会,终于坐不住了,于是一场浩浩荡荡的广告战役开始孕育。这场被冠名为"Got Milk"的广告运动,不惜血本地邀请了美国各界明星代言牛奶,这些明星的嘴唇上都以一抹牛奶胡子(Milk Mustache)作为经典的标志。从 1993 年起,那撇牛奶胡子便长盛不衰,在近 10 年的时间里让所有的美国人为之尖叫,被认为是有史以来最伟大的广告战役。

"Got Milk"广告运动在两年内就被推广到了全国,使得喝牛奶在青少年中渐渐成为时尚。"Got Milk"广告运动有效地遏制了 30 年来牛奶销售的下降势头,并使喝牛奶成为一种流行文化。这一广告不仅在短短 10 年内成功地达到了最初提高牛奶市场销售量的目的,还在美国形成了一种健康生活潮流。由最初的主动吸引消费者眼球到全美大众极力追捧的流行时尚,由迎合消费者需求转换成引导消费者潮流。

**任务**:(1) 分组讨论广告对大众的影响。

(2) 分析广告的特点。

**任务要求**:在老师指导下,分组展开资料收集,讨论分析;小组成员之间分工合理、合作默契;并写出分析的框架及简单内容。

## 案例引读

**一句广告语带动消费几百亿元**

目前,许多企业,特别是拥有世界级品牌的大企业,都将广告作为企业经营战略的重要组成部分,在广告宣传上投下巨额资金,通过广告的推动来发展壮大自己。

试着列举 3 个耳熟能详的广告语,简单介绍你对它们的理解。

"车到山前必有路,有路就有丰田车"的巨幅广告牌,曾在北京机场路口矗立了几个春秋。"日通"广告部曾说:"我们宣传的目的是让来中国的顾客,第一眼先看到日本产品的广告,然后看到的才是万里长城!"于是,北京机场、上海黄浦江畔、羊城火车站广场、曼谷的豪华饭店前、汉堡的闹市区、中东的沙漠地带、太平洋的珊瑚礁岛、香港维多利亚海岸边最高层的建筑群上,都树起了日本几家大公司的商品广告和霓虹灯,美国商人感叹地说:"麦哲伦今日若再度环球航行,不需要指南针,只要望着日本的广告牌,就能导航了!"

然而,就是"车到山前必有路,有路就有丰田车"这一句广告语,却惊动了躁动不安的中国市场,洋车蜂拥而至。仅 1980~1986 年,我国进口小轿车的资金即超过了新中国成立后 30 年对整个汽车工业的投资总额。几百亿元的外汇,被小小的广告带走了!

# 第一节 什么是广告

## 一、广告的定义

美国的经济学家不里特说过——"企业经营如果忽视广告,就好像在夜幕中向姑娘传送秋波,尽管你知道你做了什么,但对方并不知道。"

联系日常生活,谈谈你对广告的认识。

一则好的广告,可能使一家濒临破产的企业起死回生,但一则创意不佳、易引起误解或反感的广告,却可能给自己带来意想不到的损失。

美国一家号称(Robt. w. orr)的广告公司为自己刊出一则广告:以深夜 2 点公司里的电灯仍亮如白昼的背景,表现公司员工勤恳工作的作风。但这则广告却受到了同业界的批评。某广告社社长说:"这则广告的表现手法,是我所见到的广告中最差的,如果我是广告主的话,看到这则广告,不但无动于衷,反而会想那家广告公司若真如表现的那样勤奋,恐怕是上下班时都无精打采,没有任何人能振作精神去工作的。"

广告一词的英文是 Advertise,原意是"我大喊大叫,以引起注意",现在演化为"通知别人某件事,以引起他人注意"。

中文“广告”一词，可以看作是“广而告之”的简语。广：大的意思，引申为公开。告：告诉、告之。公开告诉就是广告。但字面上的意思根本不符合人们在日常生活中对广告的理解，从广告学科的产生到现在，许多人从许多侧面对广告下过许多定义，有代表性的有以下几种：

(1) 近代广告之父阿尔伯特·拉斯克尔(Albert Lasker)认为：广告就是印在纸上的推销术。不过他的定义显然具有时代的局限性。

(2) 可口可乐策划活动的代理商麦肯认为：广告就是以震撼人心的方式表现出来的销售点子(Salling idea)。此语简洁凝炼了现代商业广告的底蕴。

(3) 目前业内人事普遍认可的广告定义是美国市场营销协会的界定：

**广告**是由明确的出资人通过各种媒体进行相关产品(商品、服务和观念)的大众信息传播活动，这种活动是有偿的、有组织的、综合的和规劝性的。

## 二、广告的要素

科学意义上的广告要包括下述条件，即广告要素。

1. 明确的广告主

广告通过传播，信息扩散到公众中，公众在听取了对自己有用的信息后，必须能明确无误地找到发布信息的确责任人(因为广告是一种非当面提示)，明确的广告词，在广告宣传中有多方面的作用：

(1) 帮助公众更好地理解广告的内容和用意。例如：一握万宝手，永远是朋友；经常大鱼大肉地吃，有时侯就会消化不良，请吗丁啉帮忙。

(2) 便于公众在对比的基础上作出选择。例如，新飞和容声(制冷快，噪音低)，伊莱克斯。

(3) 表示广告主公开承担广告推销的社会责任，为推出的一则广告所带来的一切后果负责。例如：海尔冰箱，用两天的电，付一天的钱。

2. 广告媒体

广告是一种非人际传播，需要通过一定的媒体进行，媒体是信息的发布者为使信息达到受众而采用的工具和手段，媒体多种多样。其中包括：电视媒体、广播媒体、报纸媒体、杂志媒体、网络媒体、户外媒体等。

3. 广告内容

**广告内容**主要指广告信息所指向的商品、劳务或观念等。

(1) 商品信息包括：商品的性能、质量、价格、用途、使用、保养、销售时间、地点等相关信息。

(2) 劳务信息包括：文娱、旅游、饮食等服务性活动的信息。

(3) 观念信息：通过广告倡导某种意识，使消费者树立一种有利于广告主推销商品或劳务的消费观念。

例如：旅游公司印发宣传手册，不是着重谈经营项目，而是着重介绍祖国的大好河山、名胜古迹、风土人情，使读者产生对祖国风光的审美情感，从而激发他们想要参加旅游的欲望。

4. 广告受众

**广告受众**指广告信息指向的目标市场,即广告内容的接收者或目标受众。从广告传播层面上讲,广告受众是广告传播活动的终端和目的地,是整个广告运作的客体;从营销层面上讲,广告受众是产品或服务的目标消费者。因此,广告传播的受众必须是产品或服务的目标消费者,两者应保持一致。

5. 广告费用

广告费用是广告主支付给广告经营者的费用。包括:广告调研费、广告设计费、广告制作费、广告媒体费等。可口可乐公司认为广告是制胜的法宝,其每年用于广告的费用有500多亿美元。

有偿的传播属于广告,那么无偿的传播是广告吗?有一些广告仅仅是告知,而非劝服,例如:法律公告等,不能够算是广告。

## 三、广告的特点

将上述广告的定义及要素结合起来,我们就可以看出广告的特点:

(1) 广告是一种传播活动。广告是在出资人规定的时间和空间内,以文字或非文字的形式传播出资人预定的信息。

(2) 广告传播的对象(广告受众)是大众而非个体。广告的目的都是说服目标顾客改用某一种商品或接受某一种服务或观念。

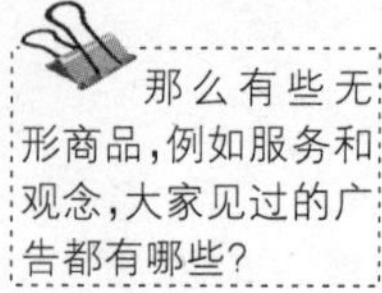

那么有些无形商品,例如服务和观念,大家见过的广告都有哪些?

(3) 广告传播的内容涵盖有形商品、服务和观念。有形商品包括洗发水、服装、汽车、饮料、家电等。

### 相关知识链接

经典的广告口号具有超乎寻常的生命力,许多广告口号已经成为流行文化的一部分,我们来看看下面的广告语分别代表什么公司的宣传产品?

(1) 不走寻常路。(美特斯邦威)

(2) 非一般的感觉。(特步运动鞋)

(3) 不看不知道,世界真奇妙。(正大综艺)

(4) 味道好极了。(雀巢咖啡)

(5) 钻石恒久远,一颗永流传。(戴比尔斯)

(6) 人头马一开,好事自然来。(人头马XO)

(7) 黑头发,中国货,相信我,没错的!(奥妮洗发水)

(8) 不在乎天长地久,只在乎曾经拥有。(铁达时手表)

(9) JUST DO IT(耐克)

(10) 我选择,我喜欢。(安踏运动鞋)

(4) 广告必须表明出资者。出资者花钱的目的就是希望被表明。只有通过广告宣传,才能让消费者记住产品的名称,了解产品的性能,产生购买的欲望,最终促成消费者的购买行为,因此,在广告中表明广告主的身份尤其重要。

(5) 广告传播的渠道——媒体。广告发展到现在其传播途径并没有改变,变化的只是媒体的形式。广告媒体是连接广告主与广告受众的纽带,失去了媒体,广告的作用就无法发挥,常用的媒体有报纸、杂志、广播、电视、网络等,还有一些新的传播方式,如手机短信、事件媒体等。另外还有一些其他方式,例如,银非钻石,买钻石,送张学友演唱会门票;周杰伦北京演唱会不售门票,买动感地带充值卡,送相应价格的门票等。

# 第二节 广告的传播特性

## 一、传播的过程

广告是一种特殊的传播活动。人与人的交流,在很多场合下是直接接触从而达到相互沟通的目的。传播就是把想法和观念从一个人传递给另一个人的行为。然而,广告信息传递给消费者,往往是非直接的,要借助一定的媒体,这种借助于一定媒体的传播称为大众传播。

**大众传播**:通过一种传递装置(一种媒体),从一个人或一族人向广大受众或市场进行的传播。

我们用5个术语来描述大众传播的过程:传播者、信息、接受者、信道和反馈。传播者(信源)把信息放在信道(媒介)中,通过媒介传播到接受者。当接受者对此作出反应,反应改变了信源以后传递的信息,反馈就产生了。这就是大众传播的基本过程(见图1.1)。

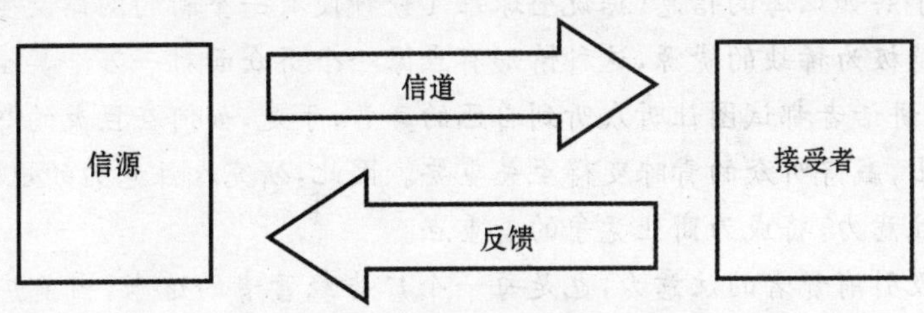


图1.1 大众传播的基本过程

由此可见,现代大众传播有3种特征:

(1) 信息利用某种大众媒介的形式传递出去。

(2) 信息传递迅速。

(3) 信息同步或在很短的时间内到达各类受众群体。

广告正是一种大众传播的方法,它的信息源就是出资人(广告主),信息就是广告的内容,信道就是可供选择的各种媒体,接受者就是广告受众,对出资人最好的反馈莫过于达到或超过预期的销售目标。

## 二、广告传播的理论——AIDMA理论

AIDMA理论最初是美国广告学家E·S·路易斯提出来的。他认为消费者

在接受广告时的心理活动顺序如下：①Attention（注意）；②Interest（兴趣）；③Desire（欲求）；④Action（行动）。后来推广到市场营销中，有人加上 Memory（记忆），于是，就形成了所谓的 AIDMA 理论。

信息传递，按照广告金字塔的形式，有一个逐次“散漏”的过程。这样，广告信息最终能真正引起购买行为是非常有限的。

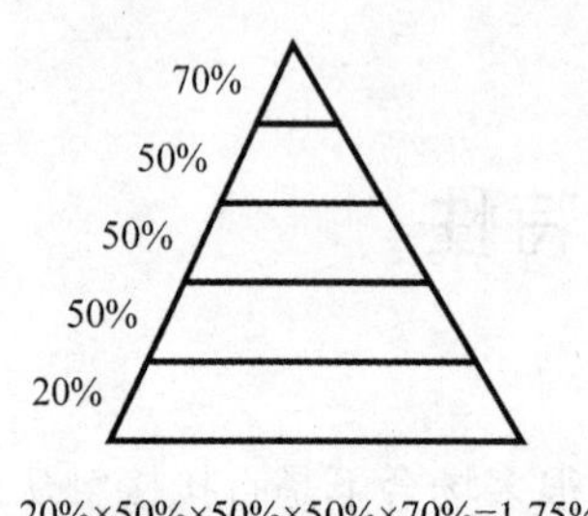


图 1.2 广告金字塔

**例 1-1** 广告目标受众是 15～49 岁的女性消费者，假如有 1 000 万人，其中，注意率为 20%，注意者中感兴趣的占 50%，感兴趣者中有购买欲望的占 50%，有欲望者中能够记住的又有 50%，最后真正购买者只是记忆者中的 70%，形成金字塔递减态势（见图 1.2），这样，真正购买者的人数只有目标受众的 1.75%。

在广告信息传播中，引起“注意”显得特别重要，广告有效与否首先要看它有没有视觉冲击力。因此，越来越多的广告人把这种现象称为“注意力经济”。

## 相关知识链接

### 注意力经济

诺贝尔经济奖获得者赫伯特·西蒙曾说过：“随着互联网的发展，有价值的不再是信息，而是你的注意力。”在信息社会里，硬通货不再是美元，而是关注的程度。相对于浩如烟海的信息（据说全球每 4 分钟便有一个新的网站诞生），个人的注意力将是极为稀缺的资源，这种情形有点像一个听众面对一万个甚至更多的讲话者，每个讲话者都试图让听众听到自己的声音，于是，如何在巨大的“噪音”干扰中脱颖而出，赢得听众的青睐变得至关重要。因此，研究人注意力的规律，吸引别人的更多注意力，将成为商业竞争的着重点。

如何吸引消费者的注意力，也是每一个广告经营者的追求，当前广告主用于吸引消费者注意力的方法很多，明星就是其中的一种，利用明星效应来吸引消费者的视线。还有就是“美女与注意力经济。”注意力经济来临，美女们以“形象代表”、“亲善大使”、“产品代言人”的面目出现，在市场上呼风唤雨，争夺眼球，也为厂家商家建下不少奇功。大美女常常担纲大项目，小美女只做些促销之类的小业务，美女们“海”来“海”去，多多少少都为经济的发达做出了贡献。卖汽车的，车旁必立一美女，叫做“汽车秀”；开产品介绍会，美女列于大门口夹道迎客，叫做“礼仪秀”；还有举不胜举的“婚纱秀”、“时装秀”、“空调秀”、“家具秀”、“香皂秀”、“洗发水秀”……形形色色不一而足，频频闯入我们的视野，并伴有动听的画外音：“想像我一样吗？请用×××吧！”“我只用×××”、“我就是我，晶晶亮……”当然，通过美女来吸引消费者的视线只是权宜之计，能否最终赢得消费者的青睐，还需要多方面（质量、服务、性能等）的努力。

幽默，也是吸引广大消费者的一个法宝，我们来看一看世界上一些经典的广告语吧。

荷兰一家旅行社刊出一则广告:"请飞往北极度蜜月吧! 当地夜长 24 小时。"

一家瑞士旅游公司则在广告牌上提醒说:"还不快去阿尔卑斯山玩玩,6000 年之后山便没有了!"

柏林一家花店开张时的广告:"送几朵花给你所爱的女人——但是,请不要忘了你的妻子。"

一家理发店的墙上,贴着这样一则广告:"别以为你丢了头发,应看作你赢得了面子。"而一家乡村理发店则以恐吓的口吻在广告牌上写着:"先生们,我要你们的脑袋!"

牙医门诊部外一块牌子上写着:"请放心地来补牙,就是他(她)吻您的时候,也不会察觉。"

印刷厂广告:"除了钞票以外,承印一切。"

一加油站挂着一块广告牌,上书:"假如阁下烟瘾发作,可以在此吸烟。不过请留下地址,以便将阁下的骨灰送交家人。"

某牛奶厂在报上登出一则广告:"如果您每天吃一瓶本厂出品的鲜奶,连续坚持 5 214 个星期,您将会活到 100 岁!"

芝加哥有家"面部表情研究所",它的招生广告说:"您在我们这里将学会巧妙地皱眉,让人一看,就觉得你是个诚实的人。"

某热水器产品广告词:"别只看本品价高,若购买便宜的热水器,会使你陷入水深火热之中。"

某法语学习班的招生广告说:"如果你听了一课之后,不喜欢这门课程,你可以要求退回你的学费,但必须用法语说。"

一家美国报纸登了这么一则广告:"招聘女秘书,长相像妙龄少女,思考像成年男子,处事像成熟的女士,工作起来像一头驴子。"

眼药水广告:滴后请将眼球转动数次,以便药水布满全球。

香水广告:本品最能吸引异性,故随本品奉送自卫教材一份。

餐馆广告:请来本店用餐吧! 不然你我都要挨饿了。

空调广告:本品在世界各地的维修工是最寂寞的。

理发店广告:虽为毫发技艺,确是顶上功夫。

美容院广告:请不要向本店出来的女子调情,她也许就是你的祖母。

新书广告:本书包括十个短篇小说,我熬了许多个夜晚才写出,现以一元钱奉献给读者,即一个短篇才值一角钱。

## 三、传播过程在广告中的应用

同大众传播很相似,广告传播也包括信源、信息、信道、接受者、反馈 5 个方面。

### （一）信源

请你从日常所接触的广告中举例说出一些明星及其所代言的广告品牌，并分析该广告的信源。

广告传播中的信源其实就是广告主，但这些广告主通常并不制作广告讯息，一般由广告代理公司或其他专家制作广告，即广告活动的作者。在实际中可能是文案人员、美术师或广告公司的创作群体。他们接受代理，为出资人创作广告信息，在其创作的广告文案中，往往会有一些广告代言人——人物。这些代言人代表的是广告的讯息，而不代表其本人。

### （二）信息

大众传播过程中的信息在广告传播过程中就是广告的内容，既可以是一种商品，还可以是一种服务或观念。在实际操作过程中，广告是艺术性的表达或模仿现实生活，一般将广告信息的表达分为自转式、叙述式、戏剧式3种。

1. 自转式

采用第一人称“我”表达讲话人的观点。

**例1-2** 陈慧琳的海飞丝洗发水广告：“我是一个喜欢自由的人，喜欢不受任何约束，过自由自在的生活，但头屑烦恼使我备受约束，自从用了海飞丝，一切烦恼都不存在了，过我自由的生活。”

**例1-3** 螨婷广告“以前我身上长满了小红疙瘩，自从用了螨婷，小红疙瘩全都不见了。螨婷，我信赖她。”

2. 叙述式

采用第三人称，向接受者讲述他人的故事，给人一种公平客观的感觉。

**例1-4** 感冒了，你可以选择白加黑，白天服白片，不瞌睡，晚上服黑片，睡得香，白加黑换新装，新形象，新上市，盖天力制药。

**例1-5** “哈药六厂”广告——屏幕字：《中华人民共和国残疾人保障法》规定：残疾人的权利和人格尊严受法律保护，国家保障残疾人受教育的权利，残疾人所在单位，应当为残疾职工提供适应其特点的劳动条件和劳动保护。

画外音：他们需要我们特别的扶助。

屏幕字：他们需要我们特别的扶助。

画外音：哈药集团制药六厂。

屏幕字：哈药集团制药六厂。

3. 戏剧式

请举例你所了解的戏剧式的广告作品。

将信息与故事情节交织在一起，让接受者与故事情节产生联系。通过广告的故事情节来传递产品的信息，可以加深消费者对产品的印象。

### （三）接受者

在大众传播过程中的接受者，在广告传播过程中就是所谓的广告受众，是广告信息的接受者，是广告产品的最终购买者，在实际消费过程中，我们可以把消费者分成以下3种情况：

1. 预定消费者

**预定消费者**指每条广告假定的消费者。广告文案把他们想象得很理想，认为他们完全符合广告文案的要求，实际上并不真实。

2. 资助性消费者

**资助性消费者**指最先的广告受众——即广告出资方的一群决策者，由他们决定广告是否可以发布。广告首先要劝服的就是他们，他们有权为其认可的广告活动提供资金。

3. 实际消费者

**实际消费者**指现实生活中的广告目标受众。这是最重要的广告接受者，广告主最怕的就是他花很多钱传达的讯息被实际消费者误解。因此，这就要求广告创意小组必须了解实际消费者是如何选择、如何理解讯息的。他们的态度、感知、个性、自我评价及文化都会影响实际消费者的接受和反馈信息。

在现实生活中，除了广告主传播的信息外，还有很多其他的商业竞争信息，一起向受众涌来，只有引起了消费者的注意，消费者作出反应，这样的广告才算成功。因此，越来越多的广告都会用到"注意力经济"。

### (四) 信道

在大众传播过程中的信道，在广告传播中就是广告媒体，广告媒体起到连接广告主与消费者之间的纽带作用，消费者通过媒体才能了解到产品的信息，才能够实现商品的流通，否则，无论广告主再怎么努力，也都是白费功夫，消费者无法知晓广告主的意图。因此，广告媒体的作用尤为重要。

### (五) 反馈与互动

只有通过反馈才能完成沟通的循环过程，并确认信息是否被对方收到。广告反馈的表现形式有：销售是否增长，电话查询、光顾商店、询问详情、进行调查问卷等。如果广告反应不好，广告主和广告策划人就要反思：问题究竟出在哪里？并找出问题所在，采取新的措施进行补救。直到消费者满意为止。

思考：从你所接触的媒体中，选择一个广告，并说明该广告的信源、信道、信息、接受者分别是什么？并说明该广告信息的表达方式。

## 第三节 广告与营销

在现代商业社会中，市场瞬息万变，企业此消彼长，产品纷纭复杂，广告作为促销手段的一种，成为市场营销中的一个重要步骤和要素。广告，必须服务于整体的营销策略与实施，而营销活动又依靠广告这一手段实现信息的有效传达。

## 一、广告是现代市场构成的要素

### (一) 广告营销的概念

正确理解广告与营销的关系，明白广告从属于市场营销。

(1) 市场营销。市场营销是关于构思、货物和服务的设计、定价、促销和分销的规划与实施过程，目的是创造能实现个人和组织目标的交换。

(2) 广告营销。**广告营销**是企业通过广告宣传促进销售的活动，是企业市场营销活动的组成部分。

### (二) 广告与营销过程

众所周知，市场上商品流通包含着两个方面，即一部分人的买或卖与另一部分人的卖或买。广告在这两个方面之间建起联系的纽带。买方与卖方以及广告所传递的信息构成了完整意义上的市场交换。

市场由 3 个要素构成：①买方；②卖方；③将买和卖联系起来的信息流。信息流是现代市场的组成要素，是市场经济条件下形成交换愿望的必要条件。

古语曾经说过："酒香不怕巷子深"；"桃李不言下自成蹊"。但是随着市场经济的发展，市场范围扩大，商品种类繁多，供应增加，如果没有信息交流，香酒也会变酸的，鲜桃也会腐烂的。大量的信息是通过广告传递的，广告传递信息速度快、范围广，是沟通产销信息最理想的方式。

广告传递信息的途径如图 1.3 所示。

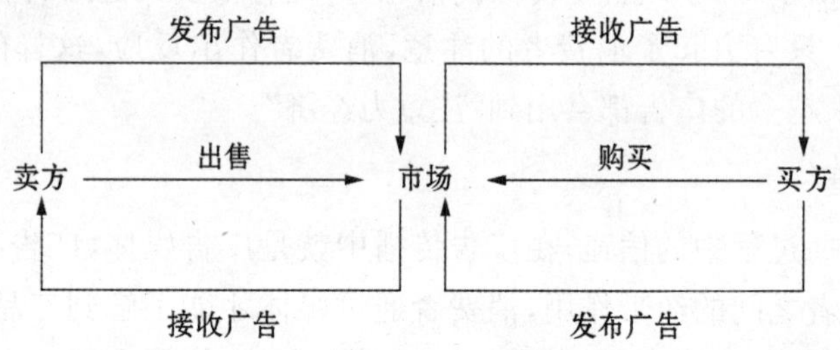


图 1.3 广告传递信息的途径

由图 1.3 可以看出，广告不仅是卖方发出信息的手段，也是买方求购的方式。买方与卖方通过广告沟通了信息，建立了现代市场的交换方式。

### (三) 广告营销目标受众分类

不同的广告有不同的目标受众，如化妆品主要针对女性消费者；减肥药主要针对肥胖患者；零食主要针对儿童；烟、酒和剃须刀主要针对男性；起重机主要针对工业企业；化肥主要针对农民等。广告的目标受众主要分为两大类：

1. 消费者市场

我们日常生活中所接触到的大部分销售广告和公益广告都是消费者广告。广告针对的都是普通的消费者，如：洗化用品、家电、服装、食品等都是消费者日常生活的必需品。广告主只有对消费者的需求充分了解，才能刺激其购买的欲望。

2. 工商业市场

工商业市场所针对的就是工商业广告，其目标受众是代表企业的决策人。这类广告很少在电视、广播、报纸等大众媒体上出现，它一般刊登在专业刊物上，这样广告的发布就比较有针对性，可以提高广告的效率。这类广告市场又分为：

(1) 贸易广告。广告的对象是中间商，包括批发商、经销商和零售商。

(2) 专业广告。主要针对教师、会计师、医生、建筑师等专业人士，这类广告主要刊登在专业社团的正式出版物上。

(3) 农业广告。用来促销农资产品或服务，如：种子、农药、化肥和饲料等。

## 二、营销战略对广告的影响

广告从属于营销战略，营销战略传统的理论是 4P 理论：主要由产品(Product)、定价(Price)、分销(Place)和促销(Promotion)组成，每一个组成因素都对广告活动会产生影响。

1. 产品(Product)因素

不同的产品要采取不同的广告形式。产品的性能、特点、品种、规格、用处等都会影响产品的广告创意。洗化用品可以采用名人效应或者健康环保为卖点来吸引消费者的注意力；保险公司或航空公司要采取服务广告等。

### 相关案例链接

1998 年乐百氏纯净水以产品的质量作为广告的重点：一大滴水经过层层过滤网逐渐由大变小，经过 27 层，最终成为乐百氏纯净水。口号是："乐百氏纯净水，27 层净化，真正纯净，品质保证。"

2. 价格(Price)因素

企业的价格策略会影响企业的广告风格，不参与价格竞争的企业靠形象广告来创造企业的特定感觉和品牌个性；注重价格竞争时，可采用减价广告、清仓广告或特价广告，既给人以低价的感觉，又能增加顾客数量，大多数消费者对产品的价格因素是非常敏感的。

3. 分销(Place)因素

分销是把商品送达目标市场的方法。分销因素会影响到广告的地域特点。若企业的产品在市级以下的区域销售，一般采用地方性广告；若产品在全国某一大区域或两三个省区销售，则采用在销售地做广告或全国性媒介地区版上做广告；若产品在全国范围内销售，则利用主要大众媒介做全国性广告，中央电视台的广告基本上都是这类广告；若产品在世界上多个国家销售，则应针对不同的国家和民族制作不同的广告信息，像可口可乐、肯德基、宝洁和柯达等跨国集团都是此类。

提示：营销的 4P 要素对广告的影响很大，二者密不可分。

4. 促销(Promotion)因素

**促销**是指企业为了激发顾客的购买欲望，影响他们的消费行为，扩大产品的销售而进行的一系列联系、报导、说服等促销行为。

促销实质上就是一种沟通活动，沟通者发出作为刺激物的信息，把信息传递给目标对象，以影响其态度和行为。总之，就是沟通者提出意图，信息接受者贯彻意图。广告就是实现沟通者与消费者的重要途径。

## 三、整合营销传播(IMC)

现代广告发展到 20 世纪 80 年代，随着全球化并购浪潮的推动，新媒体的产生对广告提出了传播新需求，彻底颠覆了人们以往所熟知的一些广告法则或规律，从而使“传播”成为替代“广告”一词的更恰当字眼。IMC就是在这种背景下提出来的。

整合营销传播(Integrate Marketing Communications,IMC)是美国广告代理商协会(American Association of Advertising Agencies,4A)的定义是：**整合营销传播**是一个营销传播计划概念，要求充分认识用来制定综合计划时所使用的各种带来附加价值的传播手段——如普通广告、直接广告、销售促进和公共关系——并将之结合，提供具有良好清晰度、连贯性的信息，使传播的影响力最大化。

广告是营销组合的一部分，营销组合包括所有的营销活动，比如广告、促销活动、活动赞助、公共关系等。要创作一个独一无二的广告，其挑战存在于公司营销组合的领域之内。广告必须把营销组合中的其他活动巧妙地结合在一起。要通过各种营销材料和活动传达一致的信息。常用的两种有：

(1) 传媒组合。许多传媒公司都进行了整合。例如：在一些城市，一家公司就可能拥有几个独立的无线广播电台。这意味着这家公司可以控制这个城市50%以上的广告市场。这会影响广告商谈判成本的能力。广告商若想购买其中的任何一家无线广播电台的广告时间，都必须同这家公司进行谈判。

(2) 企业整合。除了传媒公司，其他行业的许多公司也在进行合并和整合。从而使更少的企业成为潜在的广告客户，并且导致整合的公司希望在较大的地理区域内做广告。

## 相关案例链接

### IBM重塑辉煌的品牌整合传播

IBM成立于1914年，是具有近百年历史、全球最大的信息技术公司。IBM为自己的计算机用于1966～1969年间美国阿波罗登月计划而倍感自豪！它曾模仿登月第一人阿姆斯特朗的话：“为个人走了一小步，为人类走了一大步”作为广告语：“无论走一大步，还是一小步，总是带动世界的脚步。”

20世纪80年代，IBM在大型电脑和小型电脑方面处于世界的霸主地位。90年代后，个人电脑和网络时代来临，尽管IBM率先推出了个人电脑，但由于外部激烈的竞争环境和内部管理机制问题，IBM没有了昔日的光环。1990～1993年，纯收入一路下滑，由60亿美元、－30亿美元、－50亿美元、直至－80亿美元；同时主产品市场占有率和股价也趋于下跌之势。

1994年IBM公司决定将其全球广告业务全部交给奥美公司，由奥美公司在全球范围内全权负责进行整合营销传播。

首先，对组织机构进行重大改革。将各分支机构改成利润中心，同时削减层级，使组织机构分权化、网络化和扁平化，充分发挥各个成员的主观能动性和专业技能。这样，IBM从“一艘战舰”转变为“一支船队”，更灵活、更有效地面对用户的需求和市场变化。

其次，奥美公司依品牌检验所发现的“真相”及品牌沟通的“核心精髓”，对

IBM 公司进行了“品牌写真”，把 IBM 描述为“你可以信赖的神奇魔力”，以此定义公司组织的每项活动，包括宣传、所有与顾客的互动联系，以及公司所进行的每件事和所说的每句话。

IBM 品牌整合传播的中心思想是：在实现与消费者沟通的过程中，以统一的传播目标来运用和协调各种不同的传播手段，使不同的传播工具在每一阶段发挥出最佳、统一、集中的作用，其目的是协助品牌建立与消费者之间维系不变的长期关系。

其三，“由外而内”确定传播模式。改变过去一味把先进技术向客户“扔”过去，力图将客户“拖”到许多昂贵的新产品上的做法，转变为消费者能从不同的产品系列找到适宜自己的产品，进而找到一个合适的满足需要方案。

1997 年初，IBM 在中国发动系列广告运动，其诉求重点在于为 IBM 网络计算机创造知名度。首先在上海，以“IBM 新一代应用服务器程序让您在浩瀚的网络天地任意驰骋”广告为开篇，采取逐一展示 IBM 全面系统的网络解决方案在各个行业中的应用前景，标题为“解决某某之道”。除广告外，综合运用直销、公关、促销等营销手段，在全球 100 多个国家地区进行整合营销传播。

IBM 整合营销传播取得了显著成效。1996 年底，IBM 公司年营业收入高达 759 亿美元，纯利润 54 亿美元，股票价格从 3 年前 40 美元飞涨到 175 美元，涨幅高达 4.4 倍。1997 年盈利 62 亿美元，为 5 年来最高点；在中国 PC 市场占有率居第一。

## 第四节　广告发展史

了解广告发展的历史，可以使我们在研究广告产生发展的过程中，更好地了解和研究广告。广告史有中国广告史和世界广告史之分，我们将分别介绍。

### 一、中国广告史

#### (一) 古代广告史(鸦片战争以前)

1. 中国古代的招牌广告：幌子

中国是文明古国，几乎所有的现代事物都可以找到其中国渊源。广告也是如此。早在夏商周时期，伴随着商品交换活动的开展，口头、实物、标记性的广告就已经出现。

行商走街串巷、口头叫卖在原始社会末期就开始出现(自相矛盾就是很好的证明)。口头叫卖还有音响叫卖(用音响工具来代替叫卖，卖油、修锣、货郎，算命先生的)。口头叫卖是广告史上最简单和最直接的广告形式。

坐商则利用“幌子”介绍商店出售物品或提供劳务，于是招牌广告广泛开展。历经 2000 多年，仍是广为使用的广告方式之一。

中国古代的幌子形式多样，幌子表示商业店铺的大小和性质，古代的实物幌子，像花毯铺、银楼、帽铺、成衣铺、酒店等幌子，既具有民族的特点，又富有生活气息。

从宋代张择端的名画《清明上河图》中，可以看到当时汴京繁华的市景和众多店铺林立的广告招牌。据观察，画面上仅汴州城东门外附近十字路口，就有各种横匾、竖标、广告牌 30 余块。

### 相关案例链接

著名的全聚德烤鸭店，始创于 1844 年，原先是一家干果店的招牌字号，叫“德聚全”，其意思是“以德聚全，以德取财”。1862 年商店易主，老板杨全仁见招牌字号中“全”字与其名暗合，于是把牌号倒过来以“全聚德”为自己的招牌字号，取其“全仁聚德、财原茂盛”之意。

2. 中国印刷广告的出现

中国是印刷术的故乡。东汉蔡伦发明造纸术，宋代毕升发明活字印刷术。随之，具有近代广告特点的印刷广告开始出现。

关于印刷广告，值得一提的是现存中国历史博物馆北宋年间济南刘家针铺的一则广告（见图 1.4），据考，这是现已发现世界上最早的印刷广告实物。

图 1.4 济南刘家铺广告

该广告历史意义深刻，已经初步具备完整的广告文案的格式：标题、正文、标语。

广告为铜板雕刻，宽 12.5 厘米、高 13 厘米。上面刻着“济南刘家功夫针铺”的标题，中间是“白兔捣药”的图案，图案左右标注“认门前白兔儿为记”，下方刻有说明商品质地和销售办法的广告文字：“收买上等钢条，造功夫细针，不误宅院使用，转卖兴贩，别有加饶，请记白”。

明代以后的广告刻意在文字上下工夫，许多店主请名人题匾以抬高店主身价，如对联式的广告“未晚先投宿，鸡鸣早看天”，九江浔阳楼“世间无比酒，天下有名楼”。

## 相关案例链接

相传，明太祖朱元璋是撰写对联广告的第一人。他曾为一户不识字的阉猪人家写了一幅对联："双手劈开生死路，一刀割断是非根"。这可以说是一幅幽默风趣、具有浓郁行业特点的广告。

你还了解哪些对联式的广告故事?

## 相关案例链接

明弘治年间，杭州西湖有一家父女开的酒馆，因经营不善，生意萧条。是年春，著名书法家祝枝山游西湖时，到此饮酒，顺手写一幅对联"东不管，西不管，管酒馆；兴也罢，衰也罢，请喝罢"，轰动全城，观赏者不断，酒店生意便兴隆起来。

### （二）近代广告史（鸦片战争至新中国建立前）

1. 中国近代报刊广告的发展

近代广告发展的最显著的标志是报刊广告的出现。

在唐代初期，中国就诞生了最早的报纸《邸报》。此为官报，宋代开始定期发行，明朝开始使用活字排版，清代改称《京报》，不准刊登广告。

鸦片战争以后，首开中文印刷广告之先河者，是1853年8月由英传教士在香港创办的《遐迩贯珍》杂志，月刊印3 000份，或卖或送销于港、澳及广州、厦门、福州、宁波、上海5个通商海岸。

旧中国历史最悠久的中文报纸《申报》，是英人于1872年4月在上海创刊的，1949年5月终刊。《申报》广告版面逐年增加，一般都在50%以上，主要为外商广告。

后来，又有国人自办的报纸《中国新闻》、《汇报》、《昭文新报》等分别创刊，开始刊登广告，20世纪初，随着革命浪潮的来临，各种报纸出现得更多，这些报纸除刊登政治言论以外，也都刊登广告，报纸可以作为我国近代广告产生的一个标志。

2. 中国近代广告媒体的多样化发展

继中国第一代广播电台美国商人赛斯邦的中国无线电公司创办的电台出现后，广播广告也成为近代广告的一种主要形式，私营电台主要靠广告费维持，各种形式的广告层出不穷。

1926年，上海南京路伊文思图书公司的橱窗首次出现"皇家牌打字机"霓虹灯广告。1927年，湖北路旧中央大旅社门前安置了第一具霓虹灯招牌"中央大旅社"。

霓虹灯以其新颖的形式和绚丽的色彩吸引人们注意，使其需求日益增多。20世纪30年代的上海，除了闹市区大小商店都装有不同的霓虹灯招牌及广告以外，室内或橱窗还设置霓虹挂灯，使上海灯红酒绿，彻夜通明。

试着从老电影等题材中寻找近代广告媒体的形式。

此外，车身广告、小册子广告、样品广告等也在这一时期出现。

3. 中国近代广告代理业的发展

近代广告另一显著特点是广告代理业出现，开始在广告主和媒介之间联系，如联系报纸的版面等，后来逐渐发展到经营广告设计及广告管理等业务。由于广告代理业的发展很快，广告组织的建立提上了日程。1927 年上海成立的《中华广告协会》"是广告行业中最早的组织"，此组织多次改名，1946 年改称"上海市广告同业协会"，会员达 90 余家。

### (三) 当代广告史(新中国成立以来)

当代广告的发展可谓是一波三折。

1. 基本停顿阶段(1949～1956 年)

社会主义改造时期，当时政治及与政治相关的经济是重点，不能顾及广告业；同时广告从业人员不知前程、不敢发展，导致广告业仍维持原有水平，很少发展。

2. 广告复苏阶段(1956～1966 年)

社会主义改造基本完成后，1957 年商业部派官员参加了国际广告工作者会议，使广告事业有所转机；1958 年，确定了社会主义广告特点应是"政策性、思想性、真实性、艺术性"；1959 年 8 月，在上海召开了 21 个城市参加的广告会议，制定了"为生产、为消费、为商品流通、为美化市容"的"四为"广告方针，广告开始有序开展。

3. 广告毁灭阶段

文革时期，广告被作为封建资本主义的产物被封杀。和广告相关的东西被砸烂，叫做"割资本主义尾巴"。

4. 广告业重新发展阶段

1978 年 12 月，党的十一届三中全会以后，才迎来了我国广告业的第二个春天。1979 年 1 月 28 日，上海电视台率先播出了中国电视史上第一条商业电视广告，由于电视具有声、形、色合一的特点，它一出现就成为广告的第一大媒介，在广告业中独领风骚。此后广告迅速成长和壮大起来。

为使我国广告事业健康发展，1982 年 2 月 16 日，国务院颁布了《广告管理暂行条例》；1987 年 10 月 26 日，国务院又正式颁布了《广告管理条例》。

1994 年 10 月 27 日，第八届全国人大常委会第十次会议审议通过了《中华人民共和国广告法》，自 1995 年 2 月 1 日起实施。现在我国广告制作手段已得到了很大的提高与改进。

## 二、世界广告史

### (一) 原始广告时期(1450 年以前)

从远古广告产生，到 1450 年德国人古登堡使用活字印刷术，为原始广告时期。自从有了商业买卖，就有了广告。在古代雅典，曾流行类似四行诗形式的广告，例如有这样一则化妆品广告：

为了两眸晶莹，为了面颊绯红，
为了人老珠不黄，也为了合理的价钱，

每个在行的女人都会，

购买埃斯克里普拖制造的化妆品。

据查世界上最早的文字广告，是现存英国博物馆、写在羊皮纸上的广告，它是从埃及尼罗河畔的古城发掘出土的文物。这则广告是公元前古埃及奴隶社会时期，一名奴隶主悬赏缉拿逃奴的广告，内容是：

奴隶谢姆(Sham)从织布店主人哈布处逃走，坦诚善良的市民们，请协助按布告所说将其带回。他身高5英尺2英寸，面红目褐，有告知其下落者，奉送金环一只，将其带回店者，愿奉送金环一副。

——能按您的意愿织出最好布的织布师　哈　布

### (二) 近代广告史(1450～1850年)

1450年德国人古登堡发明了铅活字印刷术，标志着人类广告史从原始古代的口头、招牌、实物广告传播时代进入印刷广告时代。这一时期，报纸媒体和报纸广告大行其道，杂志广告日渐出现，广告业发展初具规模。

西方出现的第一张英文印刷广告，是由英国威廉·卡克斯顿撰写的张贴广告，内容是出售书籍的，全文如下：

“不论教内或教外人士，如果愿取得适用桑斯伯某大教堂的仪式书籍，其所用字体与本广告相同，请到西敏斯特购买，出售处有盾形标记”。

印刷术发明后，报纸和杂志开始出现。世界上最早的报纸1609年出现于德国；1631年，法国开始发行第一份周刊《各地见闻》，报纸和杂志发行后，报纸杂志广告迅速出现。

### (三) 近现代广告过渡期广告史(1850～1920年)

1850～1911年，世界上有影响的报纸先后创刊。如英国《每日邮报》(1896)，美国《纽约时报》(1851)，日本《每日新闻》(1872)等，这些报纸的主要收入来源都是广告，广告成为沟通产销信息的主要手段，如当时的《纽约时报》62%的篇幅为广告。这个时期的广告传媒加速大众化，广告业迅速发展。

1. 现代广告公司形成

1841年，伏而尼·帕而默在美国费城开办世界上最早的广告公司，以25%的资金为客户购买报纸广告版面，大受企业客户欢迎。

1865年，乔治·路威尔通过出版《路威尔美国报纸目录》，成立了大规模专门出售广告版面作为报刊独家广告经纪人的广告公司，使独家广告代理业开始兴起。

1869年，美国“艾尔父子广告有限公司”在费城设立，这是第一家具有现代意义的广告公司，其经营重点从单纯为报纸推销广告版面，转到为客户策划、设计、制作广告等全面的服务业务。

2. 新技术与广告新媒体的拓展

从生活中分别列举这些广告媒体形式的案例。

1853年，纽约《每日论坛报》第一次用照片为一家帽子店做广告，广告开始用摄影技术作为重要表现手段。

1819年,可口可乐公司在投产5年后摄制的世界上最早的挂历广告,现在收藏价值达5000美元。

1910年夏末,在巴黎举办了一次国际汽车展览会,首次采用霓虹灯做广告,一年后,巴黎马特林荫大道首次成功地安装霓虹灯广告招牌。

**(四)现代广告史(1920年以后)**

1920年以后,人类进入现代广告业蓬勃发展的历史时期。其重要标志是电子广告的问世,广告媒体日趋多样化,各企业广告竞争激烈,广告业已成为现代信息产业群体中的中坚力量。

1. 电子媒体的出现和发展

世界上最早开办广播电台的是美国(1920年)。

1921年,法国邮电部建立第一座广播电台。

1922年,前苏联莫斯科"共产国际广播电台"成立,是当时世界上功率最强的电台。

1922年,美国创建首家商业广播电台,开始向广告商出售时段,成为最早开播广告业务的电台。

从20世纪初到第二次世界大战前,广播成为继印刷媒体之后的第二大媒体。

1936年,英国伦敦市郊的亚历山大宫播出了世界上最早的电视节目,标志着电视广告时代的开始(中国最早的电视台是1958年的北京电视台)。

美国于1920年就开始实验电视,但到1941年才开播商业电视,1946年拥有电视的家庭已有8 000多户,20世纪50年代,彩电发明以后,电视一跃成为最大的广告媒体。

2. 广告媒体和形式日趋多样化

除了报纸、杂志、广播、电视四大媒体之外,随着科技发展,新的广告媒介层出不穷,广告表现形式更趋多样化。如霓虹灯广告、路牌广告、购物点广告、邮递广告、空中广告等,形式千奇百怪,花样翻新。

3. 广告经营走向现代化

随着市场竞争的日趋激烈,一些企业在广告活动中开始注意广告策略的运用,委托广告公司代理广告策划和制作业务也非常普遍。

可口可乐诞生后的百年广告史是现代广告发展的一个缩影。

## 相关案例链接

**可口可乐百年广告史**

可口可乐公司一向舍得广告投入,从来不节约广告开支。1886年可口可乐刚试产时,一年只有50美元的销售额,却拿出46美元做广告。到1892年正式成立公司时,年销售额只有5万美元,而广告费就达1.14万美元。

可口可乐一直坚持在广告中不对产品做任何夸张的说明,而只表现使人愉快的场景。早期的可口可乐大多以年轻漂亮的女孩做模特儿，主要媒体是月历、托盘及杂志。广告语说："没有什么比健康、美丽、富有魄力和充满温柔的女性形象更能使人联想起可口可乐了"。

自从电视广告出现后，可口可乐广告似乎成了青少年的王国，广告中总以一群年轻漂亮、体格健美的青少年在尽情玩耍为特征，广告标语是"这就是可口可乐"，把人们带到一个欢乐美好的生活境界。

可口可乐公司的百年广告经营哲学是：广告必须是高级的、必须由社会大众看起来感到快乐、爽快，广告必须表现公司内外都被人看好的态度。

4. 世界广告业发展现状

在知识经济和全球化大背景下，广告业面临着前所未有的机遇和挑战。特别是以电子网络为主体的现代通信技术和其他高科技产业的大规模发展，导致广告业的产业结构发生质的调整，跨国公司间的兼并和重组浪潮风起云涌，广告经营规模正在全球范围内形成"无国界"扩张之势。

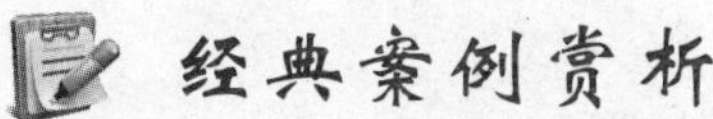

## 经典案例赏析

### 透视央视广告招标

"155号7000万，7100万……7300万……7500万……"让参与招标企业如此挥金如土的，是被誉为"中国经济的晴雨表"的中央电视台黄金段位广告招标会。《华尔街日报》称之为"品牌奥运会"。11年来，央视广告招标金额从1994年的3.3亿元飙升到2004年的52.48亿元，每年都在高速增长。在地方台广告收入不断增加的同时，央视也加快了自身改革的步伐。与往年的招标名称不同，2006年的央视广告招标名称由原来的"黄金段位广告招标"被改为"黄金资源广告招标"，同时原有的黄金时段广告标的也进行了相应调整。与2005年黄金段位标的价格相比，2006年公布的价格都有所上涨，中央台一套黄金时段电视剧的冠名权从5000万元上涨到7000万元。夏洪波告诉记者，在国民经济持续增长与央视收视份额大幅增长的前提下，2006年黄金资源广告招标，标的物底价在去年的基础上上涨了10%左右。他介绍说，其实央视的标底价每年都会有所上涨，这是与中国经济以及中国广告业的发展相适应的。（资料来源：新华网，2005年11月7日）

中央电视台2006年的招标最终总的收入是58.69亿元，几大传统比较稳定的，食品饮料是伊利的潘刚，医药是康特，四大行业是稳定有升，汽车行业这次招标的有一汽丰田、本汽福田，三大石油公司，还有奇瑞汽车都参加了竞标。另外这次招标一些新兴的行业表现非常突出。比如说地板行业有三家来竞标，全部中标；黄酒有四家来参加，两家中标。学习机，还有网站的投入都比较大。从地区来看，北京地区中标是14.8亿元，上海是8.3114亿元，广州是11亿多，其中上海的增长率最高，达到了68.06%，这在一定程度上反映了上海地区的经济增长速度，广州、浙江、江苏、福建、山东是传统的招标强势地区，河南、河北、贵州、山西、陕西、吉林、海南、云南、天津、山东、内蒙古、江苏、河北等省市均有中标企业。（资料来源：搜狐网，2005年12月3日。有删改。）

**案例分析：**

广告是企业的提高知名度、树立形象的重要手段，特别是在市场供给过剩的情况下。

直到20世纪80年代左右，我国长时间处于一种短缺经济状态。而短缺经济是一种卖方经济，即“僧多粥少”，竞争在买方（即消费者）之间展开，广告的作用并不突出。在供给过剩的情况下，竞争则在卖方（生产者）之间展开，广告成为企业在市场竞争中取胜的重要的手段之一。

广告首先有传递信息的功能：企业通过广告的形式把产品的信息传递给目标消费者，这是实现产品销售的前提。其次，在产品同质性日趋明显的今天，广告通过传递产品的个性化信息，树立产品品牌形象，培养顾客对品牌的忠诚度。广告最大的受益者是广告公司和媒体，企业的广告费投入是它们的主要收入来源。广告虽然增加了企业的成本，而且有一部分成本转嫁给了消费者，但广告培育的是比有形资产更为重要的无形资产。

作为“中国经济的晴雨表”和“市场变化的风向标”，中央电视台黄金资源广告招标见证着中国经济的成长，推动了众多行业和企业的快速发展。从历年央视招标热门行业变化对比来看，每年黄金时段广告中标额排名靠前的行业往往是来年竞争最为激烈和残酷的行业，而竞争最为激烈和残酷的行业往往就是增长速度最快的行业。

# 项目二 广告调查与预算

## 学习目标

• **知识目标**

(1) 了解广告调查的概念,熟悉广告调查的内容及程序。

(2) 了解广告计划的含义与类型,熟悉和理解广告计划的内容。

(3) 理解广告计划编制的原则与程序。

(4) 了解广告预算的含义与意义。

(5) 熟悉广告预算的内容。

(6) 理解影响广告预算的因素。

• **能力目标**

(1) 能够运用有关广告调查方法开展广告调查。

(2) 能够进行广告计划的编制。

(3) 能够运用相应的广告预算方法确定广告费用总额,合理地进行预算分配。

## 驱动任务

**任务内容**

阅读下面材料,完成相应的任务。

**一个天价的电话号码**

20 世纪 90 年代,是山东白酒的狂欢年代。一条条耳熟能详的广告语至今还让人回味:"孔府家酒,让人想家"、"喝孔府宴酒,做天下文章"、"兰陵美酒郁金香"、"永远的绿色,永远的秦池"……

1995 年 11 月 8 日的梅地亚是一个疯狂之地,所有来到这里的人,都可能在瞬间失去理智,一位多次参加竞标会的记者曾称这一天的梅地亚是一个有"妖氛"的地方。来自秦池酒厂的姬长孔,当时他的标的是 3 000 万元。这几乎是去年一年秦池酒厂的所有利税之和。结果他被告知 3 000 万元在梅地亚并不足以轰动天下。当时,临朐县县委书记与秦池酒厂厂长商量了整整一夜。最后觉得要比 1994 年翻一番才有希望夺标,当年孔府宴酒夺标的数字是 3 079 万元,于是他们就翻了一番取了个吉利的数字——6666万元。当秦池的名字和6666万元的数字被主持人嘶哑的嗓音喊出后，台下的反应是——“谁是秦池?”“临朐县在哪里?”。1996年，根据秦池对外通报的数据，当年度企业实现销售收入9.8亿元，利税2.2亿元，同比增长了5～6倍。秦池酒迅速成为中国白酒市场上最为显赫的新贵品牌之一。

1996年11月8日，中央电视台的新“标王大会”准时召开。姬长孔说出的一席话至今还在江湖上流传：1995年，我们每天向中央电视台开进一辆桑塔纳，开出的是一辆豪华奥迪。今年，我们每天要开进一辆豪华奔驰，争取开出一辆加长林肯。“秦池酒，投标金额为3.212118亿元!”当时有记者问及，“秦池的这个数字是怎么计算出来的?”姬长孔回答：“这是我的手机号码。”一个县城企业，喊出3.2亿的天价遭到了质疑。1997年1月，当姬长孔兴冲冲地赴北京领“中国企业形象最佳单位奖”的时候，《经济参考报》刊出一条爆炸性新闻，该报记者调查发现，秦池在山东的基地每年只能生产3000吨原酒，根本无法满足市场翻番增加的需求，因此，该厂从四川的一些酒厂大量收购原酒，运回山东后进行“勾兑”。令人遗憾的是，在如此巨大的危机面前，年轻的秦池竟然做不出任何有效的反应。当年，秦池完成的销售额不是预期的15亿元，而是6.5亿元，再一年，更下滑到3亿元，从此一蹶不振。

**任务**：分组讨论广告预算对企业的影响。

**任务要求**：在老师指导下，讨论分析影响广告预算的因素；讨论如何进行科学的广告预算决策。

## 案例引读

当年美国某企业向市场推出其新产品“方便尿布”时，却遇到了阻力。“方便尿布”用纸制成，用过一次便弃掉，故亦称“可弃尿布”或“一次性尿布”。在产品推广的初期，广告诉求的重点放在方便使用上，结果销路不畅。后企业经调查了解，仔细分析消费者的心理，方知该尿布虽然被母亲们认同确实使用方便，能够省去洗尿布的麻烦，但广告关于省事省力的宣传却使她们产生了心理上的不安：如果仅仅是方便使用而无其他品质，那么自己购买、使用这种“一次性尿布”只是为了图省事，自己就好像就成了一个懒惰、浪费的母亲，婆婆也会因此而责备自己。

有这样的一个故事：一位年轻的母亲正在给自己的孩子换“一次性尿布”，这时门铃响了，原来是婆婆来家看望孩子。这下搞得母亲很紧张，情急之下，一脚将换下的尿布踢到床下，然后才去给婆婆开门。为什么要把尿布踢到床下？原来年轻母亲怕婆婆看到后有意见。在婆婆看来，给孩子洗尿布是母亲的天职，哪能嫌麻烦呢？给孩子用“一次性尿布”的母亲，必定是一个怕麻烦、懒惰的、对孩子不负责任的母亲。鉴于此，该企业新的广告策划针对这种心理进行了调整，广告诉求的重点发生了改变。新广告着重突出该尿布比布质更好、更柔软、吸水性更强、保护皮肤、婴儿用了更卫生、更舒服等特点。该广告把产品优势的重点放在孩子身上，淡化了对于母亲方便省事的描述。广告语是："让未来总统的屁股干干爽爽！"。于是，广告播出之后"一次性尿布"就受到了母亲们的普遍欢迎，因为它既满足了她们希望婴儿健康、卫生、舒适的愿望，又可心安理得地避免懒惰与浪费的指责，同时兼顾了两方面的心理满足。从此"一次性尿布"就在美国流行起来。

## 第一节　广告调查

现代广告综合性的增强和规模的扩大都使得广告策划变得更加复杂。成功的广告策划，不仅要进行受众分析，还要把握整个市场的背景、广告主的营销策略、竞争对手的营销策略和广告策略、媒体的覆盖面、受众特性和媒体习惯等，从而制定出科学有效的广告策略和广告计划。一次成功的广告是从广告调查开始的，广告调查是广告策划的实证基础，成功的广告策划离不开广告调查。

日本广告学者川胜久说："现在广告已不是单凭直觉就能进行的，而是实施市场营销计划的一环。因而，广告策划与制作必须建立在对市场进行科学调查的基础上，这样才能有的放矢。"

### 一、广告调查的概念

**广告调查**就是指企业或组织为了有效地开展广告活动，利用科学的调查研究方法，对与广告活动有关的资料进行有计划、有目的和系统的收集、整理和分析的过程。

广告调查是整个广告活动的基础，也是广告策划和实施过程中的重要一环。切实可靠的广告调查结果是制定广告策略、确定广告目标和广告预算的主要依据。开展广告调查对于提高广告质量、增强广告效果有很大现实意义。

### 二、广告调查的内容

广告活动是通过广告媒体向目标市场宣传产品，引起消费者的兴趣，促使消费者购买，最终使企业在市场竞争中取胜的过程。因此，为制定有效的广告计划所进行的广告调查应包括广告环境调查、消费者调查、广告产品调查、市场竞争调查、广告媒体调查等内容。

#### （一）广告环境调查

**广告环境**就是与广告活动有一定联系，对广告宣传有一定制约作用的各种条件。由于广告活动所涉及的因素很多，所以广告环境相当复杂。大体而言，广告环境主要包括自然环境、政治法律环境、经济环境、人口环境、社会文化环境和科技环境等。

1. 自然环境

自然环境是人类社会赖以生存的基础。广告传播地区的自然环境，特别是广告的目标市场所处的地理位置、交通状况、生态特征、气候特点等都会影响广告传播的效果。不同自然环境条件下的消费群体往往有特殊的消费需求与习惯，对广告媒体的选择、商品的类型和商品的需求总量等都有制约关系。如我国，由于气候条件不同，南方和北方地区对空调、冰箱、羽绒服等产品的需求差异很大。因此，广告活动要适应自然环境的特点，采取不同的广告方式，以取得最佳的广告效果。

2. 政治法律环境

政治法律环境主要包括一个国家或地区的政治局势、重大政治活动、政策法规等。一个国家或地区的政治局势平和,政策稳定,企业才能在这样良好的政治环境里开展广告活动。同时,法律环境和政治环境有着密切的联系。法律通常是政治决策的产物,为政治服务。各国政府通过立法、司法对广告活动实行制约规范,影响市场需求规模和结构,从而直接或间接地影响企业的广告活动。

3. 经济环境

经济环境是指影响广告活动的各种经济因素,它反映了广告所投放的产品与外界的经济关系。广告活动所要调查的经济环境主要包括目标市场的经济增长阶段、经济规模和经济特征。经济增长阶段的差异意味着市场的发育程度不同,基础设施和通信系统的发达程度不同,而广告活动必须与这样的市场经济增长阶段相适应,才能使广告收到预期的效果。市场经济规模的大小决定了产品的有效需求,而产品的有效需求决定了产品的社会购买力。产品的社会购买力则是广告取得实效和得以规模发展的关键。一个市场的经济活动能力高,属于市场经济,则商品可以自由流通,广告比较容易顺利开展。若一个市场的经济活动能力低,处于自然经济和市场经济的结合体或仍旧完全属于自然经济,则商品流通程度低,就会大大影响广告活动的效果。

4. 人口环境

举例说明人口环境各因素对市场的不同影响。

人口虽然不是表明一个市场规模大小的绝对因素,但是它对分析商品潜在市场的大小,尤其对于分析消费品市场具有重要意义。人口环境分析主要包括对人口总量及其增长速度、人口分布情况、人口的性别和年龄等因素的分析。首先,人口总量是决定市场潜在购买力的一个基本因素,而人口增长意味着人们对产品的需求也在不断增长,市场规模不断扩大,有利于广告活动的顺利开展;其次,人口分布情况影响着不同区域消费者的需求特点和消费习惯,广告活动在选择目标市场时,必须考虑这些问题;再次,人口的性别构成与市场需求密切相关,男性和女性在生理、心理和社会角色上的差异决定了他们不同的消费内容和特点;最后,人口年龄结构也是分析市场环境的主要内容之一,不同年龄层次的消费者因为生理和心理特征、人生经历、收入水平和经济负担状况不同,有着不同的消费需要、兴趣爱好和消费模式,这些都是划分市场的重要依据。

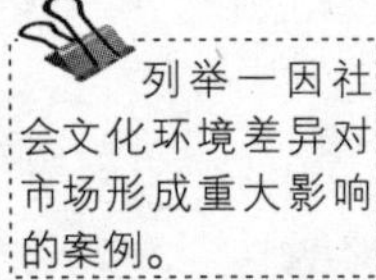

列举一因社会文化环境差异对市场形成重大影响的案例。

5. 社会文化环境

社会文化环境一般泛指在一种社会形态下形成的信念、价值观念、宗教信仰、道德规范、审美观念以及世代祖传的风俗习惯等社会公认的各种行为规范。社会文化强烈影响着消费者的购买行为和消费习惯,在开展广告活动的时候,广告人员必须注意了解、研究和分析社会文化环境。

6. 科技环境

科学技术是影响人类前途和命运的重大力量,科技环境是指影响广告活动的科学技术因素所构成的环境。科学技术对整个社会经济的发展起着推动作用，为社会创造新的市场需求，为企业提供新的市场机会。由于科学技术的进步，企业能够不断淘汰老产品、传统产业。有人称新技术是一种“创造性的毁灭力量”。科学技术的发展广泛影响着消费者的消费方式、购买行为和购买习惯。同时，科学技术的发展对企业和广告从业人员的素质提出了更高的要求。因此，每一个企业和广告商都需要密切注意科学技术环境的新变动，随时准备应变。

### (二) 消费者调查

消费者调查是广告调查的重要内容。满足消费者的需求，是广告活动的出发点和归宿。消费者市场的主体是消费者，消费者的购买行为是否积极，是决定市场繁荣或萧条的重要因素。广告活动的开展，需要对消费者消费过程进行调查，通过对消费者调查，可以进一步了解消费者购买什么、为什么购买、为谁购买、何时何地购买等一系列问题，从而为广告主的经营决策提供依据。

#### 1. 消费者心理活动过程

消费者在接受广告，进行购买的过程中所产生的心理活动，是主观需要和客观条件的统一，是消费者内心对客观事物和自身需要的综合反映，这种心理活动直接支配消费者的购买行为，影响着消费者的购买过程，从而形成不同的购买力。消费者心理活动的过程是很复杂的，但是也有一定的规律性。消费者的购买心理通常有三个过程，即认知过程、情感过程和意志过程。在广告活动的开展过程中，要注意把握住消费心理活动的规律性，做到有的放矢的广告引导。

(1) 认知过程。认知过程是人对客观事物的品质和属性及其联系的反映过程，是消费者购买行为的重要基础。

(2) 情感过程。消费者对商品经过认知过程之后，并不一定采取购买行为。这是因为，消费者是社会人，处于复杂多变的社会环境之中，决定是否购买，在很大程度上受情感的影响。影响情感的主要因素有购买环境、产品或品牌本身、个人情感和社会情感。

(3) 意志过程。意志过程是消费者作出和实现购买决定的过程，表现为购买动机的确立、购买目标的确定、选择方法和制定购买计划等，然后执行购买的决定。

## 相关案例链接

**从消费者的需求入手**

——“克咳”品牌策略核心问题的确定

“克咳”广告策划小组通过召开消费者座谈会，得到两个有趣的结论：一是消费者对止咳药的需要并不像我们想象的那样迫切，往往只是在咳得受不了的时候或在医生建议下才会选择单纯止咳的药品；二是咳嗽带给消费者最大的烦恼是它的附加影响，昼夜不停的咳嗽不仅严重影响自己的正常生活和工作，更重要的是还会影响家人的生活，一人咳，全家担心、忧心、烦心！

消费者座谈会一开完，策划者的策略发想的源点就变得非常清晰，就是唤起和满足消费者“快快停止咳嗽，恢复全家人的愉快生活状态”的需求，做逆向“关怀”。这种关怀的形象主体不是一个需要家人关心咳嗽的患者，而是一个自觉关心家人、积极治疗的咳嗽患者，为了快速止咳还家人好心情而去购买“克咳”，因为只有“克咳”才能满足他的这种需求！这种逆向的“关怀”正是“克咳”品牌所要建立和传播的品牌核心价值，它是一个有绝对竞争力和感染力的“关怀”，患者对家人的“关怀”需求被克咳品牌唤起并从“克咳”得到唯一的满足。品牌核心价值即定，传播概念呼之欲出——“克咳，全家好心情！”，品牌策略的核心问题解决了。

2. 影响消费者购买行为的因素

**消费者购买行为**，是指个人、家庭为满足自己生活需要而购买商品的行为。这种购买行为的显著特点是消费者对所购买商品的专业知识不足，感情色彩比较浓重。因此，消费者购买行为在很大程度上受到各种外在因素和内在因素的影响。所以，在开展广告活动的时候，必须了解和适应这些因素，从而有效地组织和开展广告活动。

1）影响消费者购买行为的外在因素

影响消费者购买行为的外在因素主要有文化因素、社会阶层因素、家庭因素和企业因素。

（1）文化因素。文化传统的不同，影响着人们的消费行为。这主要表现为人们具有不同的审美观、价值观及民俗传统。人们为消费而购买，当消费者接受广告内容，审视商品的时候，吸引消费者的不仅是商品的实际使用价值，还取决于是否能使消费者产生美感。因此，在开展广告活动中，要注意人们的审美观点，广告作品要有美感，吸引消费者的眼球。此外，在广告内容上要适当迎合消费者的价值观，这样，才能使广告活动顺利开展。

（2）社会阶层因素。消费者所处的社会阶层不同，他们的职业、收入、财富、受教育程度、价值取向等是各不相同的。因此，在进行广告活动的时候应该特别注意，不同的社会阶层应有不同的媒体接触面。例如较高的社会阶层接触的杂志及报纸，主要是专业性的，而较低社会阶层接触的杂志和报纸，更多的是大众性的。

（3）家庭因素。大多消费品是以家庭为基本的消费单位。例如，食品、家具、电器等，以家庭为单位比起以个人为单位消费更多一些。因此，对家庭的分析也是广告活动的重要内容。

（4）企业的因素。在广告调查和分析消费者行为的时候，也要注意企业的形象、企业产品的形象、企业的售后服务工作。因为如果多数消费者对企业产生好感，并形成有利的舆论，那么，更多消费者会踊跃地购买该企业的产品。所以，在广告活动中，应注意树立企业的形象和产品的形象，做好产品的售后服务工作，以达到消费者满意的效果。

2）影响消费者购买行为的内在因素

消费者购买行为除了受外在因素的影响，更多的还受内在因素的影响。影响消费者购买行为的内在因素主要有以下5个：

（1）消费需要。消费者的购买行为，是为了满足自身的需要。在开展广告活动的时候，应该围绕着消费者的需要来进行。而随着人们生活水平的提高，消费需要也在不断发展。

（2）购买动机。消费者的消费需要决定了消费者的购买行动，但消费者要具体购买什么产品来满足自己的需要，则取决于购买动机。由于消费者受其教育程度、职业、收入等方面的影响，其购买产品的动机也有许多类型。广告应根据不同的购买动机，采取相应的策略，以提高广告的投入效果。

讨论：脑白金广告的效果如何？它是如何影响消费者的购买行为的？

（3）感觉。消费者在购买商品的时候，需要一个认识的过程，即对商品的各种属性进行理解、整理，感觉所要购买的商品。例如，一些经典的广告，一而再、再而三地出现在消费者的身边，很容易加深消费者对广告产品的认知，最终形成购买行为。

（4）态度。消费者在接受广告的过程中，形成了信念和态度，这些信念和态度又反过来影响消费者的购买行为。而消费者的信念和态度一旦形成，是很难发生改变的。在广告活动的开展中，要了解消费者对其产品或服务的印象。

（5）个性。个性是指消费者特有的个人素质。消费者有自己的个性，可以直接或间接地影响其购买行为。例如，喜欢冒险的消费者容易受广告活动的影响，成为新产品的早期使用者。随着社会的发展，越来越多的人注重自身个性的发展，购买商品要求显示自身特点。所以，在广告活动中，企业要努力发展那些能够体现消费者自我形象的产品和服务，特别在广告的内容中，要使得消费者感觉到产品和服务符合其自身形象，从而达到广告活动的效果。

### （三）广告产品调查

广告产品调查是广告调查的重要内容，只有准确而全面地了解产品信息，才能为企业的营销战略和广告策划提供依据。产品调查的内容主要包括产品的基本特征、产品的生命周期和产品的品牌形象等方面。

1. 产品的基本特征

广告所推销的产品是一个广义的、整体的概念，它不仅要满足购买者对其使用价值的需要，而且要满足消费者心理上的需求愿望。整体或广义的产品概念可以分为三个层次：

（1）核心产品。即通过产品的自然属性满足消费者的特定需求。

（2）形式产品。即核心产品的实现形式。

（3）延伸产品。即购买者在使用产品过程中所享受的有形产品以外的利益，包括销售服务、安装、保修和售后服务等。

在广告活动中，广告首先要着眼于消费者购买产品所追求的利益，通过广告展示产品的质量水平、品牌和包装等，以满足消费者的需求。在未来的市场竞争结合产品的不同生命周期阶段，简要分析各阶段的市场特点及应采用的广告策略。

中，企业仅仅靠价格竞争、质量竞争等是远远不够的，还要注意延伸产品的开发，如完善的售后服务等。

2. 产品的生命周期

产品处于不同的生命周期阶段，市场竞争状况不同，调查的内容就不同，因而所要采取的广告策略也就相应不同。

3. 产品的品牌形象

品牌是用以识别某个或某群体销售者的产品或服务，并使之与竞争对手的产品或服务相区别的商业名称及标志。品牌代表着特定的商品属性以及企业的价值、文化和个性。例如海尔的广告"真诚到永远!"，就表现出它的产品质量可靠，服务上乘，诚实守信等，塑造了海尔中国家电第一品牌的形象。品牌也体现生产者的某些价值观，如奔驰车的广告，就代表着高绩效、安全和声望。

在广告活动中，要求对品牌的设计进行详细的市场调查，设计出一个符合产品实际情况，并吸引消费者的名称。要依据社会条件、市场环境、消费者偏好和商品特点等因素综合考虑，注意品牌的特异性，使品牌能与商品实体相结合。科学合理制定品牌策略，是企业营销管理和广告活动的核心内容。

## 相关案例链接

### 金六福，中国人的福酒

品牌的打造关键是品牌主题的设计，一个品牌没有明确的主题，品牌形象就会模糊不清，广告传播效果也会大打折扣，品牌资产的积累将成为更大的问题。

金六福酒以其上乘的酒质、新颖的包装和深厚的文化底蕴，深受消费者的青睐，畅销海内外，被誉为"中国人的福酒"。品牌的营造就是要善于借助每一份可以利用的力量。21 世纪的中国国运一直很好：加入世贸，申奥成功，国足出线，可谓好运不断。这时推出福星酒，正是时候。福星酒天生与好运关联。一系列的市场定位、市场策略、品牌形象等工作之后，品牌口号"喝福星酒，运气就是这么好!"自然而然地呈现出来，而且和主品牌金六福的定位——"中国人的福酒"一脉相承。

如果还是走白酒的老路线，那么福星酒充其量只是一个普通白酒品牌，无法达到脱颖而出的效果。那么如何选择福星酒自己的路线呢？如何让福星酒一出场就具备新兴白酒独有的气质？一串事实闯入策划者的眼帘：金六福——围绕着 2001～2004 年中国奥委会合作伙伴、第 28 届奥运会中国代表团唯一庆功白酒、第 21 届世界大学生运动会中国代表团唯一庆功白酒、第 14 届亚运会中国代表团唯一庆功白酒、第 19 届冬季奥运会中国代表团唯一庆功白酒、中国足球队进入 2002 年世界杯出线唯一庆功酒等称号展开了各种营销活动。让千百年流传下来的"福文化"与时下正热火朝天的"体育"狂潮相结合，正是福星酒独特的气质!

金六福酒以"福"的吉庆形象定位，积极参与社会各项盛事，被誉为"中国人的福酒"。自 2004 年以来，金六福借助一系列主题传播——"中秋团圆 · 金六福酒”、“春节回家·金六福酒”、“我有喜事·金六福酒”，更使金六福酒逐步成为中国人节庆消费中必不可少的新民俗。

### （四）市场竞争调查

在市场经济条件下，同类产品的竞争十分激烈，作为一个企业，要在激烈的市场竞争中得以生存和发展，必须充分了解竞争态势和竞争对手的状况。广告调查中，对市场竞争和竞争对手的调查，主要从以下几个方面考虑：

> 列举两个你所熟知的关于市场竞争的案例，阐述其市场竞争手段。

1. 同类企业或产品的市场竞争状况

对同类企业即竞争对手的调查，首先要识别竞争对手。对于一个企业来说，广义的竞争是来自多方面的。总的来说，竞争者是那些生产经营与本企业提供的产品相似或可以相互替代的产品，以同一类消费者为目标市场的其他企业。然后分别调查其市场状况，如这些企业的市场占有率、生产能力、产品质量、成本、价格、市场控制能力等方面的情况。比较各个竞争对手的产品特点，再与自己的产品进行细致的对比，从中找出自己产品的优点和不足。要扬长避短，对自己产品的优点，要加大宣传力度，作为广告诉求的重点，增强消费者对这些优点的认识和依赖；对本企业产品的缺点，要设法加以改进，以全面提高企业及产品的竞争力。

2. 竞争对手媒体监测

通过大众媒体和其他广告媒体的监测，了解竞争对手的广告投入费用、广告代理商、广告媒体、广告表现形式及广告效果等，研究分析竞争对手在广告宣传策略、广告内容创作和广告媒体选择上的成功经验或失败教训，从而不断改进和修正自己的广告策略和表达方式，这样既可以在广告创作中避免作品的雷同，又可以在他人的基础上，创作出独具匠心的广告。

### （五）广告媒体调查

媒体是广告信息得以传播的载体。媒体调查的目的在于有效地进行媒体选择、建立媒体组合、制订媒体计划等。广告媒体的种类繁多，不同的媒体有不同的性质、功能和特点，同一类型的媒体，其覆盖面、媒体接触率（视听率、注目率等）也不同。因此，为合理运用媒体，提高媒体的成本效益率，广告策划人员必须通过调查掌握广告媒体的详尽资料。

## 三、广告调查的基本程序

为保证调查结果的完整性、可靠性和实用性，广告调查必须按照科学严密的程序进行。广告调查的程序是指广告调查从开始准备到结束全过程工作的先后次序和具体步骤。在广告调查活动中，建立一套系统的科学程序，有助于提高广告调查的工作效率与质量。一般来说，广告调查的全过程大体可以分为：调查准备阶段、调查实施阶段及分析总结阶段。

1. 广告调查准备阶段

这是广告调查工作的开端。准备是否充分，对于实际调查工作的质量影响很大。广告调查准备阶段的主要任务是明确调查的目的、要求，广告调查的范围和规模，调查力量的组织等问题，在此基础上，制订调查方案和计划。

2. 广告调查实施阶段

广告调查方案和计划经过有关部门或领导的批准以后，就进入了调查实施阶段，这是广告调查中最复杂的阶段。这一阶段的主要任务，是组织调查人员深入实际，按照调查方案和计划的要求，系统地收集各种可靠资料和数据，听取被调查者的意见。在调查实施阶段，要注意对调查人员的培训和对调查过程的有效监控，以确保调查实施的顺利进行和调查资料的真实性。

3. 分析总结阶段

这是广告调查全过程的最后一个环节，也是广告调查能否充分发挥作用的关键。这一阶段的主要任务，是将调查收集到的资料进行汇总整理、统计分析。首先，编辑整理，即把零碎的、杂乱的、分散的资料加以筛选，去粗取精，去伪存真，以保证资料的系统性、完整性和可靠性。其次，对资料分类编号，即把调查资料分为几个适当的类别并编上号码，以便于查找、归档和使用。再次，进行统计，即将已经分类的资料进行统计计算，系统地制成各种计算表、统计表、统计图。最后，对各项资料的数据和实施进行比较分析，筛选出一些可以说明有关问题的统计数据，直至得出可靠的结论，撰写和提交调查报告。

## 四、广告调查的方法

**广告调查的方法**指在广告调查中发掘资料来源，了解情况，捕捉信息或收集资料的途径和方法。广告调查的方法有很多，按不同的标准可以有不同的划分。

### (一) 根据调查资料的来源划分

根据资料的来源，广告调查的方法主要分为文献调查法和实地调查法。

1. 文献调查法

**文献调查法**是指利用各种文献、档案资料进行广告调查的方法，又称案头调查法。文献调查不仅为企业的产品销售活动提供必要的信息，也为实地调查打下基础，节约大量实地调查费用和调查时间，并为实地调查提出所需调查的问题。

2. 实地调查法

**实地调查**是指通过实地走访、询问、观察、实验获取资料的方法，能够获取第一手材料，准确性较高。该方法具体又可以分为访问法、观察法、实验法。

(1) 访问法。访问法是指通过询问的方式向被调查者了解市场资料的一种方法。访问包括有正式问卷情况下进行的访问与没有正式问卷情况下的访问两种。

有正式问卷的访问，是指调查者通常要设计一份结构严谨的问卷，在访问过程中严格按照问卷预备的问题顺序提问，这样方便今后资料的处理。没有调查问卷的访问，是指在访问过程中没有标准的询问问题格式，调查者仅仅按照一些预定的调查目标，自己发挥，提出问题进行询问，被调查者回答这些问题时，通常也比较自由。依据采用的具体方式不同，访问法又可以分为面谈访问法、邮寄访问法、电话访问法、留置问卷访问法和网络访问法。

(2) 观察法。观察法是通过观察被调查者的活动取得第一手资料的一种调查方法。运用观察法收集资料，调查人员同被调查者不发生接触，而是由调查人员直接或借助仪器把被调查者的活动按实际情况记录下来。

观察法主要可以分为人力观察法和机械观察法。人力观察法是指调查人员直接在现场记录有关内容，并根据实际情况对观察到的现象作出合理的推断。机械观察法是指调查人员必须采用机械才能得到观察资料的方法。这是随着科学技术的进步出现的新的调查方法。

(3) 实验法。实验法是调查者根据一定的调查目的，控制某种市场条件，或在人工合成环境下，通过观察、记录收集资料，以揭示其发生的原因和规律的方法，是一种复杂的、高级的直接调查方法。

按照调查环境不同，实验法分为实验室调查和现场调查。实验室调查是在人工环境下进行的实验，实验者对实验环境可进行严格的有效控制。如在某个特别模拟的商场里，请一些潜在的消费者在观看相关广告后购买商品，观察他们购买哪一种商品、受广告影响的程度、购买决策的变化等。现场实验是在自然情况下进行的实验，实验者只能部分地控制实验环境的变化，大规模的市场调查多采用这种方法。

### (二) 根据获取样本的方式来划分

**抽样调查**是从调查对象的总体中抽取一部分样本进行调查，然后根据样本值推算总体值的一种调查方法。抽样的方法分为随机抽样和非随机抽样两大类。

1. 随机抽样

**随机抽样调查**是在总体中随机抽取个体作为样本进行调查，根据样本情况推算出一定概率下总体的情况。随机抽样最主要的特征是从母体中任意抽取样本，每一样本有相同的抽取机会，即事件发生的概率是相等的，随机抽样在广告调查中应用很广。随机抽样又可以分为 3 种：

(1) 简单随机抽样。即整体中所有个体都有相等的机会被选作样本。

(2) 分层随机抽样。即对总体按某种特征（如年龄、性别、职业等）分组（分层），然后从各组中随机抽取一定数量的样本。例如，在某地区女性化妆品市场调查中，可按年龄将女性分为老、中、青三层，然后在每层中简单随机抽取一定数量的女性进行调查。

> 思考：你是否被作为广告调查对象接受过广告调查？如果有，请问是什么方式和内容的广告调查？

(3) 分群随机抽样。即将总体按一定特征分成若干群体，以群为单位抽取若干群，再对抽中的群内的所有个体进行调查。例如，对某地区大学生消费情况的调查中，可将班级作为群，从各个学校随机抽取若干班级，再对抽中的班级的全体学生进行调查。

分层抽样与分群抽样的区别在于：分层抽样是将样本总体划分为几大类，各大类间存在明显差异，而每一类则是由性质相同的样本构成的；而分群抽样是将样本总体划分为若干不同群体，这些群体间的性质相同，每个群体内存在性质不同的样本个体。

2. 非随机抽样

**非随机抽样调查**是根据调查者的主观判断、经验或某些条件来选择样本。抽样的效果取决于抽样者的判断和经验，因此，调查的科学性和准确性难以得到保证。在广告调查中多采用随机抽样，只有在特殊情况下使用非随机抽样的方法。

## 第二节　广告计划

从管理学的角度来看，任何活动的开展都离不开计划，计划是一项活动开展的前提。同样，广告活动主要由计划、实施、评价管理三部分组成。严格的计划虽然不能保证产生伟大的广告，但没有周密计划的广告活动将必然会给企业带来损失。编制广告计划是为了给广告活动提供一个行动大纲，对复杂的广告活动的进程安排和行动予以协调，这也是广告策划中必不可少的步骤，在广告活动中占有重要地位。它关系到企业整个广告活动的成败，同时也是衡量和评价广告活动效果的重要依据。

美国广告学者丹・E・舒尔茨说："严格的一定方式虽然不能保证必可产生出伟大的广告，但广告运动的计划者如想发展一个广告建议案而不事先写出一个周密的书面计划，必会招致灾祸。"

### 一、广告计划的含义及类型

#### （一）广告计划的含义

企业的广告计划是企业对于即将进行的广告活动的规划，它从企业的营销计划中分离出来，并根据企业组织的生产与经营目标、营销策略和促销手段而制定的广告目标体系。概括来讲，**广告计划**是对企业一定时期内广告活动的整体安排，是根据企业的营销目标、营销策略和广告任务等要求所制定，并用文字、图表等形式说明的广告活动的全面规划和具体行动方案。

计划是管理的首要职能，没有计划就没有管理。拟定广告计划可以使广告活动避免盲目性，使现代广告活动有条不紊地开展起来，同时也有助于对整个广告活动进程进行科学管理，以取得最大经济效益，减少大的失误。

#### （二）广告计划的类型

市场经济条件下，企业、产品不同的特点决定了广告活动的多样性，因此广告计划也不可能是一成不变的单一模式。企业应根据市场状况和产品特点，制订不同类型的广告计划，从而开展广告活动。

1. 按照广告计划的时间性来划分

广告计划可以分为长期广告计划、中期广告计划和短期广告计划三类。

（1）长期广告计划。一般以3～5年为期，是以企业长期发展战略为依据，按照市场营销的战略要求制定的广告活动规划，具有长期性和系统性的特点。长期广告计划必须根据企业发展规划的实施情况和市场形势的变化，不断适度调整和修订。例如，喜之郎果冻长期以来一直以亲情作为诉求的主题，通过不同的表现方法长期开展广告宣传。

(2) 中期广告计划。又称年度广告计划，是企业根据长期的广告计划，在一年之内按季分月制定的系列广告活动规划。中期广告计划是依据企业年度经营目标和销售计划制定的，确定本年度内广告目标及广告预算在不同媒体上的分配等内容。中期广告计划操作性比较强，要求其内容全面具体，指标量化，切实可行。这是一般企业常用的一种广告计划。

(3) 短期广告计划。这是在开展广告活动中，不受中长期的广告计划限制，在短期内所开展的补充性、机动性的广告计划，广告期限为一个月至半年，一般是对一次广告活动的安排。这种广告计划带有明显的机动灵活性和随机性，目的是为了在较短时间内促进产品销售，为中长期的广告计划完成过程进行补充和完善。例如，一些节假日的广告促销计划。

> 思考：结合"十一"黄金周，拟定某一产品的广告促销计划。

2. 按照广告性质划分

广告计划可分为战略广告计划和战术广告计划。

(1) 战略广告计划。这是指与企业长期发展战略相适应，明确企业长期广告活动的目标与发展战略。例如企业结合营销战略和产品的生命周期，决定何时何地、以何种广告活动在市场上推出新产品，达到多大的市场占有率，并塑造企业和产品的品牌。

(2) 战术广告计划。这是企业为组织某一项特定广告活动或为达到某一广告目标而制定的广告活动规划，如某广告促销计划。战术广告计划内容具体，操作性强，广告效果明显，极受企业的青睐。

3. 按广告媒体划分

广告计划可以分为组合媒体广告计划和单一媒体广告计划。

(1) 组合媒体广告计划。这是指运用两种以上媒体的广告计划。如利用电视、杂志、网络、报纸等媒体组合，宣传某一产品或服务的广告计划。

(2) 单一媒体广告计划。这是指仅利用一种媒体进行宣传的广告计划。如POP广告计划、公交车广告计划等。

## 二、广告计划的内容

广告计划内容繁多，囊括了广告活动的全部领域。在广告策划活动中企业可以根据自身营销战略的需要，选择不同的广告计划类型，突出不同的广告计划内容重点。一般来说，完整的广告计划主要包括以下内容：广告的市场分析、广告战略、广告策略、广告预算和广告效果预测。

### (一) 广告的市场分析

广告的市场分析是在广告调查的基础上，对所获得资料的分析研究，是广告策划活动取得成功、实现广告目标的关键。它主要包括企业与产品品牌分析、产品分析、目标市场分析、竞争状况分析和市场发展机会分析等。

1. 企业与产品品牌分析

如果进行的广告宣传是对企业的宣传，就应该对企业的发展历程、技术力量、经营状况及在同行业中的地位，特别是企业的发展规划等进行详细的了解，从中发现企业的经营特色，为确定广告主题提供素材。广告策划人员对企业进行分析时，主要从以下几个方面着手：

(1) 企业的经营历史、经营规模、经营特色、经营文化、商誉及在消费者心目中的地位。

(2) 近几年来，企业的经营业绩。

(3) 企业在同行业中的地位，是领导型企业，还是挑战型、追随型企业。

(4) 企业的技术水平、新产品开发能力，拥有的专利、专有技术及员工素质。

(5) 企业过去的广告宣传状况、广告宣传的主题、常用的广告媒体及广告宣传的效果。

如果企业开展的广告宣传活动是针对产品品牌的，是为了扩大品牌的知名度，则广告策划人员可以从以下几个方面进行分析：

(1) 品牌的名称、标准色及标示物。

(2) 产品品牌的历史背景、定位状况、资产状况及产品属性之间的联系。

(3) 消费者对品牌的认知状况、忠诚度及对该品牌的联想物。

(4) 该品牌过去广告宣传的主题、广告创意、常用的广告宣传媒体及广告预算。

(5) 该品牌目前面临的问题和市场机会。

(6) 有关该品牌的重大事件。

2. 产品分析

广告计划中的企业产品分析，目的是为了了解产品的特征，决定广告宣传时的诉求重点。具体包括以下内容：

(1) 产品的用途、质量、价格、包装、技术含量及售后服务。

(2) 产品在市场上所处的生命周期阶段。

(3) 产品的市场占有率、销售状况及销售趋势。

(4) 消费者对产品的评价。

3. 目标市场分析

广告计划书中的目标市场分析，主要是根据广告调查得到的资料，分析此产品的主要消费群体及这个群体的各种状况，掌握他们的消费习惯、媒体习惯及情趣、偏好等。目标市场分析应包括以下具体内容：

(1) 目标市场规模，即消费者和潜在消费者的人数。

(2) 目标市场上消费者的人口统计方面的特征，如年龄、职业、收入水平、宗教信仰、受教育程度、所处社会阶层等。

(3) 消费者的购买习惯、购买心理、媒体习惯及需求趋势。

(4) 消费者对产品及其价格的态度，对产品文化附加值的要求、对产品品牌的认知程度及忠诚度。

(5) 广告对消费者的影响程度。

4. 竞争状况分析

在市场经济中，任何产品都存在不同程度的竞争，对竞争对手的了解影响着企业广告计划的制订。对竞争状况的分析，是确定广告宣传规模、广告使用媒体的基础。广告策划人员在分析市场竞争状况时，应从以下几个方面着手进行：

(1) 企业的直接竞争对手、间接竞争对手有哪些？

(2) 竞争对手的经营优势和劣势是什么？有哪些经营特色？

(3) 竞争对手在市场中的位置、营销手段、广告主题、广告内容和媒体组合。

(4) 竞争企业在广告中失败的教训和成功的经验。

5. 市场发展机会分析

在上述分析的基础上，还应综合分析市场发展中的难题以及市场发展机会。市场发展机会是企业营销的突破口，也是广告宣传的突破点。找到了市场发展机会，也就实现了广告目标的一半。

根据企业自身的实际情况和竞争对手的经验与教训，广告策划人员可以从以下几个方面分析市场发展机会：

(1) 同类产品中各品牌的市场占有率。

(2) 产品形象、上市时机及最佳广告媒体组合。

(3) 产品定价与市场定位。

### (二) 广告战略

**广告战略**是宏观上对广告活动的统筹和谋划。在广告计划中，广告战略是通过市场分析，对广告目标、广告重点、广告对象、广告地区等作出的战略性决策。

1. 广告目标

**广告目标**是指广告活动所要达到的具体目标或通过广告的传播所要获得的具体结果。任何广告的目标都有一致性，即通过广告传播来扩大产品的营销，树立企业的美好形象。但不同企业在不同时期所面临的广告任务不同，其所追求的具体目标也不一致。因此，企业应针对不同的实际情况，制定出具体的广告目标。

2. 广告重点

**广告重点**是指广告的诉求重点和策划重点。主要是根据产品策略和心理策略的策划，明确以怎样的方法，突出广告宣传的重点，以达到广告计划所企求的目标。

3. 广告对象

**广告对象**指广告的传播对象和诉求对象。在广告计划中，一般要根据市场分析及产品定位策略和心理策略，说明广告对象的人口总数、分布、地区、年龄、性别和职业阶层等情况，以及广告对象的生活方式和消费方式，以确定相应的广告策略。

4. 广告地区

**广告地区**指广告信息的传播地区。在广告计划中，一般要根据市场分析和产品定位的结果，决定产品的目标市场及广告宣传区域，并说明选择目标市场的理由，明确广告宣传的具体地区，为广告信息策略和媒体策略的决策提供依据。

### (三) 广告策略

**广告策略**是广告活动中所运用的具体措施与手段，主要包括实施策略、创意策略、媒体策略。

1. 实施策略

**实施策略**指着眼于广告实施过程中如何取得更大效益而进行的具体谋划。在广告计划中，通常要根据市场情况、企业的营销策略和广告预算等，明确制定广告的实施策略。这对于正确地确立广告创作方针，提出广告设计方案，制定完整的广告活动步骤，使广告活动具有计划性、科学性和可行性等方面具有重要作用。

2. 创意策略

**创意策略**指广告信息的创意构想和创作风格。在广告计划中，通常要根据广告策略，说明广告主题的选择及表现方式，提出广告设计、制作方案的基本要点，再交付有关部门进行具体设计制作。

3. 媒体策略

**媒体策略**指选择并运用广告媒体的方法。在广告计划中，媒体策略主要说明媒体的选择运用、媒体的组合方式、广告的发布次数和日期、占有的面积、时间长度等。不同的媒体策略，对广告费用、广告设计风格、广告的具体效果等均有较大影响。

### (四) 广告预算

**广告预算**是广告活动所需费用的匡算，也是广告计划的一个重要组成部分。广告预算是广告活动的经济保证，它不仅制约着广告的制作，而且制约着广告媒体的选择和发布频率。在广告计划中，要提出广告费用的总额和经费分配方案，具体说明经费使用项目和相应数额并详细列出媒体价格。如果有必要，可以用文字和表格结合的方式，说明经费的具体开支和使用情况。

### (五) 广告效果预测

**广告效果预测**是指广告活动所要达到的目标和完成任务的预先估计。它既是对广告活动提出的要求，也是对广告企业的承诺。在广告计划中，广告效果预测主要包括广告传播效果预测和广告销售效果预测两项内容。

1. 传播效果预测

这是对广告传播心理效果的预先估计。在广告计划中，通常要说明广告宣传所要达到的视听率、知名度、理解度、偏爱率等心理效益指标，并阐明测定这些指标的方法，如问卷调查，座谈会方式等。

2. 销售效果预测

这是对广告宣传所取得经济效益的预先估计。在广告计划中，通常要说明广告宣传所要达到的销售率、市场占有率、指名购买率等经济效益指标。

## 三、编制广告计划

在完成广告调查和广告规划后，应将广告活动的内容形成广告计划，编制广告计划书。广告计划原则上由企业自己制定，也可委托广告公司代为编制。在编制广告计划时，要遵循一定的编制原则和工作程序。

### (一) 广告计划编制的原则

广告计划编制的原则，是指为了充分发挥广告计划的计划职能而在编制广告计划中应遵循的基本原则。主要包括组织原则和内容拟定原则。

1. 组织原则

(1) 目标明确化原则。编制广告计划时不仅要明确本次广告的总目标，而且要明确计划中每一项工作的目标是什么，以及各个环节的目标是什么。有了明确的工作目标，就有利于管理和监督。

(2) 分工协作原则。广告计划涉及广告活动的各个环节，内容庞杂，因此必须进行分工，每人负责一项或几项工作。同时，广告计划又是一个不可分割的整体，既有分工，又有协作，这样才能使广告计划成为统一有序、各部分密切联系的有机整体。

(3) 高度保密原则。广告活动是针对竞争对手，为在竞争中战胜对手而进行的。因此广告计划是企业的商业机密，需要高度保密。如果正在拟定中的广告计划被竞争对手获知，则极有可能在竞争中处于被动局面，甚至给企业带来重大损失。

2. 内容拟定原则

(1) 系统原则。广告计划中的市场分析、广告战略、广告策略、广告预算等内容都不是孤立存在的，而是一个完整的系统。它们之间紧密联系、相互制约、相互影响，构成广告计划的统一体。因此，广告计划内容的拟定要坚持系统原则。

(2) 量化原则。为保证广告计划的科学性和对实际工作有切实可行的指导作用，广告计划书对广告计划的各项内容，不仅要有质的表述，而且要有量的规定。如对广告产品的市场占有率、预期销售额、广告费用等，都必须规定明确的数量指标，以便于衡量其实现程度。

(3) 择优原则。在拟定广告计划时，要根据已知的各种约束条件、影响因素和企业自身特点，结合可能出现的不确定因素，全面分析，初步拟定出多套广告活动方案和广告计划，然后反复权衡，从中选择能够带来最大经济效益的方案，制定详细的广告计划。

(4) 可行原则。企业拟定广告计划是为了指导广告活动，因此，广告计划必须切实可行，具有很强的可操作性，即必须坚持可行原则，一切从实际出发。广告目标不能定得太高，广告预算要考虑企业的实际财力，广告媒体的选择及时间安排也应适中等。

(5) 效益原则。广告是为了促进产品销售、提高企业经济效益，因此，广告计划也要坚持效益原则，在广告活动的各个环节，要力求人、财、物的合理分配，使有限的广告费用发挥最大的经济效益。

### (二) 广告计划的编制程序

广告计划的编制，在坚持广告组织原则和内容拟定原则的基础上，必须按一定的工作程序来完成。一般来说，编制广告计划的程序大致可以分为三个阶段。

思考：企业的外部环境包括哪些内容？

(1) 市场分析与研究阶段。这是编制广告计划的准备阶段。在这个阶段，主要是收集有关市场、产品、消费者、企业以及与企业相关的外部环境的资料，加以分析。

(2) 拟定广告计划提纲阶段。在第一阶段的基础上，大致框定广告计划的基本内容，写出提纲。

(3) 拟定具体的执行计划阶段。依据计划提纲的要求，制定广告计划书。

### (三) 广告计划书的写作

广告计划书是广告计划的文稿表现，写好广告计划书是完成广告计划编制的最明显、最集中的体现。因此，广告策划人员不仅要明确广告计划的含义、内容，也应熟练掌握写作技巧。一般来说，完整的广告计划书主要包括标题、目录、正文、署名和日期四个部分。

#### 1. 标题

标题是广告计划的名称，一般由两种因素构成。其一是内容因素，广告计划的标题应高度概括广告计划的内容，通常要说明某产品或某企业的广告计划，如“汇源果汁 2012 年度华南地区广告计划书”。其二是文体因素，广告计划的标题还应说明其文体，通常要标明“计划书”、“策划书”等字样，如果是未定稿，还应标明“初稿”、“草案”等字样。一般来说，广告计划的标题应该明确具体、规范准确、简明扼要。

#### 2. 目录

目录指广告计划的内容简目。通常篇幅较长的广告计划，要在正文之前、标题之后附上目录。广告计划目录的作用有二：一是便于说明内容，使读者在不用读完广告计划全文的情况下，根据目录对广告计划内容有大概的了解；另一个是便于查阅，使读者根据目录提示方便地检索感兴趣的部分。因而，广告计划的目录应该是说明广告计划各部分内容的小标题或提纲，是拟定计划提纲阶段的工作成果。

#### 3. 正文

正文是广告计划的主要部分，一般由前言和内容两部分构成。

前言,也称引言、摘要,是简要概括广告计划内容的文字,目的是使管理部门能快速了解计划,并在需要时翻阅有关详细内容。一般说来,前言应简单说明广告计划的依据、目标、广告创意和广告策略等。因而,前言的写作要求重点突出,简明扼要。

内容,是广告计划书的主体。广告计划的内容着重说明广告目标与任务,完成目标的策略、措施、时间及其理由。要求其文字表达应具体明确、规范清晰,表格表述应布局合理、一目了然。

4. 署名和日期

署名和日期是对广告计划编制人和编制时间的说明。署名有三种形式:一是书上计划部门名称,如××广告公司;二是署上法人代表名字,如××广告公司××经理;三是署上广告计划执笔人姓名。日期则是广告计划拟定的具体时间。

## 相关知识链接

表 2-1,表 2-2 是广告计划书的一般格式,有时还可以简化用表格勾勒出广告计划的基本要点。

**表 2-1 广告计划书** 产品名称(××茶饮料)

| | | | |
|---|---|---|---|
| 销售 | 预计 | 15 000 箱/月(市场占有率 18%) | 金额 150 000 元/月 |
| | 实际 | 箱/月(市场占有率 ) | 金额 元/月 |
| 广告目标 | 知名度 | 70% | 实际( %) |
| | 理解度 | 60% | 实际( %) |
| | 喜爱度 | 50% | 实际( %) |
| | 购买满意度 | 20% | 实际( %) |
| 广告诉求重点 | | 塑造产品清新、自然、适合年轻人饮用的形象 | |
| 广告时限 | | 一年 | |
| 广告诉求对象 | | 15～25 岁的年轻人 | |
| 广告地区 | | 华南、华东地区 | |
| 广告内容 | | 年轻人在清新、自然的种植环境中畅饮茶饮料的场面 | |
| 广告表现战略 | | 采用娱乐明星做广告代言人 | |
| 广告媒介战略 | | 以电视广告为主,交通广告次之 | |
| 其他促销策略 | | 有奖销售 | |

表 2-2 媒体计划书

产品名称(××茶饮料) (华东地区)

| 媒体 | 媒介名称 | 1月 | 2月 | … | 12月 |
|---|---|---|---|---|---|
| 电视 | 中央电视台 | 15秒×10次 | —— | | 15秒×15次 |
| | 上海电视台 | 30秒×5次 | —— | | 30秒×10次 |
| | 江苏电视台 | 30秒×5次 | —— | | 30秒×10次 |
| 交通 | 公交车车身 | 该地区一线城市<br>10条公交线路 | —— | | 该地区一线城市<br>10条公交线路 |
| 户外广告 | 灯箱广告 | 该地区一线城市<br>800个 | —— | | 该地区一线城市<br>800个 |
| 广播 | 中央人民广播电台 | 15秒×5次 | | | 15秒×10次 |

## 第三节 广告预算的意义与内容

俗话说:巧妇难为无米之炊。商业广告是一种付费的信息传播活动,没有预算安排,一切广告活动都难以进行,企业的广告目标也难以实现。因此,合理的广告预算安排是广告活动的前提和广告目标实现的保证。确定广告预算是广告策划的重要内容,不仅直接影响到广告产品的效益,而且影响到企业整体效益。

美国广告学家肯尼斯·朗曼:"任何品牌产品的广告效果都只能在临限(即不进行广告宣传时的销售额)和最大额之间取值。"

### 一、广告预算概念与意义

1. 广告预算的概念

**广告预算**是企业为实现其广告目标而对广告活动所需费用的计划和匡算,它规定了广告计划期内开展广告活动所需的费用总额、使用范围和使用方法。

广告作为信息传播和商业促销的主要手段之一,越来越受到企业的重视。广告预算费用与企业要达到的广告效果是相辅相成的。一般来说,广告预算费用低却要求取得良好的广告效果,是不切合实际的;广告预算费用高而营销目标却很低,则是毫无意义的资金浪费。广告活动需要投入多少资金,资金怎样有效分配,要达到什么样的广告效果,怎样防止资金的不足或浪费等问题,是企业广告活动必须考虑的。要解决这些问题,广告主必须根据广告活动的目标和活动安排,编制资金使用分配计划,即编制广告预算。

2. 广告预算的意义

广告预算作为对广告活动所需费用的匡算,对广告活动具有计划和控制的双重功能。作为计划,广告预算以资金形式说明广告计划;作为控制,广告预算通过财务执行来决定广告计划执行的规模和进程。因此,广告预算在广告策划中具有以下重要意义:

(1) 广告预算增强了广告经费使用的计划性。科学合理的广告预算,明确规定了广告经费的使用范围、项目、数额及经济指标,可以使广告费用的投入保持适度，避免盲目投入造成浪费，以便让有限的广告经费满足多方面的需要。有计划地使用广告经费是广告预算的主要目的。

(2) 广告预算是广告计划实施的重要保证。广告计划的实施，要通过广告预算来支持。广告传播的时间与空间，广告作品的设计与制作，广告媒体的选择与使用等，都要受到广告预算的支配。科学的、合理的广告经费预算，保证了计划的各项任务得以实施，控制了广告费用的安排与开支，广告计划的各项任务在这种控制下合理使用经费，使广告目标得以实现。

(3) 广告预算是评价广告效果的经济指标。广告预算为企业的广告效果评价提供了经济指标。评价广告效果的主要标准是看广告活动在多大程度上实现了广告目标。广告预算对广告经费的使用提出了明确的目标，可以使广告活动的每一具体步骤尽可能达到较为理想的效果。由于广告预算对广告经费的每一项具体开支都做出了明确的规定，这样在广告实施结束后，就可以比较每一项具体的广告活动所支出费用与所取得的广告效果。因此，广告预算可以成为衡量广告效果的经济指标，并评价广告活动的经济效益。

(4) 广告预算能提高广告活动效率。广告预算可以使广告活动更有效率。一方面，通过广告预算可以增强广告人员的责任心，监督广告费用支出，避免出现经费滥用或运用不良现象；另一方面，通过广告预算，对广告活动的各个环节进行财务安排，提高广告活动各个环节的工作效率，也可以促成广告活动的良好效果。有了科学合理的广告预算，才能保证广告活动的每一项内容尽可能达到理想的效果。

## 相关案例链接

### 三大乳企年报亮眼 2011 年豪掷 70 亿广告费

2012 年 3 月，国内三大上市乳业巨头伊利、蒙牛、光明的上年年报均已公布，这也是 2008 年三聚氰胺事件以来三大乳企所公布业绩最好的一次。光明乳业年报显示，2011 年光明营业总收入首次突破百亿，达到 117.89 亿元。但对比伊利股份去年 374.5 亿元的营业收入及 18.09 亿元的净利润，仍存在不小差距。蒙牛乳业 2011 年报显示，蒙牛乳业 2011 年全年收入 373.89 亿元，同比增长了 23.5%。

值得注意的是，三大乳企广告投入均可谓大手笔，2011 年全年合计达到 69.16亿元，日均约 1900 万元。

蒙牛乳业 2011 年净利润为 15.9 亿元，相比 2010 年的 12.37 亿元增长了 28.45%。全年收入 373.89 亿元，较上一年的 302.65 亿元增长了 23.5%。公司全年的广告和宣传支出占到了总收入比例的 7.6%，金额为 28.4 亿元，较上一年的 23.6 亿元增长了 20%。近年来，蒙牛的活动整合营销一直保持高投入。2011 年，蒙牛先后赞助了包括“花儿朵朵”、“天骄之声、唱响校园”以及 2011 年环中国国际公路自行车赛等多项活动，并在博鳌论坛、探月工程等各方面的广告资助中保持持续投入，而针对 2012 年的伦敦奥运会，蒙牛与蒙古国奥林匹克委员会签署了蒙古国运动员指定牛奶合作协议。

光明乳业的年报同样显示，2011 年全年，公司广告费用发生额达到 4.24 亿元，同比 2010 年的 3.52 亿元增长了 20.45%。伊利的广告促销费有所下降，但在 2011 年仍保持了 36.52 亿元的规模。

美国广商人约翰·华纳梅克曾抱怨说："我花在广告上的钱有一半是浪费掉的，可麻烦的是我不知道是哪一半。"

## 二、广告预算的内容

广告预算的主要内容是对广告活动费用的匡算，在企业所有财务费用中，哪些开支属于广告费，哪些开支不属于广告费呢？搞清楚这一问题，是编制广告预算的基础。

随着市场竞争的不断加剧，广告策划水平也日益提高，在我国广告运作中，广告费用一般是指开展广告活动所需的广告调研费、广告设计制作费、广告媒体费和广告机构的行政费。

1. 广告调研费

广告调研费主要包括市场调查、消费者调查、产品调查、竞争者调查、广告效果检测、购买统计部门和调研机构的资料所支付的费用。这一部分经费约占广告费用总额的 5%。

2. 广告设计制作费

广告设计制作费主要包括广告设计人员的报酬、广告设计制作的材料费用、工艺费用、运输费用等。不同广告媒体的设计制作费用的标准有所不同，同一广告媒体的广告设计制作费用也往往差异较大。这部分费用约占广告费用总额的 5%～15%。

3. 广告媒体费

广告媒体费主要指购买媒体的时间和空间的费用，约占广告费用总额的 80%～85%。

4. 广告机构行政费用

广告机构行政费用主要包括广告人员的工资费用、办公费用、广告活动业务费及与其他营销活动的协调费等。这一部分费用约占广告费用总额的 2%～7%。

### 相关知识链接

美国的《印制品》杂志对广告费用进行了分类(见表 2-3)，并做了详细说明，对支出也进行了一定的约束。该杂志将广告费项目分为白、灰、黑三色，白色代表可支出的广告费，灰色代表考虑支出的广告费，黑色代表不得支出的广告费。

表 2-3 广告费用分类表

<table>
<tr><th>分类</th><th colspan="3">主要费用</th></tr>
<tr><td rowspan="4">白色</td><td rowspan="4">可支出的广告费</td><td>广告媒体费</td><td>报纸、杂志、电视、广播、网络、剧场、户外广告、店内广告、宣传品、直接邮寄广告(DM)、产品目录、招贴、展示、POP 等</td></tr>
<tr><td>制作费</td><td>美术设计、印刷、制版、照相、广播、电视等方面的制作费、包装设计等</td></tr>
<tr><td>管理费</td><td>广告部门有关人员的薪资、办公易耗品和备用品费、付给广告代理业和广告制作者以及顾问的手续费和佣金、为广告部门工作的推销员的各项费用、广告部门工作人员的广告业务旅差费</td></tr>
<tr><td>杂费</td><td>广告材料的运送费(包括邮费及其他投递费)、陈列橱窗的装修服务费、涉及白表各项活动的杂费</td></tr>
<tr><td>灰色</td><td>考虑支出广告费</td><td colspan="2">样品费、示范费、推销表演费、产品展览会费、客户访问费、房租、水电费、广告部门的存货减价处理费、电话费、广告部门其他各项经费、有关广告的协会和团体费、推销员推销费、产品目录费、研究及调查费</td></tr>
<tr><td>黑色</td><td>不得支出广告费</td><td colspan="2">免费赠品、社会慈善、邀请游览费、产品陈列所的目录费、给宗教或互助组织的捐献品费、包装费、标签费、新闻宣传员的酬金、广告部门以外使用的消耗品费、潜在客户招待费、工作人员生产福利活动费、娱乐费</td></tr>
</table>

# 第四节 广告预算的编制方法

## 一、广告预算的影响因素

企业编制广告预算应非常慎重,除了确定广告费用的范围,明确广告预算的内容外,还要充分考虑各种影响因素,确保广告目标的实现。一般来说,影响广告预算编制的主要因素有以下几项。

### (一) 企业自身状况

从企业自身状况来讲,影响广告预算的因素主要包括企业实力、企业品牌形象等。

1. 企业实力因素

企业实力的强弱影响到广告投入,广告预算的高低受企业财力状况、技术水平、生产能力和人员素质的影响。一方面,企业的实力是广告投入的基础,企业规模大、实力强、产量高、资金雄厚,当然可以把广告预算制定的规模扩大。反之,则在编制广告预算时,应量力而行,不可盲目求大。另一方面,企业实力本身就是一种无形的资产,具有很强的说服力。如果企业实力雄厚,企业的产品就易被消费者所接受,广告的投入比例就会相对降低。

2. 企业品牌形象

相对来讲,品牌形象好的企业更容易被消费者接受,产品上市推广投入比率低,市场推广快;而品牌形象一般或较差的企业,则不得不投入大量预算来塑造品牌形象。

### (二) 产品因素

产品在市场上有自身的生命周期阶段,大多数产品都要经过导入期、成长期、成熟期和衰退期四个阶段。处于不同生命周期阶段的同一产品,面对的市场竞争状况、营销手段、营销目标和广告目标都不同,其广告预算有很大的差别。导入期产品刚推向市场,消费者对产品不了解,企业需要投入大量广告预算进行广告宣传,使产品被大众接受。进入成长期后,产品已开始被消费者接受,销售额开始快速提高。同时,新的竞争者开始出现,市场竞争开始加剧。相对于导入期可以适当减少广告预算,但仍需广告宣传,注重品牌形象的塑造。进入成熟期后,竞争激烈,市场呈饱和状态,销售增长缓慢,广告预算应稳定在一定水平上,保持产品的畅销状态。进入衰退期后,产品销量明显减少,广告费用将大幅削减。因此,产品因素往往影响广告预算。

### (三) 市场竞争状况

广告不仅是信息传播活动,也是市场竞争手段。企业要在竞争中取得优势,就必须认真研究和把握市场竞争状况和竞争对手的竞争策略。竞争对手之间进行市场竞争,往往以广告宣传的形式表现出来。在一定程度上,广告竞争就演变为广告预算的竞争。对于有一定实力的企业来说,要保持自己的市场份额不变或增加,就必须根据竞争对手的广告预算变化来调整自己的广告预算,不断增加广告投入。

### (四) 媒体因素

不同的传播媒体有不同的广告受众、不同的广告效果和不同的媒体价格。一般来说,电视广告的费用最高,其次是报纸、广播、杂志和网络。而电视和广播节目覆盖范围的大小、收视率的高低、报纸杂志发行量的大小,以及这些媒体的权威性、最佳播出时间和最佳版面等都不同,其广告的价格费用也有明显的差别。因此,企业在制定广告预算时,必然要考虑媒体因素的影响。

### (五) 其他因素

除上述几种主要因素外,广告预算还受其他因素影响,如消费者特征、产品地域变化、销售市场转移、广告制作水平和社会经济发展水平等,它们也会对企业的广告预算产生影响,在编制广告预算时也应当考虑。

## 二、广告预算的编制方法

广告预算是一件复杂而又困难的工作,作为广告策划的一项重要内容,广告预算是以经费的形式对广告活动的规划。编制广告预算,除了要分析影响因素外,还必须采取正确的方法,以保证广告预算编制的科学性。广告预算的编制方法有很多种,目前常用的主要有销售额百分比法、销售单位法、目标任务法、竞争对抗法、量力而行法、武断法。

1. 销售额百分比法

销售额百分比法是一种广泛采用的广告预算方法,它是以一定期限内(通常为一年)销售额的一定比率计算出广告费总额的方法。这种方法由于计算标准不一,又可细分为计划销售额百分比法、上年销售额百分比法、两者的综合折中——平均折中销售额百分比法以及计划销售增加额百分比法(以上年度广告费为基础,再加上下年度计划销售额增加部分的比率计算出广告费用总额)四种。计算公式为:

广告费用总额＝销售额×广告费占销售额的比率

**例 2-1**　某企业预计明年销售额为 5000 万元,依据经验决定以销售额的 4%计提明年广告费,则该企业明年广告费用总额为 200 万元(5 000×4%)。

销售额百分比计算法简单方便,适用于市场环境稳定或产品具有稳定市场的状况,但不适用于市场环境剧烈变化的情况或对市场环境变化敏感的产品。例如,当市场不景气时,再多的广告宣传也无法阻止产品销售额下降的趋势,在这样的情况下,执行预测计划就是一种"非理性"经营行为。

2. 销售单位法

销售单位法是以每件产品的广告费用来确定计划期广告预算的一种方法。这种方法是销售额百分比法的变形,比较适合大件耐用消费品的广告预算编制。用计划销售数量为基数计算,方法简便。运用这一方法,可掌握各种产品的广告费开支及其变化规律,同时也可方便地掌握广告效果。计算公式:

广告费用总额＝(上年度广告费/上年度产品销售件数)×本年产品计划销售件数

**例 2-2**　某企业去年销售产品 10 万件,广告投入 20 万元。今年企业计划销售 15 万件,按照销售单位法,该企业今年广告费用总额为 30 万元。

销售单位法对于经营产品比较单一或专业化程度比较高的企业来说,非常简便易行。但是对于生产、经营多元化的企业,这种方法计算手续繁杂且灵活性较差,不能适应市场的变化,其缺陷也就比较明显。

3. 目标任务法

目标任务法是根据企业的营销战略和销售目标,具体确立广告的目标,再根据广告目标要求制定广告计划,确定企业的广告预算。目标任务法的理论依据为:广告改变消费者心理的过程分为未知、知名、了解、确信和行动五个阶段。与此相对应,广告目标可以分为对产品的未知、知名、了解、确信和行动,每一个阶段都需要广告发挥相应功能。目标任务法就是以广告过程的特定阶段为目标,决定为实现特定目标所必需的广告内容、广告媒体、频率与期间、刊播范围等问题,然后计算每项广告活动需要的广告费。各项广告费用之和,就是实现特定阶段广告目标的广告预算。

**例 2-3**　假设广告目标设定要增加 1 万名广告受众,经调查分析计算出每增加一名广告受众平均需要费用为 0.2 元,一个月预计重复 10 次,则该企业每月广告费为 2 万元。计算公式为:

广告费用总额＝目标人数×平均每人每次广告到达费用×广告次数

由于目标任务法是以广告计划来决定广告预算的,广告目标明确有利于检查广告效果，既不会造成浪费，又不会出现经费短缺。这一方法比较科学，尤其对新上市产品发动强力推销很有益处，可以灵活地适应市场的变化。广告阶段不同，广告攻势强弱不同，费用可自由调整。但在实践中运用该方法有一定的难度，因为目标是层层相连、环环相扣的，如果有一步计算不准确，最后得出的广告预算总额就会有较大的偏差。因此，在实践中应与其他方法结合起来运用，使广告预算切实可行。

4. 竞争对抗法

竞争对抗法是指企业根据竞争对手的广告费开支来确定自己广告预算的一种方法。这种方法是企业明确把广告作为市场竞争的手段，实行针锋相对的广告宣传策略，一般适合于实力雄厚的大企业。

运用竞争对抗法的关键是要了解主要竞争对手的市场地位与广告费用总额及其变动情况，掌握其某种产品的市场占有率，计算出竞争对手单位市场占有率的广告投入，再依此来确定自己的广告规模。计算公式如下：

$$\text{广告费用总额}=\frac{\text{对手广告费用}}{\text{对手市场占有率}}\times\text{本企业预期市场占有率}$$

与竞争对手的广告费用保持同一水准，可维持本企业原有的市场占有率；增加广告费用，提高广告预算，可对竞争对手的产品市场占有率形成冲击。

竞争对抗法最大的优点是编制的广告预算具有针对性，满足市场竞争的需要，有利于企业在竞争中赢得主动权。这种方法最大的缺点是竞争对手的广告预算的具体资料不容易取得，而且广告费用大，容易造成浪费。广告预算总额属于企业的经营秘密，大多数企业对其广告费用情况都会进行保密。更有甚者，有些企业会故意散布一些假情报，诱使竞争企业进行错误的决策。信息不实，容易造成失误。因此，资金实力不足的中小企业在采用这种方法时要特别慎重。如果企业实力雄厚，为了在市场上建立强有力的地位，在竞争激烈时，才适合运用这种方法。运用竞争对抗法，也并非只是比花钱多少，而应注重广告的实际效果。

5. 量力而行法

量力而行法是指企业根据自己的经济实力来确定广告预算的方法。量力而行是指企业将所有不可避免的投资和开支除去之后，再根据剩余的金额来确定广告费用总额。也就是说，企业要看能拿出多少钱来做广告，而不是看需要做多少广告。

**例 2-4** 某企业在 $N$ 年的经营情况如表 2-4 所示。

**表 2-4 某企业 *N* 年的经营状况损益表**

| 项目 | 金额/元 |
|---|---|
| 销售总额 | 1000000 |
| 销售成本 | 600000 |
| 销售毛利 | 400000 |

（续表）

| 项　　目 | 金　　额/元 |
| --- | --- |
| 销售费用(管理费用) | 200 000 |
| 广告费用 | 100 000 |
| 纯利润 | 100 000 |

假如该企业$(N+1)$年的销售额预测为1 250 000元，并且企业的销售成本按比例同步增加，那么$(N+1)$年的销售成本为：$X=750\,000$(元)

如果该企业的纯利润水平仍为10%，则$(N+1)$年的纯利润额应为125 000元。在销售总额扣除销售成本和毛利后，企业财务部门核算得出企业正常水平的奖金和其他管理费用总额应该是270 000元，那么企业在$(N+1)$年度所要投入的广告总费用应该是：

$1\,250\,000-750\,000-270\,000-125\,000=105\,000$元。

对一个企业来讲，广告并不是可有可无的，广告不仅是竞争手段，更是促销手段，广告活动的根本目的在于促进销售。因此，广告预算的依据是企业的营销目标和广告目标，而不是企业可自由支配的财力。由于量力而行法不是依据企业的营销目标来制定广告预算，因此很难确定支出的费用是否有效。

应当注意的是，尽管这种方法在某种程度上存在着片面性，但在企业对新产品缺乏准确把握时，或在某些媒体上进行尝试性广告活动时，为降低广告投入风险，采用此方法仍是可行的。

6. 武断法

武断法是指企业决策者根据经验或其他方面的知识来确定广告费用总额的一种方法。运用这种方法编制广告预算时，不考虑广告活动所要达到的目标，而是完全根据决策者的判断力来确定企业的广告规模。

武断法是一种非科学的决策方法，它常被一些中小型企业采用。在这些企业里，经营的连续性和稳定性较差，为应对激烈的市场竞争和变化，企业的经营决策都有很强的独断性，广告活动也不例外。这种方法具有较大的冒险性，广告投入的随机性较强，与广告效果不成因果关系。

总之，“法无定法”。在进行广告预算时，企业必须实事求是，依据本企业的实际情况和所处的环境，采用合适的方法，这样才能保证预算的科学性和有效性。

## 三、广告预算的分配

企业在确定了广告费用总额之后，就要按照广告计划的具体安排将广告费用分摊到各个广告活动项目上，使广告策划工作有序地开展，以实现扩大产品品牌知名度、增加品牌资产、树立企业形象、增加产品销售量的目的。广告预算的分配方法主要有时间分配法、地理区域分配法、产品分配法和媒体分配法。

### (一) 时间分配法

时间分配法是指广告策划者根据各项广告活动的不同时间安排来具体分配

广告费用。在广告策划中，广告频次和广告连续性是着重予以考虑的两个方面。在合适的时间刊播广告是提高广告传播效果的重要因素，因为在不同时间，消费者的购买状况、媒体受众的人数和心理以及生活习惯是不同的。

1. 按广告活动期限进行分配

不同的广告活动，对时间长短有不同的要求。为了实现企业的长期广告战略，提高广告传播效果的连续性，一些企业往往策划一个长期(一年以上)广告活动，这就涉及广告计划的跨年度广告费分配，也就是说要考虑计划期内各年度的费用。在企业的年度内广告计划中，广告预算分配也并不是平均到每一个季度或每一个月，而是根据不同季度或月度的市场特征和广告目标，安排不同数额的季度或月度广告预算。

2. 按照广告信息传播时机进行分配

试列举一些季节性产品及其广告。

许多产品的销售经常随时间和季节的变化而变化，尤其是服装、空调、冰箱、热水器、冷饮等季节性产品。在不同的季节里，市场需求情况不同，要求广告活动的规模有所侧重。对这类产品，合理地把握广告时机是抢占市场制高点的关键。因此，广告经费的分配要符合市场销售时机的要求。

另外，广告媒体受众的工作、生活习惯和偏好也有差异，在一天的时间内，大多数消费者都表现出一个明显的生活规律：白天工作，晚上休息。因此，广告策划者在选用电视媒体进行广告宣传时，应该侧重于 18:00～23:00 这一时段，因为大多数媒体受众在入睡以前，常常对电视流连忘返，这一时段的电视广告具有较高的注目率，因此广告主的广告费用安排也应侧重于这一时段。

### (二) 地理区域分配法

地理区域分配法是指广告策划者将企业目标市场分割成若干个地理区域，然后再将广告费用在各个区域市场上进行分配。企业通常依据经济发展水平和产品销售情况，将全国(或全球)分为若干个大销售区域，根据各区域市场状况分配广告费用。一般来说，广告费用在产品销售有基础的市场要比新开发的市场少，在人口密度大的地区要比人口密度小的地区多，全国性市场的广告经费要大于地方性市场的广告经费。当然，由于各地区情况不同，企业在每一地区的广告目标也有所区别，因此，最基本的广告预算分配要以保证企业在该地区预计实现的广告目标为基础，最低界限应不少于维持产品在该区域竞争地位所需要的基本费用。

广告策划者可以根据不同区域市场上的销售额指标来制定有效的视听众暴露度，最终确定所要投入的广告费用额。

**例 2-6**　N 企业在全国销售 M 品牌产品，根据产品销售情况可以将全国市场划分为 A、B、C 三个区域市场，N 企业计划投入的电视广告费用为 3 500 万元，N 企业根据区域市场分配如表 2-5 所示。

表 2-5　N 企业电视广告费用的区域分配情况

| 市场名称 | 占销售总额的比例/% | 视听众暴露度/千次 | 每千人成本/元 | 广告费用/万元 | 费用比例/% |
|---|---|---|---|---|---|
| A 区域 | 50 | 40 000 | 500.00 | 2 000 | 50.0 |
| B 区域 | 30 | 30 000 | 500.00 | 1 500 | 37.5 |
| C 区域 | 20 | 10 000 | 500.00 | 500 | 12.5 |
| 总计 | 100 | 80 000 | 500.00 | 4 000 | 100 |

按地理区域分配看起来简便易行，但操作起来很难兼顾各个市场的实际情况，通常的做法是：广告主将几个区域市场的广告费用拨付给某个选定的广告代理商，再由广告代理商根据各个市场的特点进行重新分配，以确保广告投资的效果。

### (三) 产品(品牌)分配法

产品(品牌)分配法是指广告策划者根据不同产品在企业经营中的地位和市场竞争状况，有所侧重地分配广告费用。不同的产品，由于市场发展前景、市场占有率、市场竞争状况及产品所处生命周期阶段不同，其销售潜力、利润水平和产品在企业产品体系中所处的地位也是不同的，这就使得企业在分配广告经费时，应有所侧重，不能平均，贯彻重点产品重点投入的经营方针。一般来说，该广告预算分配方法对企业的发展具有战略意义。

**例 2-7**　美国宝洁公司的洗涤类产品有汰渍、快乐、Gain、Dash、Bold、象牙、Draft、Oxide、Exam、Solo 等品牌，其中象牙品牌是一个成熟品牌，其广告投入可以相应少一点。Exam、Solo 等品牌是新品牌，需要大量的广告推广，以提高品牌的知名度，其广告费用就需要多一些。

### (四) 媒体分配法

按媒体分配是指根据目标市场的媒体习惯，将广告预算有所侧重地分配在不同媒体上的一种分配方法。这种预算分配方法的目的在于通过使用综合的传播媒体，来实现广告策划所预期的信息传播的范围和效果。该分配方法一般有两种形式：一是传播媒体之间的分配，即根据广告计划所选定的各种媒体进行广告费用的分配；二是传播媒体之内的分配，即根据对同一媒体不同时期的广告需求来分配广告经费。

在运用媒体分配法时，首先要考虑产品品牌的特性，即产品的品牌推广是否依赖于某种主要的广告媒体，所选用的媒体能否充分展现广告产品的个性；其次要考虑目标市场的媒体习惯，使所选用的媒体对目标市场有很高的到达率。

## 经典案例赏析

### 广告成本之殇

对于类似于宝洁、欧莱雅、联合利华等快速消费品巨头来说，其商业模式是通过巨大的广告投入来塑造品牌，从而提高其产品附加值。

研究机构CTR发布的中国广告市场数据显示，2010年全年中国市场广告花费增幅为13%。宝洁公司以341亿元的广告花费占据中国广告主首位，欧莱雅力压联合利华成为第二大广告主。而截至目前，宝洁仍然是全球最大的电视广告商。

但这种高投入的模式亦伴随着风险。2005年，宝洁旗下的一大沐浴品牌激爽黯然退市。对于这个在2002年6月上市的品牌，宝洁前后三年共投入了10多亿元巨资广告费，最终却打了个水漂。宝洁2011年财报显示，2008年广告开支已达到85.2亿美元。为了降低广告开支，2009年宝洁中国取消原来和媒体谈判的代理公司，由宝洁亲自和媒体展开谈判。估算取消广告代理可为宝洁节省占成本3%～5%的广告谈判中间费用。

在一次分析师会议上，宝洁全球CEO麦睿博与其同事曾三次被问到有关广告成本的问题。此前宝洁一贯采用在电视台投放15秒及30秒的广告方式，但现在他们正在突破这一方式，更多地考虑采取新媒体或者是和电视台合作等方式。

宝洁2011年度财报显示，2009年公司的广告开支是75.19亿美元，但2011年则飙升至93.15亿美元，大幅上涨了23.9%，但同期的销售额仅增长了7.6%。对此，麦睿博认为"不能再无限制地提高广告预算"。他表示，未来宝洁将把广告预算维持在合适的水平，原因是"Facebook和谷歌的广告效果要比传统媒体更有效，而宝洁的广告费大多用在传统媒体上"。

"公司一直以来都非常关注新媒体的发展。近年来，宝洁中国也正关注更多的新媒体投放形式，并逐步将投放于电视广告的部分费用转移至新媒体上。"宝洁中国对外关系部负责人对本报说。而中国美容美发协会顾问涂俊光认为，对比起传统媒体，新媒体的投放成本较低，因此能在一定程度上降低企业的广告投入费用。

宝洁正通过加大对新媒体的投放力度来降低其广告支出。"我们发现在Facebook与谷歌等数字媒体中，如果有好创意，广告投资回报率要比传统媒体更高。在我们的Old Spice宣传活动中，我们得到了18亿点击率，而几乎没花什么成本。"麦睿博说。

（2012年02月02日21世纪经济报道，有删改）

**分析：**

(1) 由案例可以看出，广告预算在整个广告策划中非常重要，广告的投放是维持市场竞争的主要手段之一。

(2) 广告的投入与销售额的关系并不见得能成正比。

(3) 广告预算的风险性比较大，要经过严密的调查与计划。

(4) 广告预算要及时伴随市场状况而调整，不能一成不变。

(5) 广告预算的投入方向要伴随消费者接受广告媒体的变化而变化。

# 项目三 广告战略和广告策略

## 学习目标

• **知识目标**

(1)了解广告战略的含义。

(2) 熟悉广告目标的含义及类型。

(3) 理解设定广告目标的影响因素及原则。

(4) 掌握广告战略的设计。

(5) 理解广告定位理论及方法。

(6) 理解市场定位、产品定位与广告定位三者的关系。

(7) 掌握广告目标市场策略、广告定位策略与广告实施策略的具体方法。

• **能力目标**

(1) 能够依据营销目标进行广告目标的设定。

(2) 在广告策划的过程中,能够正确地运用广告目标市场策略、广告定位策略及广告实施策略。

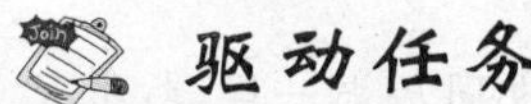

## 驱动任务

**任务内容**

阅读下面材料,完成相应的任务。

**雀巢公司的广告战略**

成立于1867年的瑞士雀巢集团,以创始人亨利·雀巢(Nestle)的名字命名,德语意思是小小雀巢。如今,小小雀巢已经成为世界上最大食品公司的代名词。1994年,雀巢被美国《金融世界》杂志评选为仅次于可口可乐和万宝路的全球第三大价值最高品牌。2000年,雀巢集团净利润超过30亿美元。雀巢在81个国家建立了479家工厂,全球员工总数约为22.5万名,是世界著名的跨国公司之一。

雀巢产品主要涉及咖啡、矿泉水、猫狗食品、冰淇淋等,市场占有率分别在同行业中均处于领先地位。此外,雀巢在奶粉、调味品、巧克力糖果、眼科医疗用品等产业也享有较高声誉。尽管生产线很广，涵盖各类食品，但在受众眼中，雀巢就是速溶咖啡的代名词。雀巢公司是如何让雀巢咖啡深入人心的呢？除了保证产品品质外，成功的广告策略是关键——让受众在记住生动广告的同时，记住了雀巢咖啡。

**一、全球广告的标准化**

大量投放广告是雀巢公司的一大特色。在创造受众的强烈品牌意识和偏好方面，雀巢公司从不吝惜花钱，这使公司很快赢得较大的市场份额。在韩国，雀巢仅用 7 年时间就夺得 35%的市场份额，瓦解了卡夫(Kraft)通用食品长期以来的垄断地位，这主要靠大规模广告战。但大量投放并不等于无序投放广告，雀巢广告讲求的是精而有效。

为了保证雀巢广告传播的质量，更好实现品牌传播的一致性，雀巢公司选择统一的广告代理商，大量减少它在全球的其他广告代理机构。经过对所有合作广告代理的精挑细选，全球现在与之密切合作的代理减少到 5 个，分别是麦肯、智威汤逊、Publics FCB、奥美以及灵狮，它们形成了一个国际广告代理机构网络。虽然在全球只有 5 家代理，但雀巢公司的广告均堪称经典之作。

雀巢总部为每个战略品牌指定了优先考虑的广告机构，同时也给予了一定的自由选择度，各地分公司可以从这些机构中作出自己的选择。例如，负责雀巢咖啡广告的主要是麦肯公司和智威汤逊公司。

雀巢公司很注意宣传上的细节，为了保证世界各地分公司在宣传上的一致性，公司通过一些文件来约束各分公司。例如，标签化标准明确规定雀巢咖啡的标志、字体、所采用的颜色以及各个细节之间的比例。就连取名，雀巢也费了一番心思。雀巢咖啡(Nescafe)这个名字在世界各国的语言中，都给人一种明朗的感觉。在中文中，雀巢很容易让人联想到温馨的家，强化了雀巢咖啡可以在你紧张、疲劳之后，让你有放松片刻的感觉。

**二、塑造品牌的广告三部曲**

作为经历了一个多世纪的品牌，雀巢的广告发展过程也同历史一样，打上了鲜明的时代烙印。雀巢产品线广告主要以雀巢咖啡广告为主，它代表着雀巢产品广告的整体特性。纵观它的广告发展历程，雀巢咖啡的广告经历了 3 个时期的演变。

20 世纪三四十年代，速溶咖啡刚刚面世，雀巢将在工艺上的突破给传统喝咖啡的方式所带来的革命作为卖点，在广告中注重强调其速溶特点，突出速溶咖啡与传统咖啡相比的便利性，但这一广告创意与当时的社会环境不相符。当时处于一个男尊女卑、妇女缺乏自信的时代，相夫教子是妇女生活的要务，女性很少外出工作。买速溶图方便这种广告立意导致了广告主题与许多家庭妇女的购买心理相悖，因为女性受众认为购买速溶咖啡会给人不够贤惠的感觉，这可不是男人期望的妻子形象。在这样的广告之下，速溶咖啡的销售不是太好。可雀巢着眼长期效果，坚持用这个广告。后来，随着时代进步，步入社会的女性日益增多，速溶咖啡这种既方便又能保持原味的优势终于大放光彩，速溶咖啡的优势终于被受众认识，销量稳步上升。

20 世纪五六十年代，随着产品导向型广告的流行，速溶咖啡被受众广泛地接受，雀巢开始转换宣传的重点。这一时期的广告着重强调雀巢咖啡的纯度、良好的口感和浓郁的芳香。世界各地分支机构都采用了产品导向型广告，强调雀巢咖啡是真正的咖啡。雀巢咖啡 1961 年进入日本市场时，采取的就是产品导向的广告战略，电视广告首先打出"我就是雀巢咖啡"的口号，朴素明了，一时间反复在电视上出现，迅速赢得了知名度。1962 年，根据日本受众以多少粒咖啡豆煮一杯咖啡来表示咖啡浓度的习惯，雀巢开展了 43 粒广告运动，可谓典型的 USP(独特的销售主张)策略。广告片中唱着"雀巢咖啡，集 43 粒咖啡豆于一匙中，香醇的雀巢咖啡，大家的雀巢咖啡"，优美的旋律一时间传遍了大街小巷。

在第三个阶段，随着雀巢咖啡知名度越来越高，人们逐渐认可咖啡就是雀巢咖啡后，雀巢咖啡广告的导向转变为与年轻人生活息息相关的内容，广告风格尤其注重与当地年轻人的生活形态相吻合。雀巢咖啡(Nescafe)这个名称，用世界各地不同的语言来看，都给人一种明朗的印象，和消除紧张、压力的形象结合在一起。在英国广告中，雀巢金牌咖啡扮演了在一对恋人浪漫的爱情故事中一个促进他们感情发展的角色。20 世纪 70 年代，雀巢在日本的广告至今仍让许多人印象深刻：雀巢金牌咖啡所具有的高格调形象，是经过磨炼后的了解差异性的男人所创造出来的。广告营造了雀巢咖啡让忙于工作的日本男人享受到刹那丰富感的气氛，雀巢咖啡所具有的高格调，正好表现了勤勉的公司职员的形象。

**三、雀巢广告在中国的本土化**

在中国，雀巢一直强调要提供适合中国人口味的优质食品。从 20 世纪 80 年代雀巢进入中国到现在，其产品已经从奶粉、咖啡，拓展到了饮用水、冰淇淋等领域。雀巢在中国受众中如此家喻户晓，"雀巢，味道好极了"这句绝佳的广告词深入人心，以至于一提起雀巢食品，那甜美芳香的味道马上会浮现于脑海。

早在 1908 年，雀巢就与中国建立了贸易关系，但当时只有中国上流社会极少数人士才能品尝到雀巢的美味食品，而绝大多数平民百姓却不知雀巢为何物，这种状况一直延续了 70 余年。

雀巢广告在我国广告战略可分为两个阶段：

第一阶段：20 世纪 80 年代，雀巢产品再次进入中国，在宣传策略上强调使用中国人的形象。一句经久不变的广告语"雀巢，味道好极了"，拉近了雀巢与中国民众的距离。广告以味道好极了的朴实口号作为面市介绍，劝说国人也品品西方的茶道。当初雀巢在中国推出速溶咖啡的时候，面对中国人传统的喝茶习惯，雀巢首先做的是培养中国人喝咖啡的习惯。雀巢用广告等多种手段，着意来宣传喝咖啡是一种时尚、潮流，成功地吸引了一群年轻人对茶背叛之后选择了咖啡。品尝雀巢咖啡，代表的是体验一种渐渐流行开来的西方文化。"味道好极了"广告运动持续了很多年，尽管其间广告片的创意翻新过很多次，但口号一直未变。直到今日，说起"味道好极了"，人们就会想到雀巢咖啡。

第二阶段：20 世纪 90 年代后，中国年轻人的生活形态发生了变化。一是年轻人渴望做自己的事，同时又保留传统的伦理观念；二是意识到与父辈之间的差异，也尊敬他们的家长；三是渴望独立，但并不疏远父母；四是虽然有代沟，但有更多的交流与理解；五是有强烈的事业心，也要面对工作的压力和不断的挑战，这就是当今年轻人的生活形态。雀巢敏锐地感受到年轻一代生活形态的微妙变化，广告口号变成了“好的开始”。广告以长辈对晚辈的关怀和支持为情感纽带，以刚刚进入社会的职场新人为主角，传达出雀巢咖啡将会帮助他们减轻工作压力，增强接受挑战的信心。这种社会背景也成了雀巢咖啡“好的开始”广告的沟通基础。

纵观雀巢的整体广告策略，我们可以总结出其成功的关键在于其广告在跨文化传播中的标准化与本土化的有机结合及灵活运用。广告的标准化和本土化各有优势和不足，将标准化和本土化有机结合是许多跨国公司所追求的目标。雀巢在遵循全球化经营理念的同时，尊重和考虑本土顾客的需求、习惯和文化诸因素，在广告中反映出各地受众的生活方式，使品牌真正地满足本地市场。正是这种出色的广告策略，小小雀巢才有了今天的大世界。

（资料来源：雀巢咖啡：广告三部曲，全球品牌网）

**任务：**(1) 结合案例，谈谈雀巢的广告战略特点。

(2) 分析雀巢的广告战略目标。

(3) 运用所学知识，联系雀巢现状，分析雀巢广告战略是否与现状匹配。

**任务要求：**分组讨论分析，写出分析的结论，在课堂上向同学们进行展示分享，小组间交流学习。

## 案例引读

### 宝洁：驰名品牌的象征物，无懈可击的广告策略

宝洁号称“没有打不响的品牌”，事实也是如此。自1988年进入中国市场以来，宝洁每年至少推出一个新品牌，尽管推出的产品价格为当地同类产品的3～5倍，但并不阻碍其成为畅销品。可以说，只要有宝洁品牌销售的地方，该产品就是市场的领导者。

而宝洁进攻市场最常用的武器就是广告。20世纪80年代，宝洁首先给中国吹来广告风，当海飞丝的“去头屑”广告在电视上热播时，年轻人最时髦的话题就是海飞丝了。以后的很长一段时间里，只要在电视里出现了宝洁产品的广告，就会拥有一群时髦的追风族。宝洁能取得这么高的知名度，是建立在高成本广告投入的基础上的。据权威的市场调查公司统计，1999年宝洁在中国投入的广告费超过5亿元，占中国日化领域广告总费用的10%左右。

如果宝洁广告的特征仅仅是狂轰滥炸，那它的广告策略称不上最佳。宝洁广告策略自然有其他品牌不可比拟的精妙之处。

首先，宝洁广告定位与产品定位浑然一体。众所周知，宝洁是世界上品牌最

多的公司之一，这源自于宝洁的市场细分理念。它认为，1 000 个消费者有 1 000 个哈姆雷特，归结出一些不同点，用琳琅满目的品牌逐一击破。于是宝洁洗发水麾下有飘柔、潘婷、海飞丝三大品牌，洗衣粉系列有汰渍、碧浪，香皂市场有舒肤佳、玉兰油。然而，宝洁并不担心各种品牌在同一货架上的相互竞争，因为宝洁广告已经明白无误地告诉了消费者该使用哪种品牌。以洗发水为例，海飞丝个性在于去头屑，"头屑去无踪，秀发更出众"，飘柔突出"飘逸柔顺"，潘婷则强调"营养头发，更健康更亮泽"，三种品牌个性一目了然。消费者想去头屑自然选择海飞丝而不是飘柔，从而避开了两者的竞争。宝洁的广告细分，达到了把中国消费者一网打尽的目的。1999 年中国洗发水市场，宝洁产品占市场份额的 60%以上，其中飘柔以 25.43%份额高居榜首，潘婷和海飞丝分别以 18.55%和 15.11%的市场份额紧随其后。

其次，宝洁广告极具说服力。它的电视广告惯用的公式是"专家法"和"比较法"。宝洁先指出你面临的一个问题，比如头痒、头屑多，接着便有一个权威的专家来告诉你，头屑多这个问题可以解决，那就是使用海飞丝，最后用了海飞丝，头屑没了，秀发自然更出众。这就是"专家法"。"比较法"是指宝洁将自己的产品与竞争者的产品相比，通过电视画面，消费者能够很清楚地看出宝洁产品的优越性。当然宝洁广告常常揉合"专家法"和"比较法"，比如舒肤佳广告。舒肤佳先宣扬一种新的皮肤清洁观念，表示香皂既要去污，也要杀菌。它的电视广告，通过显微镜下的对比，表明使用舒肤佳比使用普通香皂，皮肤上残留的细菌少得多，强调了它卓越的杀菌能力。它的说辞"唯一通过中华医学会认可"，再一次增强其权威性。综观舒肤佳广告，它的手法平平，冲击力却极强。

最后，宝洁形象代言人与众不同。宝洁的竞争对手，比如联合利华一直聘请国际大腕级女明星做形象代言人，丝宝邀请香港巨星如郑伊健、谢霆锋作风影的广告代言人，而宝洁代言人通常是符合宝洁产品个性、气质定位的平民化广告新人。这类广告让广大消费者耳目一新，给他们带来了平和、亲近的感受。此外，平民化广告也起到了很好的暗示作用，使消费者对号入座，不知不觉中成了宝洁产品的俘虏。比如飘柔广告代言人，通常是公司的白领，而平常注重形象、愿意头发更柔顺的消费者也常是受过教育的白领阶层，飘柔广告自然深受他们的欢迎。

宝洁几乎无懈可击的广告策略给宝洁带来了挡不住的效益。据国家有关部门数据显示，1999 年宝洁在中国大陆的产品销售额已超过 130 亿元，其中飘柔、潘婷、海飞丝、沙宣四种洗发水占洗发水市场份额的 60%以上，汰渍、碧浪洗衣粉占洗衣粉市场份额的 33%，舒肤佳占香皂市场的 41%。这些惊人的数据表明，宝洁已成为中国日用品市场上难逢敌手的霸主。

## 第一节　广告战略

### 一、广告战略的含义

所谓"战略"，是指那些重大的、带有全局性的谋划。**广告战略**是企业从全局出发制定的广告活动的总方针和总体部署。它是企业针对市场千变万化的形势而在广告活动中采取的长期对策，是一个时期内企业广告活动的指导思想和总体构思，带有全局性的决策，是为实现总体目标或根本利益而制定的行动纲领。

在当今复杂多变的市场经济条件下，一个企业、一种产品要在市场上立足，或是为了战胜竞争对手以求得发展，几乎都与正确地运用广告战略密不可分。广告战略的目的是为了提高广告的宣传效果，使企业以最低的广告费用达到最高的营销目标。广告战略涉及的问题很多，但是最主要的内容是广告目标的确定和具体策略的选择。

## 二、广告目标

思考：某广告主对广告公司的经理说："我给你三千万元广告费让你们策划广告，你能保证我明年广告做了以后，能得到三个亿销售额吗？"你如果是这位广告公司的经理，你将如何回答这个问题？

为什么要做广告？广告要达到什么效果？怎么样做广告？广告说什么？这些问题都是一个企业进行广告战略策划所要解决的，但是在这些问题中前两个问题是核心，其他的问题都是围绕这一中心展开的。前两个问题实质上就是广告目标。

### （一）广告目标的含义

**广告目标**是指广告所要达到的预期目的，即通过广告活动要得到什么结果。广告目标决定了广告计划如何发展，是广告策划过程中最重要的步骤之一，广告活动的其他基本要素都要基于广告目标来展开。广告目标规定着广告活动的总任务，决定着广告活动的行动发展方向。企业通过确立广告目标，对广告活动提出具体要求，从而实现企业的营销目标。

广告宣传的最终目标是在消费者中提高广告产品的知名度，树立品牌形象，促使消费者在购买同类产品时能够指牌购买，从而达到扩大产品市场占有率，使公司获得更多利益的目的。因此，广告是企业营销策略的一个组成部分，广告目标与营销目标、广告效果是有机联系的，但它们之间也存在明显区别。

1. 广告目标与营销目标的关系

（1）广告目标与营销目标的联系。广告目标与营销目标的共同之处是开拓市场，增加企业产品的销售量，提高产品市场占有率，增加企业的利润。营销目标是企业市场活动所要达到的总体要求，它一般包括市场开拓目标、利润目标、销售增加率目标和市场占有率目标等，而广告目标就是促成企业实现上述营销目标。

（2）广告目标与营销目标的区别。广告是市场营销的手段之一，是为实现营销目标服务的。因此，广告目标以营销目标为基础，服务于营销目标，但又不同于营销目标。其相互关系为：①产品广告本身并不能直接达到销售目的，而只是促进销售的一种手段。广告可以提高知名度，树立品牌形象，激发消费者购买意向，从而促成购买行为。②营销目标的实现受到产品质量、价格、销售渠道、人员推销、市场条件等诸多因素的影响，广告目标只是影响营销目标的多种因素中的一种。③广告对企业营销目标的影响是长期的。营销目标一般以某一时期（如一年为期）的营销情况作为检测标准，而广告不但可以推动某一特定时期营销目标的实现，而且还可以提升企业品牌形象的知名度、美誉度，进而提升消费者的忠诚度,对营销目标的实现具有长期性的影响。

2. 广告目标与广告效果的关系

(1) 广告目标与广告效果的联系。两者都是以促进产品销售和广告信息传播作为其基本内容。制定广告目标,是为了增加企业产品销售量,提高产品知名度,而这正是衡量广告效果优劣的基本准则。

(2) 广告目标与广告效果的区别。广告目标是企业广告活动的预期目的,而广告效果则是广告活动实际到达了的目的。由于广告活动过程中各种因素的影响,广告效果可能超过广告目标,也有可能达不到预定广告目标,即广告效果与广告目标可以是一致的,也可以是不一致的。

### (二) 广告目标的类型

广告虽有其共同的、最终的目标,但不同企业在不同的时期,由于其经营目标、竞争环境、营销目标和策略、广告任务等方面的不同,广告的目标也会有所不同。

1. 按广告内容划分

广告内容目标就是指广告传播的信息内容要达到的目标。一般来说,从广告内容这一角度可以将企业广告目标划分为四种类型:

(1) 创牌广告目标。创牌广告目标的目的一般在于提高消费者对新产品的知名度、理解度和品牌商标的记忆度。企业通过对产品的性能、特点、用途等方面的宣传介绍,使消费者对其产生初步的认识和需求,加深消费者对产品及其品牌的印象。此类广告并不急于促进销售,而在于推出新产品,努力开拓新市场,劝导广告受众产生尝试新产品的心理,并逐渐接受新产品。

### 相关案例链接

在保健品和化妆品领域战绩辉煌的江苏隆力奇集团在刚进入洗化市场过程中,首先确立了明确的广告策划目标——建立品牌知名度,引发市场关注。

经过对目标消费者的生活形态和消费心理的研究,××企业决定以“阿庆嫂”为品牌名,塑造了一个人性化品牌角色,将品牌角色融入消费者的生活和情感中。在广告表现策略上为配合“阿庆嫂”洗衣粉上市,××企业推出了“奔走相告”广告。创意通过一群人奔走相告“阿庆嫂来了”,“阿庆嫂来了”以重复多达6次的“阿庆嫂”品牌名称,迅速建立知名度并引起消费者关注。大家奔走相告,全部去迎接“阿庆嫂”。对于观众来讲,一般都认为是欢迎“阿庆嫂”这样一个人物,等创意包袱一打开,原来大家奔走相告热烈欢迎的是“阿庆嫂”洗衣粉!通过“误解”这样的创意方式,表现了“阿庆嫂”洗衣粉受欢迎的程度。故事继续演绎,大家一哄而上,直到把小商店刚到货的洗衣粉一抢而空,逼迫小店老板马上补货,生意好,供不应求,无形间迅速建立了品牌知名度,拉近了消费者与品牌的情感距离,建立起了品牌的好感度,同时强化了对渠道的刺激,鼓励经销商积极地去完成企业营销前期目标任务,并为后期目标的实施做好铺垫。

(2) 保牌广告目标。保牌广告目标的目的在于培养消费者对广告产品的消费习惯和偏爱，加深消费者对此产品的好感和信心，从而确保已有的产品市场份额，并提高产品的市场占有率。在广告宣传中，此类广告一般采取连续广告形式，着重劝说和诱导消费者保持对产品已有的认识和形象，形成消费者对产品的购买习惯。例如，可口可乐公司、百事可乐公司在我国饮料市场上的系列广告宣传，即是为实现保牌目标而采取的举措。

(3) 竞争广告目标。竞争广告目标的目的在于提高广告产品的市场竞争力。广告的诉求重点在于宣传本企业产品与竞争产品的差异，特别是突出本产品的优异之处，并努力转变消费者对竞争产品的偏好度，促使广告受众转而购买和使用本企业的广告产品。台湾著名广告学家樊志育曾经做过一个比喻："作广告，不要只把马儿牵到河边。"意思是说，做广告不能只把消费者指引到商店就算完事，还要让消费者指名购买广告产品，这才达到了广告目的。如"五谷道场"方便面的系列广告，就是针对"非油炸更健康"的特点，为达到竞争广告目标而推出的。

(4) 形象广告目标。形象广告目标的目的在于争取社会公众对本企业或产品的正确而全面的了解，提高企业整体知名度和美誉度，树立良好的企业形象。此类广告的诉求重点是有关企业整体形象的一切信息，如价值观念、经营方针、服务宗旨、管理水平等企业理念，员工素质、服务态度、社会活动等企业行为，企业名称、商标、产品品牌等企业视觉形象，以此来赢得社会各界的了解、好感、信赖和合作。

## 相关案例链接

大众汽车品牌形象广告宣传，从一个心字演化出忠、志、恳、态、惠、想、聪、慧、悠、感、姿、惹、爱，配合不同的车型与场景，最后以"中国路、大众心"的广告语结尾，该广告一方面极好地将大众品牌经营理念呈现给受众，另一方面也充分展示了汽车产品给消费者带来的快乐。

> 天和骨通的广告目标是在 18 个月内达到：第一，在北京、天津市（中国第二和第三大城市）及广东、浙江、广西、河北等省的主要城市，产品在医院和药店使用率超过 50%；第二，总的销售收入 1750 万元及以上；第三，在主要城市中 40 岁以上患者的品牌认知度超过 50%；第四，在目标市场区域，医生和患者的首选率超过 50%。
> 请分析上述目标哪些是广告销售效果目标，哪些是广告传播效果目标？

2. 按广告效果划分

广告效果目标是指广告活动所要达到的效果指标，可以分为广告销售效果目标和广告传播效果目标。

(1) 广告销售效果目标。这是指广告活动所要达到的促销目标，主要包括利润增长率、销售增长率和市场占有率等内容。一般来说，广告销售效果目标要有一定的弹性，因为企业营销活动要受到多种因素的制约，广告并非决定因素。

(2) 广告传播效果目标。这是指广告活动所要达到的心理指标，主要包括广告受众对广告信息的收视率、阅读率及注意、理解、记忆、反应等内容。一般来说，广告传播效果目标应该明确具体，要有时间要求和数字说明。

广告目标的类型是多种多样的，企业应根据自身的需求来确定广告目标，以取得更好的广告效果。在广告目标多元化的情况下，企业应分清哪些是主要目标，哪些是次要目标，哪些是长远目标，哪些是近期目标，以便于拟定广告计划。

### （三）影响广告目标设定的因素

广告活动一个时期所预计要达到广告目标并不是可以随意制定的，要制定出正确合适的广告目标，就必须系统分析和全面考虑影响制定的因素。这些因素主要包括：

1. 企业经营战略

广告的最终目的是为了销售产品。由此可见，广告是为企业经营服务的。所以，企业经营战略的不同，会影响到广告目标的制定。企业经营的战略主要有长期渗透战略、集中式战略等。根据经营战略的不同，广告目标也会不同。当企业采取的是长期渗透战略时，就要制定长期的广告目标，而且还要制定各个相关阶段的短期目标来确保长期目标的实现，运用多种广告形式传播企业和品牌形象。然而，当企业采取集中式的经营战略时，广告目标多为短期目标，在短时间内运用各种广告传播手段和方法，达到预期效果。

2. 产品的供求状况以及生命周期

市场上的产品供求关系主要有供不应求、供过于求、供求平衡这三种类型。针对于不同的情况要制定不同的广告目标。如果产品供不应求，说明市场需求量大，这时企业应该把广告目标定在塑造企业和品牌形象上。而对于供过于求的情况，企业应该先分析产品滞销的原因，再针对原因制定解决滞销问题的广告目标，而且还应该明白，产品的供过于求问题的解决，并不是广告都能办到的。当市场供求平衡的情况下，企业广告目标应更多的是定位在激发市场、扩大市场需求上。

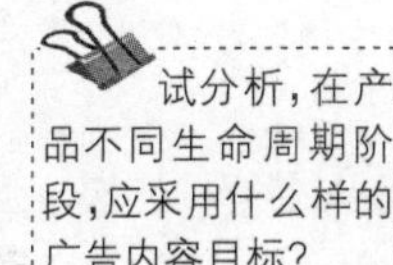

试分析，在产品不同生命周期阶段，应采用什么样的广告内容目标？

产品的生命周期同样会影响到广告目标的制定，在不同的生命周期阶段要有不同的目标侧重，可以结合前面广告内容目标的类型进行简单分析，在此不再赘述。

3. 市场环境

企业产品销售是处于市场环境中的，因此，市场环境的变动会影响广告目标的制定。市场环境是自变量，广告目标是因变量。广告目标的制定应该针对产品在市场中发展的不同情况而制定，根据市场环境的改变而做出调整。市场环境包括宏观环境；如人口、经济、政治与法律、自然物质环境、社会文化和科技等；也包括微观环境，如供应者、竞争对手、营销中介、最终顾客、投资者和公众。这些都直接或间接地影响产品在市场中的发展。所以广告目标在制定的时候，应该建立在对市场环境充分分析的基础上。

思考：2008年，三鹿奶粉出现了三聚氰胺事件，这个事件对整个国内乳业造成极大的冲击，造成了消费者对国产奶粉的不信任。请对比该事件前后国内主要乳业产品的广告，分析广告目标有什么样变化？

4. 广告对象

广告对象也称为目标受众，广告只有针对目标受众才会起到传播和销售产品的作用，所以，广告对象对于广告目标的制定有重要的影响。企业可以把产品的认知度、广告的回想率、品牌知名度和消费者行为态度的转变作为广告活动的目标。消费者的购买行为一般要经历认知、了解、信任、行动这些基本过程，这也为广告目标的制定提供了方向。

### (四) 广告目标的设定

企业要根据企业经营的各种环境、营销的目标、产品所处生命周期、供求情况以及广告对象的特点来制定广告目标。在制定广告目标时,广告目标应具体化和数量化,便于考核,也可以理解为广告目标应指标化。如某企业广告目标是扩大销售、增加利润,其广告目标就应在数量上有具体规定,比如销售额增长百分之二十,利润增长百分之二十。没有具体指标的广告目标虽有指导性,但流于空泛,不便于操作。广告目标设定具有代表性的观点有以下几种:

1. 以产品销售情况来设定广告目标

企业根据产品的销售情况如销售数量、销售金额、市场占有率等来设定明确而具体的广告目标。扩大产品的销售规模,意味着企业可能从中获得更大的经济收益。这种设定方式简单易行,特别是对直接营销的产品,其优势更为明显。因为对于直接营销的产品来说,直邮广告、电话广告可以直接与广告受众联系,消费者是否购买可以很快得知。但对于大多数消费品的营销而言,由于广告效果的体现不太明显,因此以产品销量为基准设定的广告目标应结合其他因素进行。

2. 以消费者的行为为基准来设定广告目标

当广告目标不能直接以产品的最后销售效果制定时,企业可以将引导或改变广告受众的消费行为为目的来设定广告目标。例如,某些企业设定的广告目标是广告受众在做出购买决定前采取某明确行动,如向企业索取更详细的产品资料、网上访问该企业主页、电话或信件咨询等。对这类消费者,企业可以采取直接营销方式,由推销人员上门洽谈,从而提高推销访问的针对性和效率。

3. 以传播效果来设定广告目标

以传播效果来设定广告目标,就是提高产品的知名度,让更多的广告受众了解产品,心理上接受和偏爱广告产品。这类广告目标的设定,从短期看,未必有明显效果,但却是大多数企业经常采用的方式。它以消费者知悉广告内容后的心理效果作为测定广告效果的标准,如广告是否在正确的时间为正确的对象所知晓,广告受众是否产生了应有的记忆和理解,形成了预期的感觉和联想,建立了对产品有利的偏好等。

### 相关知识链接

1961年美国罗素·科利(Russell·H·Colley)在《测定广告效果所规定的广告目标》(Defining Advertising Goals for Measured Advertising Results,简称DAGMAR)一书中,将广告作用的心理历程描述成如下四个层次:从未觉察到觉察(首先觉察该商标或公司)→了解(理解该产品是什么,它可以为他们做什么)→信任(引起购买该产品的心理意向或愿望)→行动(掏钱买它)。这一模型也是制定广告目标的最常用方法。

科利强调，以传播效果衡量广告是合理的。他认为，一次广告运作，首先要建立广告目标，然后针对广告目标来测定广告运作的效果。同时，他还明确指出，“广告工作纯粹是对限定的视听众传播资讯以及刺激其行动之心情。广告成败与否，应看它能否有效地把想要传达的资讯与态度在正确的时候、花费正确的成本、传达给正确的人士。”

科利提出了制定广告目标的6个要求：

(1) 广告目标是记载对营销行为中有关传播方面的简明表述，它表明只有广告才具备这种资格去完成这项特定工作，而不包含联合其他营销手段而产生的结果。

(2) 广告目标是用简洁、可测定的语句表述出来的。

(3) 广告的各种目标要得到广告策划者和执行者的一致同意才能确定。

(4) 广告目标的制定，应当以对市场及消费者购买动机等方面的详尽掌握为基础，并非毫无事实根据的空想。

(5) 基准点的确定是依据其所完成的事项的可测定性。

(6) 用来测定广告效果的方法，在建立广告目标时即应制定。

科利进一步提出“6M”法来界定所要达成的广告目标，即产品(Merchandise)、市场(Markets)、动机(Motive)、信息(Messages)、媒介(Media)和测定(Measurements)。

按照科利的制定广告目标的方法，广告目标应由以下4个阶段构成：

(1) 知名。潜在消费者首先一定要知晓某品牌或企业的存在。

(2) 了解。潜在消费者一定要了解这个产品是什么，能为其做什么，即利益。

(3) 信服。潜在消费者一定要达到心理倾向并产生购买欲望。

(4) 行动。潜在消费者要采取购买行动。

### (五) 设定广告目标的原则

1. 要符合企业整体营销的要求

广告活动不是一项独立的活动，而是企业整体营销活动中的一项具体工作。广告目标是服务于营销目标的，广告是市场营销的手段之一。因此，广告目标应该以营销目标为基础，并且与其保持一致。

2. 要切实可行，符合实际

广告目标是广告活动方向的指导，所提出的目标应该与企业状况和市场情况水平相吻合，认真考虑主客观条件的限制。既不要盲目理想化，把目标定得太高，也不要太过小心谨慎，目标定得太低。目标太高容易使策划者失去达成目标的信心，目标定得太低又得不到广告主想要得到的利益。因此，在制定目标的时候一定要合理，既要有可能达到，又要保持一定的弹性，留一些余地。

3. 要清楚明确，可以被测量

因为广告目标是一切广告活动的核心，所以，广告目标必须具体明确，不能模棱两可。在进行广告目标设定时，要尽量将广告目标具体化，有明确的衡量指标和时限，使广告目标具有可测量性。

**例 3-1** 设定某一品牌绿茶的广告活动目标时，要注意以下几方面的内容：

(1) 市场：所有的成年消费者。

(2) 营销状况：在大多数人的心目中，该品牌绿茶还不是令他们喜爱的饮料。

(3) 营销目标：一年间使该品牌绿茶的销售量增加 5%。

(4) 广告目标：在 5 年间，使消费者对该品牌绿茶的喜爱率由目前的 10%提高到 40%。

列举你日常生活中所接收到的广告信息，并评价对你生活的影响。

从例 3-1 可以看出，广告目标通过多长的期限要达到什么效果等都是非常明确和具体的。不同企业、产品在设定广告目标时，形式上可能有所不同，但都应力争做到具体化，使广告目标可以被测量。

4. 广告目标要集中，不能太多太宽泛

对于企业主来说，可能会觉得花一分广告的钱，把所有要广告的信息都传达出去才值得。但是作为专业的广告从业人员来说，这是大忌。因为在信息化的社会中，受众一天接触的信息成千上万，从各个方面来的信息充斥着他们的生活。而大多数信息对他们来说毫无用处，有的甚至成为一种骚扰。所以受众理所当然只会留意自己感兴趣的信息，对于不感兴趣的信息，能记住得极少。

根据这种情况，在设定广告目标的时候，尽可能要做到专一。如果实在做不到目标专一的话，一定要对广告目标的主次做出区分。如此传达出去的信息才会有重点，有力度，容易被记忆。

## 三、广告战略的设计

广告战略针对的是庞大复杂的市场，企业要根据不同时期市场的变化来采用相应的营销战略和广告战略。在广告战略的选择与设计时，可以从不同的角度进行。

### (一) 从市场角度设计广告战略

1. 面向总体市场的战略

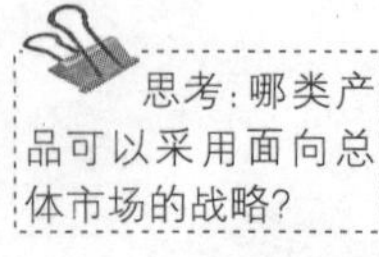

思考：哪类产品可以采用面向总体市场的战略？

**面向总体市场的战略**是指以整体市场为目标市场，仅推出一种产品，使用一种市场广告的战略。其关键是在较大的市场中占有较大的份额。它是与无差别营销战略相配合的。无差别营销战略将总体市场看成同质性的，向市场中的所有消费者推销产品。

采用面向总体市场的战略，广告活动就必须充分考虑如何迎合普通大众的需要和口味。首先，广告的语言、形象等必须是大众化的，要用大众熟悉的语言讲话，用大众可以接受的形象来推销产品；其次，广告必须在大众可以接收的媒介上传播；最后，广告还必须能够配合无差别营销的活动，如保持长期稳定的广告形象、广告口号、劝说重点等，以便给消费者留下连续性、统一性的印象，让消费者长期接受这一产品。

2. 面向细分市场的战略

**面向细分市场战略**是指将广告力量集中对准细分市场中的特定市场，争取在较小的细分市场中占有较大的份额。它是与差别营销战略相配合的。这种营销战略把市场进行细分，找出本企业产品可以进行推销的若干细分市场，以及可以向不同细分市场推销的不同产品。

为了配合差别营销战略，广告战略决策也需要适应生产和销售的多元化要求。所以，面对细分市场的广告战略要求广告活动是多样化的，以便迎合各种类型的消费者，以多种劝说方式推销多元化的产品。

面对细分市场的广告战略，对广告活动提出了若干总体要求。广告活动不能是大型的统一行动，而应该采用企业整体广告同具体产品广告相组合的方式。既要有一定数量和规模的宣传企业自身、企业商标、企业营销标记、企业形象等的广告连续不断地在大众化的媒介上推出，又应有一系列具体宣传各种产品的广告，以不同的劝说方式在各种针对性强的媒介上推出。这两类广告的总体效果是既不断强化企业的整体形象，又向不同类型的消费者推销不同品种的产品。

从生活中列举市场角度的不同广告战略案例。

3. 市场渗透广告战略

市场渗透广告战略是指企业瞄准竞争对手的同类产品在市场上已有的地位，通过广告渗透及营销扩散战略，把自己的产品打入同类产品所占有的市场。

4. 市场开发广告战略

**市场开发广告战略**是指企业在原有的市场基础上，巩固其产品的原有市场占有率，同时将未改变的原有产品打入新市场的战略。通常把这种市场开发战略作为“现有的产品”与“待开拓的市场”的组合方式。其实质是向市场的广度进军，包括地区性的空间概念和产品性的实体概念。前者是指通过市场开发，开辟新的市场；后者是指使产品进入新的销售渠道。

思考：双汇长期进行“双汇，开创中国肉类品牌。”的广告宣传，这是哪种广告战略？

### (二) 从内容角度设计广告战略

1. 企业广告战略

**企业广告战略**是指以提高企业知名度，树立企业形象，宣传企业信誉为主要内容的广告战略。其重点不是直接宣传产品，而是通过对企业的规模、业绩、历史、实力、精神等特点的介绍来宣传企业，提高企业的知名度和美誉度。

2. 产品广告战略

**产品广告战略**是指以推销产品为目的，向消费者提供产品信息，劝说消费者购买其产品的广告战略。具体包括以下两种战略：

(1) 品牌战略。这是指在广告活动中统一品牌的战略。

(2) 差别战略。这是指在广告活动中侧重宣传广告产品的特点，强调产品差别的广告战略。这种战略一般是从该产品与同类产品的差别入手进行广告宣传。如产品质优，可侧重宣传产品的质量优势；产品独特，可侧重宣传产品的与众不同；产品新潮，可侧重宣传产品体现了时代潮流。

## 相关案例链接

每当提起农夫山泉，消费者脑海中首先闪现的是那句出色的广告语"农夫山泉有点甜"，这句广告语最初是在农夫山泉一则有趣的电视广告中提到。一个乡村学校里，当老师往黑板上写字时，调皮的学生忍不住喝农夫山泉，推拉瓶盖发出的砰砰声让老师很生气，说："上课请不要发出这样的声音。"下课后老师却一边喝着农夫山泉，一边称赞道："农夫山泉有点甜。"于是"农夫山泉有点甜"的广告语广为流传，农夫山泉也借"有点甜"的优势，由名不见经传发展到现在在饮用水市场三分其天下，声势直逼传统霸主乐百氏和娃哈哈。

为什么农夫山泉广告定位于"有点甜"，而不是像乐百氏广告那样，诉求重点为"27层净化"呢？这就是农夫山泉广告的精髓所在了。在广告创意最初，农夫山泉对纯净水进行了深入分析，发现纯净水有很大的问题，问题就出在"纯净"上，它连人体需要的微量元素也没有，这违反了人类与自然和谐的天性，与消费者的需求不符。纯净水这个普遍弱点被农夫山泉抓个正着。作为天然水，它自然高举起反对纯净水的大旗，而它通过"有点甜"向消费者透露这样的信息：我农夫山泉才是天然的、健康的。一个既无污染又含微量元素的天然水品牌，如果与纯净水相比，价格相差并不大，可想而知其对于每个消费者的诱惑。

但是事实是，农夫山泉在甜味上并没有什么优势可言，因为所有的纯净水、矿泉水，仔细品尝，都是有点儿甜味的。农夫山泉首先提出了"有点甜"的概念，在消费者心理上抢占了制高点，其思维敏捷令人叹服。

农夫山泉发展到这地步，已经相当不错了，但农夫山泉并没有固步自封，它继续高扛天然水的大旗，把与纯净水的战争进行到底。1999年6月，农夫山泉在中央电视台播出的"衬衣篇"广告说："受过污染的水，虽然可以提纯净化，但水质已发生根本变化，就如白衬衣弄脏后，再怎么洗也很难恢复原状。"广告一经推出，立即引起轩然大波，同时挑起了天然水与纯净水的争论。2000年4月，农夫山泉突然隆重宣布"长期饮用纯净水有害健康"的实验报告，并声称从此放弃纯净水生产，只从事天然水生产，俨然成为消费者利益的代言人。农夫山泉对纯净水的挑战，遭到了纯净水厂商的激烈反击，甚至诉诸法律。这一系列事件的发生，引来了媒体和公众的兴趣，形成了轰动效应。而作为众矢之的的农夫山泉却暗自庆幸，因为有更多的人知道了它含有微量元素而不同于纯净水。

农夫山泉乘胜追击。2000年7月，中国奥委会特别授予农夫山泉"2001～2002年中国奥委会合作伙伴"称号，农夫山泉拥有了中国体育代表团专用标志特许使用权，从此农夫山泉广告与奥运会挂上了钩，并邀请了孔令辉、刘璇做代言人，农夫山泉品牌形象再一次得以发扬光大。

(3) 系列战略。这是指将产品组合成系列来进行宣传的广告战略。从整体协调的角度考虑问题，有计划地将产品组合成一个系列来进行广告宣传，使各种产品之间的广告宣传相互配合、相得益彰。

### (三) 从空间范围角度设计广告战略

1. 特定区域广告战略

**特定区域广告战略**是指以某一国家、地区或区域作为目标市场的广告战略。它根据特定地区情况，对广告活动作统筹规划。广告宣传可以根据不同地区的不同特点，制定不同的广告战略。例如电视机广告，在经济发达地区，可宣传其功能齐全、款式新颖，而在经济欠发达地区，则应突出其物美价廉、经久耐用。

2. 全球广告战略

**全球广告战略**是指以国际市场作为目标市场的广告战略。它以世界市场为目标，对广告活动作世界范围的全局性的统筹谋划。

### (四) 从进攻性角度设计广告战略

1. 进攻战略

进攻战略是指针对竞争对手的弱点，以竞争对手或市场某一目标作为出发点，通过广告宣传，在广告的覆盖面、促销力、信任度及产品的公众知有率、市场占有率等方面超过主要竞争对手，赢得同类市场的制高点的广告战略。

2. 防守战略

防守战略是指在广告活动中以防御对手为主的广告战略，旨在维护自己的市场地位，运用不间断的广告来维持产品知名度和市场占有率。

## 相关案例链接

根据国内北方经济咨询有限公司的调查结果，中国的牙膏市场高露洁位居国内各品牌榜首，近三成的消费者最常使用高露洁，使用率高达 29.9%，国内牙膏产品退居二流。实验证明，国内牙膏在基本质量指标上并不逊色于高露洁，在若干牙膏技术上，国内牙膏甚至强于高露洁。然而高露洁在质量上并无优势，价格处于明显劣势(高露洁价格往往是国内牙膏的 2～3 倍)的状况下，击败了所有竞争对手，让人们在感叹国内牙膏日渐衰微的同时，产生了研究高露洁广告策略的兴趣。

高露洁在进入中国市场之前，曾花大力气做市场调查。调查发现，国内牙膏广告竞争激烈，但日趋同质化，诉求对象几乎都是中老年消费者，格调老式，广告表现手法也平淡无奇。针对这些弱点，高露洁采取了独树一帜的广告策略。

首先，高露洁风格鲜明，它都以少年儿童做广告片的主角。高露洁为什么不以主要购买者——成年人做广告主角，而“反其道而行之”呢？因为当时的牙膏广告，都在比美女，比微笑，比洁白，让消费者心中生厌。高露洁采用迂回战术，打出了青少年牌，风格马上与国内大量雷同的牙膏区别开来，赢得了消费者感观上的好评。此外，高露洁想通过儿童来影响他们父母对牙膏品牌的选择。高露洁充分考虑了儿童对父母购买决策的影响，因此制作了以少年儿童为主角、很符合广大儿童口味的广告。

还有一点就是，高露洁想让中国现在的一代儿童在“高露洁”的陪伴下成长。这些每天都刷高露洁牙膏的未来一代，一旦建立了对高露洁的亲切感，培养了忠诚度，可能会终生选择高露洁，并且影响到他们的下一代子女，这样无形中又延续了这个品牌的生命周期。由此可见高露洁的雄心。

高露洁广告一向以产品功能诉求为导向，这是它立于不败之地的法宝之一。有则广告是这样的：一个慈祥亲切、知识渊博的牙医，在向孩子们讲述高露洁牙膏是如何以双层氟化物特护牙齿，其中没有敷高露洁牙膏的白色贝壳在小槌的轻敲后塌陷了一侧。恐怕很多人对这个电视广告都有印象。高露洁为什么要设计这样一个恐怖广告？原因在于牙膏购买是一种经过深思熟虑、反复比较才确定的理性消费，而不是随意性很大的感性消费。牙膏广告应该就产品对保护牙齿、保健口腔有无实效展开，而不是偏离该卖点去追求虚幻的事物。所以高露洁广告虽然简洁平实，但却具有很强的说服力。恰恰在这点上，国产牙膏广告把“经”念歪了，相比之下，只有“蓝天六必治”算来得直接自然，“牙好，胃口就好，身体倍儿棒，吃嘛嘛香”，广告语也颇亲切实在。

## 第二节　广告目标市场策略

**广告策略**是企业在广告活动中为取得更好的广告效果而运用的手段和方法，也就是说要将产品或服务所具有的购买者利益，通过有效的方法、手段及步骤，传达给目标市场，实现促进销售的目的。市场经济条件下，商业竞争日趋激烈，作为企业竞争手段之一的广告不仅数量繁多，而且形式各异。广告策略已成为企业广告活动成功与否的关键，是企业参与竞争、开拓市场、促进销售的有力武器。企业在广告活动中，应善于运用广告策略，适应特定的市场环境，提高广告效果，增强企业的竞争力。

广告策略的重点是要解决 Who(向谁说)、What(说什么)、How(如何说)、When(什么时候说)的问题。其中，Who(向谁说)就是界定广告诉求的对象是谁，它源自企业的目标市场策略；What(说什么)就是指要向目标受众传递什么信息，主要取决于产品的定位策略；How(如何说)是指怎样将产品或服务的信息传递出去，主要取决广告的表现策略与媒介策略；When(什么时候说)主要是指广告的时间策略。本节主要讲授广告目标市场策略、广告产品定位策略与广告实施策略，而广告表现及媒介策略将在后面章节中进行讲授。

### 一、广告目标市场的含义

目标市场就是企业准备进入的一个或几个细分市场，广告目标市场就是在企业目标市场的基础上，决定广告宣传的对象在哪里，这些广告对象是一类还是几类消费者，企业针对这些消费者的特点来开展广告宣传，这样的消费者群就是企业的广告目标市场。

广告作用的发挥不仅取决于广告的产品，更取决于广告对象的态度。因此，广告不仅要告知消费者广告产品有什么效用，说服其购买，而且要根据宣传产品的的目标市场的特征，采取不同的广告策略。真正能使广告产生效果的是企业目标市场的消费者。

## 二、确立正确的广告目标市场的意义

(1) 有助于企业深入地研究消费者。确立广告目标市场，有助于企业深入地研究消费者。只有对象明确了，才能深入了解其需求、购买动机、购买习惯及兴趣爱好等。

(2) 是广告活动的起点。广告活动是一种有计划的活动，大致过程分为三个阶段。第一阶段是分析研究阶段，主要是进行市场分析、产品分析和消费者分析，这个阶段的最主要目的就是确定广告的目标市场；第二阶段主要是根据广告的目标市场，制定具体的广告战略、策略，以及广告媒体选择、文案创作与刊播日程规划；第三阶段是广告效果的评定与反馈。从广告活动的这三个阶段来看，广告目标市场的确定是整个广告活动的起点和基础。

(3) 可以提高广告的效果。企业选择了明确的目标市场，就可以根据目标市场消费者的分布范围和接受媒体的特点，以不同的宣传方式、合理的媒体组合、最小的投入获得最大效果。

## 三、广告目标市场策略

所谓**目标市场策略**，就是企业为自己的产品选定一定的范围和目标，从而满足这一部分人需要的方法。任何企业、无论其规模如何，都不能满足所有消费者的所有需要，因而只能为自己的产品销售选定一个或几个目标市场。

> 思考：在当今的市场环境下，消费者的需求变得越来越复杂，一家企业能满足所有消费者的需要吗？

企业选择目标市场是在细分市场的基础上进行的，商品市场按消费者的需求和满足程度来分，有同质市场和异质市场两类。同质市场是消费者对商品的需求有较多共性，消费弹性小、受广告影响不大的商品市场。一些生活必需品就是属于这一类型。异质市场是指消费者对同类商品的品质、特性有不同的要求，强调商品的个性，需求弹性大，受广告的影响也较大的商品市场。绝大多数商品市场都属于异质市场。由于市场可以细分，因此企业要根据产品的性能特点，对产品市场加以细分，并选择若干个子市场作为产品的目标市场，从而在广告宣传活动中采用不同的策略手段，争取不同的顾客。在制定广告策略时，企业必须依据其目标市场的特点，规定广告对象、广告目标、媒体选择、诉求重点及诉求方式。运用市场细分理论，广告目标市场策略可分为无差别市场广告策略、差别市场广告策略和集中市场广告策略。

> 早期的可口可乐公司，由于长时间拥有世界性专利，公司根据无差别市场策略，在广告上采用无差别市场广告策略，“可口可乐”电视广告均由美国可口可乐总公司制作，广告词句只有一种，其主题与手法不考虑具体市场特点，但可口可乐仍长期统治世界饮料市场。

### 1. 无差别市场广告策略

所谓**无差别市场广告策略**，就是指企业在一定时期内面对整个市场运用各种媒介搭配组合，做同一主题内容的广告宣传策略。这种策略一般适用于消费者需求差异不大的产品，或是在产品引入期与成长期初期，或者是产品供不应求、市场上没有竞争对手或竞争不激烈时,是一种经常采用的广告策略。

运用多种媒体进行组合搭配宣传统一的广告内容,能迅速提高产品的知名度,达到创牌的目的,同时也有利于节省广告设计制作费用,降低广告成本。

2. 差别市场广告策略

差别市场广告策略是指企业在一定时期内,针对细分目标市场的不同特点,运用不同的媒介组合,做不同主题内容的广告策略。一般来说,消费者需求差异较大的产品、处于成长期后期及成熟期的产品、遇到同行激烈竞争的产品可以采用差别市场广告策略。这种策略无论是在广告对象的选择上,产品品质与外观特点的宣传上以及广告形式上都具有很强的针对性,能较好地满足不同消费者的需求,有利于企业提高产品的知名度,突出产品的优异性能,增强消费者对企业的信任感,从而达到扩大销售范围的目的。

**例 3-2** 可口可乐公司遇到百事可乐公司的有力挑战以后,软饮料市场竞争日趋激烈,不得不推行差别市场广告策略。现在无论是可口可乐公司还是百事可乐公司针对中国这个大市场,每年都会依据中国文化特点来制作一些适合中国市场的电视广告,特别是在中国传统新年来临之际,可口可乐公司更是依据中国的春节回家过年,举家团圆的文化特点制作相应电视广告,这使得可口可乐品牌深入到千家万户,为亿万中国人所接受。

3. 集中市场广告策略

**集中市场广告策略**是指企业在细分市场的基础上,把广告主题以统一的内容与形式集中在一个或几个细分的市场上展开宣传的策略。此时,企业的目标并不是在较大的市场中占有较小的份额,而是在较小的细分市场中占有较大的份额。也就是经常所说的“宁做鸡头,不做凤尾”。

采取集中市场广告策略的企业,一般来说是实力有限的中小企业,为了发挥优势,集中力量,这些企业往往选择对自己有利的、力所能及的较小市场作为目标市场。一般来说,其广告不在价格昂贵或综合性的传播媒体上出现,而是一些地方性的、行业性的报刊、杂志上刊登,或在一些专业性比较强的电视频道或节目中出现。

这三种市场广告策略各具特色,企业可以在具体分析本企业产品及相关因素的基础上加以选择。既可以单独运用,也可以综合运用,主要依据企业基本情况与经营战略而定。

## 第三节　广告定位策略

广告能否成功,关键在于它能否说服潜在的消费者。对企业而言,企业与消费者的关系主要是通过产品或服务来维系的,产品或服务的吸引力,决定企业经营的成败。消费者往往以其对产品或服务的占有和满足程度来决定对企业的态度。而广告定位策略就是要传递产品或服务的某一独特属性来吸引消费者。

## 一、广告定位理论

### (一) 定位观念的提出

当今社会处于信息爆炸时代,过多传播的信息一方面使人们有可能更多地了解周围,但另一方面,却使我们的心智承受越来越大的压力。面对蜂拥而至的信息,人们所能做的是什么呢？方式多种多样,但有一点是可以肯定的,人们绝不会有闲情去细细品味每一则信息。过多的广告产品、品牌信息与受众心智的容量形成了尖锐的矛盾。在众多的产品和品牌中,受众购买决策所面临的问题不仅是买什么,更主要的是接受和选择哪一个品牌。如何解决这一问题呢？

20 世纪 70 年代,美国著名广告专家艾・里斯(Ai Rise)和杰克・屈特(Jack Trout)提出了定位(Positioning)观念。主张在广告策略中运用定位这一新的沟通方法,创造更有效的传播效果。他们认为:"在传播的丛林沼泽中唯一能取得高度效果的希望,是集中火力于狭窄的目标,实施市场区隔,一言蔽之,就是'定位'。"

什么是广告定位？"定位"一词源出于英语 Positioning,原意是确定(某事或某物)适当位置。里斯和屈特认为,定位从产品开始,但定位并不是要对产品做什么事,而是对未来的潜在消费者的心智下工夫。其基本目的就是突破过多传播屏障,把进入潜在消费者的心智作为首要目标,使广告和品牌信息在受众的心中找到一个位置,促使产品和品牌形象深深烙印在受众心中,使消费者树立该产品的稳固印象。该位置一旦建立之后,每当消费者需要解决的特定问题发生时,他就会考虑这一产品或品牌。

### (二) 定位观念的要点

定位观念的要点是"消费者心中"和"相对于竞争对手"。没有这两点,广告定位策略就与"USP"策略和"品牌形象"策略一样。

请查找并理解"USP"策略和"品牌形象"策略。

1. 定位的心理基础和特征

定位是一种攻心战略。定位并不是要你对产品做什么事,不是去创作某种新奇或与众不同的东西,而是对未来的潜在顾客下工夫,去操作已存在于受众心中的东西,即把商品定位到你未来潜在顾客心目中去。也就是说,你不可能在七喜罐里找到"非可乐"的构想,只能在饮用者的心中才能找到它。定位观念使得广告创意的出发点从商品转向了消费者,要求进行更细致的消费心理研究。因此,里斯和屈特说:"定位是一种观念,它改变了广告的本质。"这种说法并不为过,因为定位观念比以前的广告策略更明显地体现了"消费者导向"。以消费者为导向,从受众心理层面考察,定位观念具有以下特征:

(1) 定位为受众有限的心智提供了一种简化的信息。受众面临过多产品品牌纷繁复杂的信息时,容量有限的心智不可能掌握所有情况和每一个细节,为了应付这种复杂的情况,人们学会了把一切简化。定位正是适应了受众的简化心理。定位直指受众心智,它不去说产品如何如何,而是在受众心理阶梯上寻找一个位置，或者重新构建一定的心理阶梯。这个位置给受众一种简单的购买理由：这个品牌之所以值得信赖、值得购买，是因为这个品牌在同类产品中所具有的地位，而这一地位包含了与之对应的品牌和产品的全部信息。简单地说，就是某种品牌在消费者心目中的位置越靠前，消费者对其信赖度就越高，在有购买欲望时就会向该品牌行动。这样，定位广告便为受众的购买决策提供了一个最简单实用的信息，是对抗信息爆炸的社会而采用的最好方法之一。

(2) 定位借助的是一种位序符号。人类标识和理解纷繁复杂的世界，必须借助一定的符号。所谓符号，是根据既定的社会习惯而设定的可被看做代表其他某种东西的东西。

USP策略运用的是一种特征借代式代码，即通过把握事物特征来把握事物的原理；品牌形象策略运用的是象征式的代码，广告意向与产品的关系是象征和被象征的关系；定位策略运用的是数列代码中的位序代码，位序中的位置含有一定意义，它代表着一种消费者评价的排序和量度。当广告定位将某一位置赋予某一品牌时，这一品牌就成了位置符号所指物，人们在心中就会将这一位置具有的价值和其他信息附加在品牌上，从而将对品牌位置的感觉和评价转移到对品牌质量、价值等的评价上，将对位置的信赖转移到对品牌的信赖上。

(3) 定位与受众心理的保守性和可塑性。受众心中已有的位序序列网络或心理阶梯，称为现行的心智状态，人们一般只接受与现行的心智状态相符的新资讯，而把其他一切过滤，这是指受众心理的保守性和顽固性。在一定条件下，受众的心理也有可塑性，即可以改变其对某一事物原有的位序。因此，广告定位一方面要考虑到受众心中已有的位序网络，另一方面又可修正、改变或重建心理位序，形成有利于自己品牌的心理位序。

2. 定位的竞争特征

思考：比较广告与定位广告有什么不同？

定位要“相对于竞争对手”，表明定位广告是一种竞争性广告，也就是说，定位试图在消费者心中建立的位置是与竞争者相比较的，从而体现出鲜明的“竞争导向”。但是，定位广告又与一般的竞争性广告有所不同，如比较广告（牙膏广告比贝壳）。以下反映了定位的竞争特征：

(1) 定位是一种心理位置上的竞争。一般的竞争性广告在提高品牌竞争性时，往往涉及产品（整体产品，包括核心产品、形式产品及延伸产品）或产品某一方面的比较，如功能、质量、款式、售后服务、所提供的利益等。而定位广告中，不仅要考虑到产品自然差异，更着重于两者在受众心理位序或阶梯上的位置关系，是一种位置占领上的竞争。

(2) 定位承认并利用竞争品牌的位置和优势。一般竞争性广告总是以自己的优点比照他人的缺点，以将自己描述得比对手强，而定位广告则可以承认对手的优势，以对手的位置为自己定位的前提。同时，还可以充分利用对手的优势和位置，使自己的品牌在受众心中与竞争对手位置发生某种关联，借助或避开这一位置，以获得自己应有的和可能占据的位置。

### (三) 定位方法

1. 领导者定位——建立领导地位

这是一种旨在占据某一产品类别中第一或领导位置的定位策略。“第一”是最容易进入心智的途径。因为这时的心智是一片空白的、天真的心智，是一个还没有被别的品牌所擦亮的心智。艾尔·里斯认为，最先被人们接受的品牌，有很多优势，一般平均比第二的品牌在市场上的占有率要多一倍，而第二的品牌比第三的品牌又会多一倍。这种关系在没有重大原因的情况下不易改变。因此，定位的首要问题是如何使自己的产品在某一细分市场上形成领导者的地位，而要获得领导者地位就必须让你的品牌首先进入消费者的心智。

#### 相关案例链接

IBM公司比最著名的制造复印机的企诺(Xerox)公司在科技、人力及财力等资源方面要雄厚得多。但IBM公司生产的复印机与企诺比，只是小巫见大巫。可口可乐的典型广告“只有可口可乐，才是真正的可乐”。在这种宣传下，其他同类商品只是“模仿”真正的可乐，而可口可乐是衡量其他可乐的标准。

2. 比附定位——紧跟行业领导者

这是在竞争品牌领先位置相当稳固、原有位序难以打破重组或自己的品牌缺乏成为领导品牌的实力的情况下可采取的一种定位策略。例如宁城老窖的广告语“塞外茅台，宁城老窖”；金杯汽车的广告语“金杯汽车，丰田品质”。这些都是承认并借助市场领导者产品的品质来提升自身品牌位置的策略。

3. 细分定位——寻找市场空隙

细分定位是在原有的位序序列中，分解出更细更小的类别，在大阶梯中分解出小阶梯，然后将自己的品牌定位于小类别或小阶梯上的领导位置的一种定位方法。

#### 相关案例链接

雅克V9当初在定位时，针对其糖果市场进行了分析。雅克糖果有几十种，但是没有一种叫得响的品牌，面对市场上各类糖果已有的品牌，雅克无法取代或超越。例如口香糖的领导品牌有绿箭，橡皮糖的领导品牌有旺仔，奶糖的领导品牌有阿尔卑斯、大白兔，巧克力糖的领导品牌有德芙、金帝、怡口莲，泡泡糖的领导品牌有大大，只有维生素糖果市场没有相应的产品和品牌。而市场上更多的消费者是喝果汁补充维生素，携带和食用不方便，如果雅客能够生产出一种能补充维生素的糖果，将能更好地满足市场的需求，同时也能创造出品牌。因此，雅克食品通过对雅克V9成功的市场细分定位，塑造了雅克糖果品牌，在消费者心中占据了一定的位置。

4. 重组定位——重新为竞争定位

企业可以将竞争者们占据在人们心智中的位置重新定位，创造一个新的次序。重组定位策略的要点是根除一个既存的观念、产品，然后再把一个新的观念或产品搬进人们的心智中。

### 相关案例链接

农夫山泉有三大理念广告。①环保理念：从不使用城市自来水，每一滴农夫山泉都有它的源头；②天然理念：坚持水源地建厂，水源地灌装；③健康理念：天然的弱碱性水，不添加任何人工矿物质。农夫山泉有点甜，好水喝出健康来。通过这样的广告理念宣传让消费者对于矿泉水有了重新的认识，相对于乐百氏、娃哈哈这些提前进入市场的竞争对手，农夫山泉使自己的位置得到提前，达到了在矿泉水市场上的位置重新排列的目的。

5.“高级俱乐部”策略

公司如果不能取得第一名或某种很有意义的属性，而市场的空隙又不存在时，便可以采取这种策略。公司可以宣传自己是三大公司之一，或者十大公司之一等，这样使自身品牌与其他领导者品牌在消费者心目中占据并列位置。例如“十大上榜品牌”，“全球五百强”，等等。

## 二、广告定位流程

广告定位策略是依据企业的营销策略、商品差别化、市场细分化、产品生命周期阶段等状况，确定广告最有利的诉求位置的一种有效策略。其基本流程为：

### (一) 市场细分

所谓**市场细分**，指的是市场的划分或称之为市场分割，它是企业为了增加市场营销精确性的一种努力。市场细分是企业制定其营销战略与广告策略的前提，它有助于我们认清以下几个方面的问题：谁是本商品的用户和买者？他们有多少人？他们在什么地方？他们能消费多少产品？他们目前如何满足这方面的需求？他们对这类商品有什么好感或意见？当然，市场细分可以从多维度进行。在实际策划中，市场细分主要考虑地理环境、人口统计、消费心理、家庭等因素。

### (二) 选定目标市场，进行消费者分析

所谓目标市场是根据市场细分标准选择一个或一个以上细分市场作为企业为之服务和营销的对象。一旦确定了市场细分机会，就可以依次评价各种细分市场和决定为多少个细分市场服务，依此来找到自己的目标市场，进行目标消费者分析。

### (三) 认识产品优势特色，进行产品定位分析

充分认识产品的优点和特点是进行广告定位的基础，而正确分析产品特点，

寻求其广告定位的途径又是多方面的。

1. 从原材料方面分析

你还能列举其他从原材料方面分析的广告品牌么?

从原材料方面考虑主要包括:

(1) 原料产地。如产于××地、进口组装等。

(2) 原料的历史与起源。这对于一些奇特产品往往具有非同寻常的意义。

(3) 选用了何种材料。如尼康相机 FE—32 在广告中强调使用钛合金材料做快门,从而使快门速度提高到 1/4 000 秒。

2. 从制造过程进行分析

从制造过程方面考虑主要包括:

(1) 制造方法及特点介绍。如全自动流水线、机器人操作等。

(2) 使用的机器设备。

(3) 工人与技术人员水平。

(4) 制造环境。这对于食品及高精度仪器影响极大。

(5) 制造过程的品质保证。如检验方法等。

3. 从产品使用价值角度分析

从产品使用价值角度方面考虑主要包括:

(1) 商品的感观效用。如外观、形式、颜色、声音、触觉等方面有何优点或特点。这对于家具、有装饰作用的用品、高档耐用品、家用电器等的感观效用往往意义重大。

(2) 功能和用法。如功能增多、操作简便等。

(3) 使用效果。如海尔冰箱性能稳定,制冷效果好,质量有保障,从而确立其在市场上的特殊地位。

(4) 用户的社会构成。如通过利用名人、明星使用产品来确立市场位置,这有时也非常有效。

(5) 用户对商品的反映。如果这种反映是肯定的,尤其是通过新闻报道形式表现出来,其效果会非常好。

(6) 使用过程中的品质、保险及维修等。

此外,当商品价格低于同类商品价格时,也可以作为一大特点重点宣传,特别是在具有质量保证的情况下,物美价廉本身就具有一定的吸引力。

### (四) 进行广告定位研究,决定定位策略

在市场调查基础上找到消费者所谓的"购买理由",选择其中一个或几个重要诉求点,依据消费者信息接受心理,树立将要在广告活动中向目标受众传达的广告定位(见图 3.1)。

## 三、广告定位策略

现代广告活动的效果,不在于怎样规划广告,而在于把商品放在什么位置上。广告定位并不改变产品本身,它只是将顾客需求、品牌特点与本产品优势相结合,

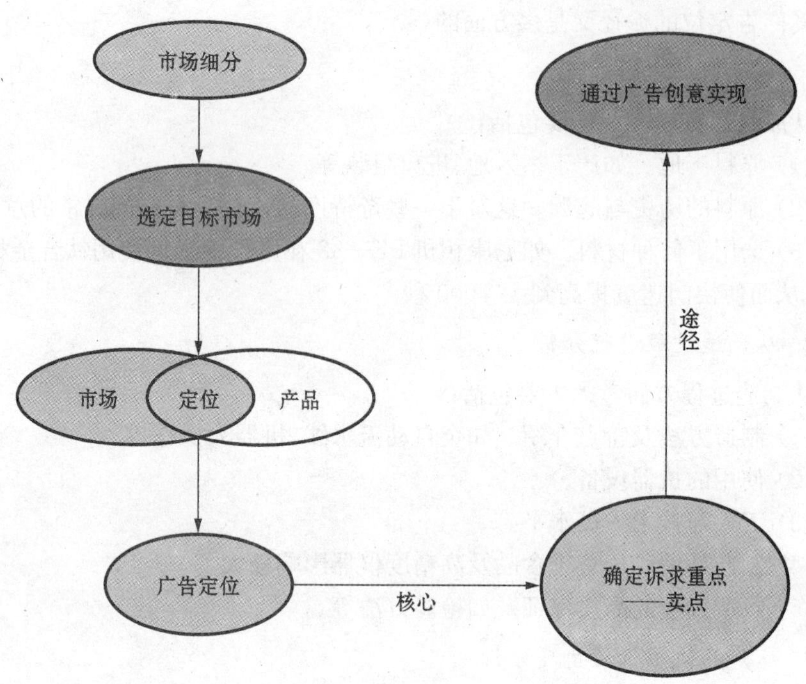


图 3.1 广告定位流程图

确定产品的广告形象，然后采用多种广告表现手法不断强化这种形象，从而在消费者心目中树立起这种形象的一种广告策略。

## (一) 广告定位的含义

1. 广告定位的概念

**广告定位**就是针对消费者对产品某种特征或属性的重视程度，强有力地塑造出广告产品与众不同的、给人印象鲜明的个性或形象，并把这种形象生动地传递给顾客，从而使这种鲜明的个性形象在目标消费者心目中确定适当的位置。换言之，广告定位就是塑造一种产品在目标受众心目中的位置，这种位置取决于消费者怎样认识这种产品。

广告定位的基本原则是去操纵消费者的消费思想，增强或改变其原有想法，目的是要使商品在顾客心目中占据有利的地位。因此，消费者的心智才是定位的终极战场，定位不是要潜心研究产品，而是洞悉消费者心中的思想，这是定位的前提。

2. 市场定位与产品定位的关系

(1) 两者的区别。市场定位是企业对目标消费者或者目标消费市场的选择，可以直观地理解为对把东西卖给谁这个问题的定位。而产品定位是在完成市场定位的基础上，企业对用什么样的产品来满足目标消费者或目标消费市场需求的决策。可以直观地理解为生产什么产品来卖给目标消费者这一问题的定位，它以人的定位为基础。产品定位是企业对选择怎样的产品及产品组合以满足特定市场需求的决策。

相关案例链接

牛仔裤的发明是市场定位在先的成功案例。发明者首先发现的是淘金者需要一种耐穿耐磨的衣物，即发现目标市场，然后才想到把帆布裁下来做成牛仔裤这种真实的产品。随身听的发明也是如此。索尼老板首先意识到人们需要边行走边听音乐，也就是说发现有随身听的市场，然后才冒出了创造随身听这一产品的念头，产品定位就此产生。

(2) 两者的联系。产品定位是对市场定位的具体化和落实，以市场定位为基础，受市场定位指导，但比市场定位更深入和细致。一般而言，在完成市场定位和产品定位的基础上，才能较顺利地进行品牌定位。

3. 产品定位与广告定位的异同

(1) 两者的区别。首先，产品定位强调为谁生产和怎样生产，广告定位强调向谁述说和怎样述说。其次，操作目的和操作对象不同，产品定位的操作目的是使自己的产品概念最有吸引力，广告定位的操作目的是使产品概念对目标消费者有吸引力。产品定位的操作对象是物化的产品本身，而且发生在商品产出之前，广告定位的对象是精神层面的消费者心理，发生在商品产出之后，属于营销环节。再次，两者的目标不同。产品定位的目标即卖出产品，赢得顾客，争取最大利润，广告定位目标还兼有其他责任，如提高企业形象、知名度，澄清传闻、谣言等。最后，稳定性不同。产品定位是一个相对稳定的过程，产品概念一般无法轻易地进行转换，广告定位作用于消费者变化着的心理，是一个动态的过程。

(2) 两者的联系。产品定位与广告定位都以消费者的需求为中心，以市场细分为基础。

### (二) 广告定位策略

广告定位策略的具体运用，主要分为实体定位策略和观念定位策略两大类。

1. 实体定位策略

**实体定位策略**是指在广告宣传中，突出商品的新价值，强调与同类商品的不同之处，以及给消费者可能带来的更大利益或不同利益的一种广告策略。在具体应用时又分为功效定位、品质定位、市场定位、价格定位、形象定位五种方法。

> 你能说出几个从功效定位的广告案例吗？谈谈你对这些广告的印象。

(1) 功效定位。在广告宣传中，突出产品的特殊功效，使该产品与同类产品相比有明显的优势，以增强竞争力。它是以同类产品的定位为基准，选择有别于同类产品的优越性能为诉求重点，突出产品能给消费者带来同类产品所不能给予的利益和好处，是功能定位的一种常见形式，也可以称之为“利益定位”。利益定位就是根据产品所能满足的需求或所提供的利益、解决问题的程度来定位。

相关案例链接

宝洁是全球500强企业，在中国日化行业占据了半壁江山。宝洁的成功，在很大程度上取决于多品牌策略。其广告诉求重点在于各品牌不同的功效。以宝洁在中国推出的洗发水为例:海飞丝“去屑”;飘柔“顺滑”;潘婷“营养”;沙宣“专业美发”;伊卡露草本精华“染发”。

(2) 品质定位。也叫质量定位,该定位方式是通过强调产品的良好品质而对产品进行的定位。也就是通过消费者对商品品质的认识来激发他们的需求和购买欲望,并在其心目中确定商品的位置。产品质量的定位在广告中占有十分重要的地位。因为消费者在选购商品时,质量问题总是一个首要问题。质量不好的产品给消费者带来的不仅仅是金钱的损失,还有精神上的烦恼。在竞争激烈的市场中推销产品,产品质量的好坏能够影响消费者的购买态度与行为。事实上,产品质量的好坏决定了企业在市场竞争中的成败。

## 相关案例链接

海尔品质管理最为经典的案例莫过于1985年海尔首席执行官张瑞敏怒砸海尔冰箱的故事。正是这种对产品缺陷零容忍的态度,使得海尔人在砸冰箱三年后,就捧回了中国冰箱行业的第一块国家质量金奖的奖牌。2012年,在全国质量技术大会上,海尔被中国质量协会评为全国首批“质量标杆示范单位”,是中国家电行业唯一入选的企业。在全球范围内,海尔更是以高品质产品征服了全球消费者,并获得全球权威机构认证。据媒体发布的消息显示,海尔集团质量监测中心实验室获得了全球安全认证领域最高水准的美国UL公司颁发的国内首家UL-CTDP实验室证书,获得此证书标志着海尔集团生产的冰箱、洗衣机、冷柜等八大产品在自己的实验室完成相关测试后,可以通过UL直接获得美国DOE、能源之星等标准机构的认可。此外,世界上声望最高、对产品品质要求最苛刻的欧洲最权威安全检测认证机构VDE,与海尔冰箱、洗碗机等产品都签署了战略合作协议,这意味着海尔的质检体系与产品质量都已达到全球领先水平。正是由于在产品品质方面的完美表现,海尔不断赢得全球市场的认可。据欧睿国际的统计数据显示,海尔以八项世界第一的绝对领先优势,稳居全球白电市场主导者位置,同时海尔还成为全球首个同时拥有冰箱、洗衣机亿级产销规模的企业,充分彰显出其强大的全球品牌领袖实力。

白电的概念是什么?你能从生活中举出一些白电案例吗?

应该注意的是,品质定位在以商品品质作为诉求基点时,诉求应有一定创意,切忌千篇一律地用“第一”、“重奖”、“王牌”等词,以免引起消费者的逆反心理。

(3) 市场定位。任何企业,无论其规模如何,都不能同时满足所有消费者的所有需要,而只能为自己的产品销售选定一个或几个特定的目标市场,为自己的产品选择某个范围内的特定消费者,这就是市场定位。市场定位是市场细分策略在广告中的具体应用,将产品定位在最有利的市场位置上,或者更准确地称之为目标市场定位。

## 相关案例链接

### 百事可乐广州推广

SP活动的概念是什么?

全国饮料行业统计,可口可乐与百事可乐市场占有率整整相差了10个百分点,在广州消费者感觉的却是百事可乐高出可口可乐远不止10个百分点。广州1999年的青少年是在百事可乐的旗帜下度过的,从年头到年尾,百事可乐的招贴没有哪一天在街头消失过。年轻人有的是热情,有的是活力。他们在崇拜明星的同时也渴望自己成为明星。百事可乐的市场源泉就在此。“三人篮球赛”、“足球赛”、“音乐巨星赏”、“校际音乐节”等大型SP活动走灯换马式上演,全面配合“蓝色VI启动”。百事可乐用金钱在广州筑起一道围墙,将广州青少年圈养在自己的王国里,任凭可口可乐在中央电视台广告投放再多、画面再精彩,百事在广州仍可以对其睥睨。

思考:哪类产品可以采用高价定位?

(4) 价格定位。一个产品要作为商品进入市场,进行交换和参与竞争,如果它在商品的品质、性能、功效和服务等方面与其他同类的产品很相似,出现了高度的“同质化”,如果产品没有特殊的地方可以吸引消费者以激起他们的购买欲望时,价格定位的方法就值得考虑了。价格定位的主要策略是陈述产品价格的合理性、适应性以及和同类产品的可比性,并以此来激起消费者的购买欲望。作为理性的消费者,无论其富裕程度有多高,他们对商品的价格都是比较敏感的。严格来说,价格定位有低价与高价两种,常见的是以低价竞销。如雕牌洗衣粉“只选对的,不买贵的”,空调广告“何止买得起,更能养得起”,录像机广告“用购买玩具的钱买一台高级录像机”等。但并非所有产品价格定得低就一定畅销,这既有追求品牌价值的原因,也有“买涨不买跌”的心理作用。

(5) 形象定位。许多消费者在购买商品时,并不一定对产品的性能、特点、质量都了解得很清楚,而往往是根据对这一产品的印象来购买。因此,广告定位常常根据产品的综合特点,为其塑造一种形象。形象定位不仅要求产品形象具有不同于其他产品的识别性,还要求产品具有独特的情感与文化的品格。例如万宝路香烟的广告定位,就是一种粗犷的男子汉形象,而健牌香烟则是一种绅士象征。

## 相关案例链接

### 百威啤酒的广告定位战略

被誉为世界“啤酒之王”的百威啤酒,几十年来,一直雄居美国及世界最畅销的啤酒业霸主之位。百威啤酒的巨大成功,除了它确实是美国首屈一指的高品质啤酒外,还与其卓越的广告营销策略有着重要关系。百威啤酒广告营销的最成功之处在于它恰到好处地运用了广告定位战略。

百威啤酒在进入日本市场之前,首先对日本的经济、啤酒市场、社会结构、不同年龄和阶层的消费者状况进行了细致调查。日本经济的高速发展,使日本居民的消费水平空前高涨,特别是年轻一代有很强的购买欲望和购买潜力。日本青年是新生的一代,受教育程度比较高,有自己独特文字表达方式和生活行为方式。日本的年轻人有很强的责任感,他们工作非常投入,注重工作效率的提高,对产品和任何事物都要求严格,务求精益求精、尽善尽美。他们对商品很挑剔,注重品牌和品质的结合,是消费市场的主导者。他们一方面愿意花更多的时间和金钱去追求自己所喜爱的事物,另一方面又非常注重目标的品质和文化底蕴。他们追求新奇而又昂贵的产品,但是又不像美国青年那样突出冒险精神和个性。另外,战后的日本是在美国的羽翼下成长起来的,在日本青年心目中早已烙下了深刻的美国印迹,他们对美国有一种感激、向往、崇拜和超越的复杂情感,这就使得大洋两岸的文化和消费心理产生了共鸣。

百威啤酒在随后的广告战略中,充分体现了日本青年的特殊心理背景。百威啤酒首先把广告对象进一步缩小范围,设定在25～35岁的男性之间。这个广告对象的设定与百威啤酒原本就具有的"年轻人"和"酒味清淡"的形象十分吻合。在广告媒体的选择上,百威把重点放在了杂志、广告上,专攻年轻人市场,并推出特别精印的激情海报加以配合。为什么选择杂志而不是视听效果和覆盖面更广的电视呢?因为企业广告创意的新、奇、特固然重要,但这种感觉不会持续太久,而且只有在一定的氛围和范围内才能得以发挥,广告必须把握人们心理需要不断发展变化的规律,恰当地做好引导,力求形成稳固的消费者偏好。由于日本青年的受教育程度普遍较高,各种行业都有相应的杂志。也就是说,某一种杂志都有其特定的较为固定的年轻读者群。而且日本男青年工作一天后,晚间喜欢与朋友一起在外喝酒娱乐,更突出群体性消费的特点,而相对来说,看电视时间要少很多,个人性消费要少一些。如果百威啤酒在没有赢得不同年轻人群的认可和支持下,大肆进行电视宣传,那么,就会给日本青年造成一种该啤酒是大众产品的印象,就不会引起青年们的注重和追逐。所以百威啤酒首先攻占日本年轻人的文化阵地,并以独特的、扣人心弦的海报激发他们的视觉感受,先打进"圈里",使之成为一种时尚消费和身份地位的象征。在杂志上获得成功之后,百威向海报、报纸和促销活动进军,3年后才开始运用电视媒体。而这3年中,日本年轻人早已把百威啤酒作为自己生活的一部分。他们从过去追逐时尚新奇的满足感转换为领导和超前领先全日本的啤酒市场。"百威是我们的,是我们这个'圈子'的一部分,我们有责任让所有的人了解它,热爱它——因为他属于我们。"这就是百威啤酒的成功之处,不仅让你享受了高品质的啤酒,还让你在心理上得到各种各样的满足和尊重。

百威啤酒广告的诉求重心是极力强化品牌的知名度,以突出美国最佳啤酒的高品质形象,在广告文案的背景图画创意中,将百威啤酒溶于美洲或美国的气氛中,如辽阔的大地、沸腾的海洋或宽广的荒漠,使观众面对奇特的视觉效果时,产生一种震撼感,令人留下深刻的印象。它的广告文案写作属于突出自己领导地位的遏制性广告定位战略。在营销的第一、第二阶段里,传播概念都建立在"全世界最有名的高品质啤酒",视觉重点强调在标题和包装上。第一阶段,广告主题是"第一的啤酒,百威",广告标题是"我们爱第一";第二阶段,广告主题是"百威是全世界最好、最有名的美国啤酒”，广告标题是“这是最出名的百威”。标题还印在啤酒罐上，只要拿起罐子就可以看到。为了确保广告效果，百威还选择有责任感的日籍员工来判断广告的影响力，并用日本的方式，选择最具有强烈的诉求的语言进行表现。

2. 观念定位策略

**观念定位策略**就是强调商品的新观念，重在改变消费者的习惯心理，树立新的商品观念和消费观念的一种广告定位策略。可谓“不破不立”，在具体应用上分为是非定位和逆向定位两种。

(1) 是非定位。是非定位是从观念上，人为地把产品市场加以区分的定位方法。在广告中注入一种新的消费观念，并通过新旧观念的对比，让消费者明白是非，接受新的消费观念。当一个市场挑战者在为其竞争对手重新定位的时候常常会采用这个方法。

## 相关案例链接

### 美国七喜汽水的广告定位策略

1968 年，美国七喜汽水公司把其生产的柠檬和莱姆果饮料定为非可乐型饮料，这个成功的定位策略使七喜汽水一举打入竞争市场十分激烈的软饮料市场，成为广告战略史上最有戏剧性的、了不起的事件之一。其成功之处在于它巧妙地在更新观念上做文章，创造了一种新的消费观念，提出饮料分为可乐型和非可乐型两种。可口可乐是可乐型代表品牌，而七喜汽水则是非可乐型的代表品牌，使七喜汽水成为可口可乐的替代品，成为非可乐型饮料中首屈一指的名牌。12 年后，七喜饮料公司又针对美国人日益关心咖啡因摄取量，有 66%的成人希望减少或消除饮食中的咖啡因的现状，于 1980 年发起“无咖啡因”战役，它在广告中说：“你不愿意你的孩子喝咖啡，那么为什么还要给孩子喝与咖啡含有等量咖啡因的可乐呢？给他非可乐，不含咖啡因的饮料——七喜！”这一下击中了两大可乐要害，产生了强烈的冲击波，七喜汽水销售量大增，成为仅次于可口可乐、百事可乐两大巨头之后的第三大饮料。正确的定位为七喜的腾飞插上了翅膀。

(2) 逆向定位。**逆向定位**是针对人们所持有的逆向心理思维而采用的定位策略，借助于有名气的竞争对手的声誉来引起消费者对自己的关注、同情和支持，以便在市场竞争中占有一席之地的广告定位策略。大多数企业广告的定位都是突出产品优异之处的正向定位，逆向定位反其道而行之，利用社会上同情弱者和信任诚实的人的心理，承认自己产品的不足之处，而使广告获得成功。

相关案例链接

**艾维斯出租汽车公司的广告**

美国最大的出租汽车公司是赫兹公司，而艾维斯与之竞争多年，却持续亏损，于是DDB广告公司抛出了一个广告“我们排行老二，我们要加倍努力”。这种主动将自己定位于领先者之下的广告，引起美国消费者的极大兴趣和同情，该公司立刻受到众多租车者的惠顾，夺去了“老大”赫兹公司的很多市场份额，转亏为盈。

## 第四节　广告实施策略

**广告实施策略**就是按照竞争制胜的原则，科学合理地筹划广告在时空上有序推进的策略，从而使广告策略克服种种因素的制约发挥最佳效应。广告策略在未实施之前，只是策划方案中的一种观念形态的东西，而广告的实施过程是在时空变化中有序展开的，它与市场策略、定位策略和媒介策略的使用形成复杂的交叉。广告策略要实现由观念形态变为现实的行动的目标，就必须有具体的实施策略与方法。因此，广告主和广告公司必须高度重视广告的实施策略。从时空的角度考虑，广告实施策略主要包括广告区域策略和时机策略。

### 一、广告区域策略

正确选择广告的区域，确立广告送达对象的范围，利用广告的空间效果，促进商品销售，是广告区域策略的关键所在。如何判定一则广告发布区域选择是否正确，即使是世界一流的广告大师，对这个问题也无法给予一个准确的答案。有人曾问广告大师奥格威：“什么才算是好广告？”他毫不犹豫地回答：“能够使东西卖出去的广告。”这个朴实无华的答复包含着这位广告大师对广告真谛的独到见解，即广告的目的是为了促销。能否实现销售额的扩大，一直是检验广告成败的重要准则。因此广告区域的选择，也必须遵循这一原则。

#### （一）影响广告区域选择的环境因素

由于广告仅仅是市场营销组合的一个子系统，而市场营销组合是为了适应市场环境，增强企业活力，实现企业目标。因此，广告区域的选择，要充分考虑广告环境。广告环境对广告主来说是一个不可控因素，对广告起着极大的制约作用和导向作用。广告环境主要包括自然环境、国际环境、产业环境、企业环境和商品环境等。

1. 自然环境

自然环境主要指气候、季节、节气等自然因素，这些因素会影响许多商品的销售及广告宣传。像空调、啤酒、冷饮、时令糕点等明显地受自然环境影响的商品，如果在自然环境不理想的地方发布广告，是没有多少价值的，只能造成浪费。例如，在海南做暖气设备广告，显然不合“地利”。所以，自然环境是制约商业广告发布的重要因素之一。

2. 国际环境

随着通信与交通的飞速发展,全球贸易一体化的国际市场正在形成。企业尤其是外向型企业要着眼未来,放眼世界,营销的目光不仅要盯住国内市场,还要盯住国际市场。各国的贸易政策、经济发展水平、文化风俗习惯、较大的政治活动等,都必须作为选择广告区域的重要参考因素。例如用猪肉制成的火腿肠广告就不能在伊斯兰教国家和地区发布,这样做非但不能带来经济效益,相反还会激发民族矛盾。

3. 产业环境

产业环境关系到行业的竞争、投资的转移和产业的兴衰更替等,能否准确地把握这些因素,对企业广告区域的选择是很有影响的。把握得好,广告区域选择得成功,无疑会给企业带来营销上成功的可能。

4. 企业环境

企业环境主要指企业的社会地位、市场地位、竞争关系等。选择商业广告的发布地点,应充分分析这些因素,才能避实就虚,出奇制胜。

5. 商品环境

商品的特性、生命周期、售后服务和消费者的购买习惯等因素对广告区域的选择也有影响。例如,某种在发达地区已淘汰的商品,在落后地区可能是先进的,若将广告在后者的地域中发布,就有可能取得预期的广告效益。

### (二) 广告区域策略的选择

广告主在什么区域开展广告宣传,主要是根据产品供求状况和竞争对手的情况而确定的。从区域的角度看,凡是产品有销路或尚未打开销路的地区,都应该进行广告宣传。从竞争的角度看,为了培植消费偏好,提高市场占有率,广告主也应该加强宣传。所以,企业应根据不同目标和任务的要求,借助于多种广告媒体,选择适当的广告区域策略。

> 福特公司总裁查·亚科卡:广告借助科学进程中的多种媒体宣传,将世界市场变得如此之小。于是,广告策划中的区域选择,就显得尤为重要。

在广告活动中,对产品区域推进路线应有战略上的考虑。比如,先重点开拓哪些地区,再扩大到哪些范围,如何占领与转换市场等,这些都涉及广告策略的运用与配合。

1. 选择广告区域的方法

(1) 重点扩散法。这种方法就是选择最有可能率先打开的市场作为重点区域,取得巩固后再依次扩散发展,犹如放射式的传递。如王老吉凉茶,先选择广东、福建作为重点市场,待开拓后再转向其他市场。其广告区域也与之配合,先广东、福建,后其他省(市)。

(2) 稳定占有法。某些产品只能在一定的区域才有最大的销售量,企业就要采取牢牢掌握这些区域市场的策略,广告策略也应给予密切配合。如某些地方小酒厂,生产规模有限,市场主要集中于当地,就要在当地集中进行广告宣传,稳固占有当地市场。

(3) 灵活机动法。采取打一枪换一个地方的战术,依据市场变化不断地改换区域。一般适用于流行性强、生命周期短的产品。广告也灵活多变,适时跟进,保证产品销到哪里,广告的影响就扩大到哪里。

2. 选择广告区域策略

选择广告区域的策略可以从两个角度去考察,一是广告的覆盖方式,二是广告的传播范围。

从覆盖方式看,有以下几种:

(1) 全面覆盖。这指集中一段时间对某一目标市场进行突击的广告攻势,以迅雷不及掩耳之势全面覆盖目标市场。这种广告策略讲究神速和整体性,选择覆盖面大的媒体及媒体组合,对某一地区展开大规模的广告活动,像闪电一样在市场全面展开,多频率、多方位刺激视听,增强形象和品牌的知名度。

(2) 重点覆盖。这是指选择销售潜力大的子市场即重点区域,有目的、有重点、有选择地进行广告宣传活动。这样能起到节省广告费,提高效益的作用。

(3) 渐次覆盖。这是指对几个不同地区的广告宣传分阶段循序渐进,逐一覆盖。有的采用由近及远的市场策略,与此相适应,广告也逐一推进,慢慢渗透,而不必在目标市场范围内全面展开。

(4) 特殊覆盖。这是指在特定的环境条件下,对某一地区或某种特定的消费群体有针对性地进行覆盖。

(5) 脉冲刺激。一件事物,对人的感官刺激的次数越多,人们对它的记忆就越深。对同一地区采取脉冲式的广告形式频频刺激该地区的受众,将起到意想不到的效果。

从广告传播的范围看,选择广告区域的策略有以下几种:

(1) 地方性广告策略。这是当产品或观念仅在一个城市或乡镇、直接贸易区域或某一生活范围内传播时所采取的广告策略。企业一般较重视选择地方性的广告媒体,如户外广告媒体或地方性新闻媒体。另外,有些行业的新产品,为了试探一下市场反应,有时需要在某个地方或商店开展试销,也可选择此策略,采用当地报纸、大众读物、售点广告、展销会广告等方式。

(2) 地区性广告策略。这是在某种产品或消费观念适用于某些地区,这些地区具有共同特征的自然地理、风俗习惯、民族或语言等条件时所采取的广告宣传策略。地区性与地方性相比,范围更大,可能包括几个省(市),或者一些毗邻的贸易区。地区性广告宣传,可以选择地区性广告媒体,如全国性媒体的地区版或地区节目。

(3) 全国性广告策略。有的商品或观念适宜在全国性范围内传播,这时采取的广告宣传媒体应是针对全国范围的全国性报刊杂志、广播电视,也可以选择户外、交通、电影等流动范围大的媒体。

(4) 世界性广告策略。通常是在主销市场或欲打入的市场,确定适当的媒体开展广告宣传。这可以通过国际广告咨询机构或使馆商务部门的参赞等途径来加以选择。

(5) 选择性广告策略。有的产品广告或观念广告,适应特殊的对象。这些特殊对象可能存在于某个地方、地区,也可能存在于全国和全世界。在选择广告媒体时,要注意其专业性,如可以选择某些专业性杂志。

## 相关案例链接

### 三株口服液的农村市场广告策略

三株口服液以30万元注册资金起家,四年固定资产达到48亿元,销售额达到80亿元,迄今为止,医药保健品市场尚无人打破三株的光辉记录,包括哈药和脑白金。三株广告策略与前面所列品牌略显不同,它的目标市场在农村,宣传形式也很土气,全无大腕级品牌的气派。然而,三株就是仅凭一张小报,占领了占中国市场80%的农村市场。所以我们不得不对它说:三株,口服,心服。

首先,三株确定了它的农村市场定位。三株属于消化道口服液类的营养保健产品,而三株通过有关统计资料得知,农村人口消化道发病率居各类疾病榜首,也远远高于城市人口发病率,况且农村人口基数大,因此三株把目标市场定位在农村,声称"以农村包围城市"。当时农村市场竞争相对较弱,外部环境相对宽松,这也给三株进军农村提供了良好的机遇。事实证明,三株集中优势兵力,专攻农村市场的策略具有战略眼光。三株定位于农村市场之后,并没有盲目地投放广告,而是充分认识到了农村市场的特点后,才稳健地实施它的广告策略。就广告的媒体选择而言,三株意识到,由于收视条件有限,电视广告在农村收视率不高。于是三株独辟蹊径,选择了墙体广告和平面广告。三株雄心万丈,把"三株口服液"的广告语刷在乡村每一个能刷字的地方,像土墙、电线杆、道路护栏上,以至于当时每一个来到乡村的人都会十分吃惊地发现,在中国的大地上,在每一个有人烟的角落,几乎都可以看到三株的墙体广告,都可以感觉到三株的无处不在。这种20世纪90年代中期的广告方式,在中国农村确实是神奇的一招。就是在数十年后的今天,也没有一种广告方式比这更为经济,更为适合中国农村。而平面广告,三株自创了小报形式。从营销角度来看,三株利用小报形式确实具有其独特的优势:①具有很强的针对性。不像电视、报纸等正规媒体的分散,自投小报可以根据确定的区域,集中优势兵力投放,宣传力度很大。②成本低。三株小报不用追求艺术上的美感,因此印刷费低,但三株低劣的宣传单,对公司的形象也产生了破坏性作用。③可以达到深度诉求。三株小报内容多是产品功效的介绍和病例示范,消费者几乎可以知道他想知道的一切,而在正规媒体中,限于成本制约,宣传的内容有限。

其次,三株广告策略紧紧抓住了农村消费者的心理。农村消费者喜欢热闹,从众心理也很强,所以三株重视现场宣传活动。在农村的繁华集市上,常常可见一簇簇人群围着三株宣传现场,有条幅、展牌、音响营造气氛,还配合医生现场诊断和产品推荐,甚至邀请当地名人到场以壮声色。农村消费者眼见现场气氛热烈,就忍不住上前探望,马上被三株吸引住了。慢慢地,农村消费者便产生了试一试的心理。

正是有了这些综合的品牌宣传手段，才使得三株品牌在各地得以迅速成长。三株的销售额也很快增长到鼎盛时80亿的巨额。至于三株后来的败落，则是因为三株从农村转向城市时，没能够调整成适应城市消费特征的广告策略，此为后话。

## 二、广告时机策略

正确地把握广告的时机，是提高广告宣传效果、促进企业产品销售的重要一环。过时的广告，意味着广告费的浪费。因此，广告主必须恰当选择广告时机。

### (一) 广告进入的时序选择

从"小米"手机的市场行为中分析其广告策略的应用。

1. 提前进入

提前进入就是在产品进入市场之前先行进行广告宣传，为产品进入市场作好舆论准备。在新产品上市的广告时序中，智者之谋，在于巧用时间差，广告先于商品入市，使消费者翘首以待，奠定有利的市场地位。如康师傅方便面曾火爆京城，采用的就是这种先声夺人的策略。有些新产品上市前的悬念广告造成一种"千呼万唤始出来"的局面，往往起到较好的广告效果。

### 相关案例链接

**野狼摩托广告策略**

台湾野狼摩托最重要的广告战术，是在新产品正式上市前，让全省消费者停止购买六天。这着棋下得颇为轰动，惊人。

1974年3月26日，台湾两家主要的日报上，刊出一则没有注明厂牌的摩托车广告，面积是8栏50行，四周是宽阔的网线边，中间保留成一块空白。空白上端有一则漫画式的摩托车插图。图的下面有六行字，内容是"今天不要买摩托车，请您稍候六天。买摩托车您必须慎重地考虑。有一部意想不到的好车，就要来了。"

次日继续刊出这则广告，内容只换了一个字："请您稍候五天。"这天的广告引起了反应。同业们打听明了是三阳的广告，纷纷向三阳发牢骚，询问"为什么这两天叫消费者不要买摩托车?"因为每一家摩托车店的营业额都减少了。

第三天，继续刊出这则广告，内容重点仍只换了一个字，改为"请您再稍候四天"。这天的广告又引起了反应，连广告主本身的各地经销店都抱怨生产减少了。

第四天，内容取消了"今天不要买摩托车"一词，改为"请再稍候三天。要买摩托车，您必须考虑到外形、耗油量、马力、耐用度等。有一部与众不同的好车就要来了"。这天的广告又引起了反应。广告主所属的推销员们大叫"受不了"。这几天的广告影响了他们的推销量。这三天中，里里外外的反应，使得广告主自己也有顶不住的感觉，几乎想终止这套预告性广告。广告代理业方面的专案小组负责人则苦苦劝告广告主：要忍耐，要坚持。

第五天的广告，内容稍改为“让您久候的这部无论外形、冲力、耐用度、省油等都能令您心满意足的野狼125摩托车，就要来了。烦您再稍候两天。”

第六天的广告内容又稍改为“对不起，让您久候的三阳野狼125摩托车，明天就要来了。”

第七天，这种新产品正式上市刊出全页面积的大幅广告，果然造成大轰动。广告主发送各地的第一批货几百部，立即全部卖完。以后，该车型接连不断地畅销，以至于若干地区的经销商自己派人到工厂去争着取车，以应付买主的需要。“野狼”成为市场中的热门货，经销商的销售信心大增。广告主在市场的声誉亦随之大大改观。广告主以往所出产的其他型号摩托车，销路亦连带地趋好。

当时，广告代理业的专案小组调查得知台湾全省每天约有200部摩托车的成交量。让消费者停止购买六天，至少可积存700～800部的成交量，一定可以从中争取到不少的成交量，自然能造成难得的畅销局面。

2. 即时进入

开展广告活动与产品上市采取同步策略，是零售商店或展销会期间常用的方法，满足了消费者对新产品想立即购买的心态，其广告效果显现及时。

3. 滞后进入

产品先行上市试销后，根据销售情况分析把握这种产品的市场规模与销售潜力，决定广告投入的时机与数量。这是一种较稳妥的广告发布策略，可能在目标市场上更为准确。

### (二) 广告时机策略选择

1. 节假日时机

节假日有政府法定和民间风俗形成等形式，由于人们闲暇时间增多，往往形成某种消费热潮。节日消费一般具有明显的特点，如传统的春节、元宵、清明、中秋等，这类广告要求有自己的特色，能推动节日消费形成高潮。假日消费以日常生活用品和娱乐性消费为多。零售企业和服务行业一般在节假日数天前便开展广告宣传，让消费者有充裕的时间酝酿和形成消费动机。节假日过后，宣传便告一段落。

2. 季节时机

季节性商品一般有淡旺季之分，企业往往抓住旺季销售的大好时机，投入较多的广告费，增大广告推销力度。转入淡季后，广告宣传在数量和频度上都适当减少。当然，目前少数商品也采用反季节广告宣传方式。比如雅鹿羽绒服在夏季也大做广告，以价格优势为主要诉求点，让消费者“夏备冬暖”，从从容容地得到更多的实惠。

3. “黄金”时机

电视和广播均有广告发布的最佳“黄金”时机。在这些时段上发布广告接受率最高，广告传播效果最好。许多企业不惜重金，以竞争投标方式取得这些时段。如中央电视台黄金时段的广告竞拍引起广告界和企业界的高度重视。许多省（市）的电视节目也纷纷仿效中央电视台拍卖广告的黄金时段。

4. 重大活动时机

企业每年的几次重要节日，如企业的开张、庆典或获奖时机，以及某些重要文化或体育赛事等活动，都是推出广告的极好时机。这些广告由于注意融入节日或文化气氛，因而广告信息更易被接受，传播面及传播效果更好。

## 经典案例赏析

### 红罐王老吉品牌定位战略

#### 一、定位分析

2002年以前，红色罐装王老吉（以下简称“红罐王老吉”）在广东、浙南地区销量稳定，销售业绩连续几年维持在1亿多元。发展到这个规模后，加多宝的管理层发现，要把企业做大，要走向全国，就必须克服一连串的问题，甚至原本的一些优势也成为困扰企业继续成长的障碍。而所有困扰中，最核心的问题是企业不得不面临一个现实难题——红罐王老吉当“凉茶”卖，还是当“饮料”卖？

现实难题表现一：广东、浙南消费者对红罐王老吉认知混乱

在广东，传统凉茶因下火功效显著，消费者普遍当成“药”服用，无需也不能经常饮用。红罐王老吉受品牌名所累，并不能很顺利地让广东人接受它作为一种可以经常饮用的饮料，销量大大受限。红罐王老吉拥有凉茶始祖王老吉的品牌，却长着一副饮料化的面孔，让消费者觉得“它好像是凉茶，又好像是饮料”，陷入认知混乱之中。

面对消费者这些混乱的认知，企业急需通过广告提供一个强势的引导，明确红罐王老吉的核心价值，并与竞争对手区别开来。

现实难题表现二：红罐王老吉无法走出广东、浙南

在两广以外，人们并没有凉茶的概念，甚至在调查中频频出现“凉茶就是凉白开”、“我们不喝凉的茶水，泡热茶”这些看法。教育凉茶概念显然费用惊人。而且，内地的消费者“降火”的需求已经被填补，他们大多是通过服用牛黄解毒片之类的药物来解决。

现实难题表现三：推广概念模糊

如果用“凉茶”概念来推广，加多宝公司担心其销量将受到限制，但作为“饮料”推广又没有找到合适的区隔，因此，在广告宣传上不得不模棱两可。在红罐王老吉前几年的推广中，消费者不知道为什么要买它，企业也不知道怎么去卖它。

#### 二、重新定位

2002年年底，加多宝找到成美营销顾问公司（以下简称“成美”）。通过对红罐王老吉基本情况的了解，成美项目组形成了红罐王老吉定位研究的总体思路。

首先，对于当时销售额仅1个多亿的加多宝公司而言，寻求发展的同时更要考虑生存，也就是说，在寻求扩大市场份额的同时，必须要先稳固住现有市场。其次，由于当时红罐王老吉已形成了一批稳定的用户群，成美项目组认为，定位研究可以从这群现有用户中寻找突破：了解红罐王老吉满足了他们什么需求，在他们头脑中红罐王老吉和其他饮料或者凉茶之间到底存在什么差异，从而确定导致他们坚持选择红罐王老吉的原因。

在研究中发现，广东的消费者饮用红罐王老吉主要在烧烤、登山等场合。其原因不外乎"吃烧烤容易上火，喝一罐先预防一下"、"可能会上火，但这时候没有必要吃牛黄解毒片"。而在浙南，饮用场合主要集中在"外出就餐、聚会、家庭"。当地人们对红罐王老吉的评价是"不会上火"，"健康，小孩老人都能喝，不会引起上火"。

消费者的这些认知和购买消费行为均表明，消费者对红罐王老吉并无"治疗"要求，而是作为一个功能饮料购买，购买红罐王老吉的真实动机是用于"预防上火"。红罐王老吉的直接竞争对手，如菊花茶、清凉茶等由于缺乏品牌推广，仅仅是低价渗透市场，并未占据"预防上火的饮料"的定位。而通过二手资料、专家访谈等研究表明，中国几千年的中医概念"清热祛火"在全国广为普及，"上火"的概念也在各地深入人心，这就使红罐王老吉突破了凉茶概念的地域局限。

至此，历经一个半月的调研分析，红罐王老吉品牌定位的研究基本完成。首先明确红罐王老吉是在"饮料"行业中竞争，竞争对手应是其他饮料；其品牌定位——"预防上火的饮料"，独特的价值在于——喝红罐王老吉能预防上火，让消费者无忧地尽情享受生活：吃煎炸、香辣美食，烧烤，通宵达旦看足球……

这样定位红罐王老吉，是从现实格局通盘考虑，主要益处有四：

(1) 利于红罐王老吉走出广东、浙南。由于"上火"是一个全国普遍性的中医概念，而不再像"凉茶"那样局限于两广地区和浙南，这就为红罐王老吉走向全国彻底扫除了障碍。

(2) 避免红罐王老吉与国内外饮料巨头直接竞争，形成独特区隔。

(3) 成功地将红罐王老吉产品的劣势转化为优势。淡淡的中药味，成功转变为"预防上火"的有力支撑；3.5元的零售价格，因为"预防上火"的功能，不再"高不可攀"；"王老吉"的品牌名、悠久的历史，成为预防上火"正宗"的有力支撑。

(4) 利于加多宝企业与国内王老吉药业合作。正由于加多宝的红罐王老吉定位在功能饮料，区别于王老吉药业的"药品"，因此能更好促成两家合作共建"王老吉"品牌。

确立了红罐王老吉的品牌定位，就明确了营销推广的方向，也确立了广告的标准，所有的传播活动就都有了评估的标准，所有的营销努力都将遵循这一标准，从而确保每次的推广，在促进销售的同时，都对品牌价值(定位)进行积累。

这时候才可以开始广告创意，拍广告片。

### 三、品牌定位的推广

明确了品牌要在消费者心智中占据什么定位，接下来的重要工作，就是要推广品牌，让它真正地进入人心，让大家都知道品牌的定位，从而持久、有力地影响消费者的购买决策。

紧接着，成美为红罐王老吉确定了推广主题："怕上火，喝王老吉"，在传播上尽量凸现红罐王老吉作为饮料的性质。在第一阶段的广告宣传中，红罐王老吉都以轻松、欢快、健康的形象出现，避免出现对症下药式的负面诉求，从而把红罐王老吉和"传统凉茶"区分开来。

为更好地唤起消费者的需求，电视广告选用了消费者认为日常生活中最易上火的五个场景：吃火锅、通宵看球、吃油炸食品薯条、烧烤和夏日阳光浴(见图3.2)，画面中人们在开心享受上述活动的同时，纷纷畅饮红罐王老吉。结合时尚、动感十足的广告歌反复吟唱"不用害怕什么，尽情享受生活，怕上火，喝王老吉"，促使消费者在吃火锅、烧烤时，自然联想到红罐王老吉，从而促成购买。

图3.2 有关场景

红罐王老吉的电视媒体选择主要锁定覆盖全国的中央电视台，并结合原有销售区域(广东、浙南)的强势地方媒体，在2003年的短短几个月，一举投入4000多万元广告费，销量立竿见影，得到迅速提升。同年11月，企业乘胜追击，再斥巨资购买了中央电视台2004年黄金广告时段。正是这种疾风暴雨式的投放方式保证了红罐王老吉在短期内迅速进入人们的头脑，给人们一个深刻的印象，并迅速红遍全国大江南北。

2003年初，企业用于红罐王老吉推广的总预算仅1000万元，这是根据2002年的实际销量来划拨的。红罐王老吉当时的销售主要集中在深圳、东莞和浙南这三个区域，因此投放量相对充足。随着定位广告的第一轮投放，销量迅速上升，给企业极大的信心，于是不断追加推广费用，滚动发展。到2003年底，仅广告投放就累计超过4000万元(不包括购买2004年中央台广告时段的费用)，年销量达到了6亿元——这种量力而行、滚动发展的模式非常适合国内许多志在全国市场但力量暂时不足的企业。

在地面推广上，除了强调传统渠道的POP广告外，红罐王老吉还配合餐饮新渠道的开拓，为餐饮渠道设计布置了大量终端物料，如设计制作了电子显示屏、灯笼等餐饮场所乐于接受的实用物品，免费赠送。在传播内容选择上，充分考虑终端广告应直接刺激消费者的购买欲望，将产品包装作为主要视觉元素，集中宣传一个信息："怕上火，喝王老吉饮料。"餐饮场所的现场提示，有效地配合了电视广告。正是这种针对性的推广，消费者对红罐王老吉"是什么"、"有什么用"有了更强、更直观的认知。餐饮渠道业已成为红罐王老吉的重要销售传播渠道之一。

研讨"王老吉"更名为"加多宝"后的市场发展趋势。

同时，在针对中间商的促销活动中，加多宝除了继续巩固传统渠道的"加多宝销售精英俱乐部"外，还充分考虑了如何加强餐饮渠道的开拓与控制，推行"火锅店铺市"与"合作酒店"的计划，选择主要的火锅店、酒楼作为"王老吉诚意合作店"，投入资金与他们共同进行节假日的促销活动。由于给商家提供了实惠的利益，因此红罐王老吉迅速进入餐饮渠道，成为主要推荐饮品。

**四、推广效果**

红罐王老吉成功的品牌定位和传播，给这个有 175 年历史的、带有浓厚岭南特色的产品带来了巨大的效益：2003 年红罐王老吉的销售额比去年同期增长了近 4 倍，由 2002 年的 1 亿多元猛增至 6 亿元，并以迅雷不及掩耳之势冲出广东，2004 年，尽管企业不断扩大产能，但仍供不应求，订单如雪片般纷至沓来，全年销量突破 10 亿元，以后几年持续高速增长，2010 年销量突破 180 亿元大关。

**分析：**

红罐王老吉能取得巨大成功，总结起来，以下几个方面是加多宝公司成功的关键所在：

(1) 为红罐王老吉品牌准确定位。

(2) 广告对品牌定位传播到位。

(3) 企业决策人准确的判断力和果敢的决策力。

(4) 优秀的执行力，渠道控制力强。

(5) 量力而行，滚动发展，在区域内确保市场推广力度处于相对优势地位。

# 项目四 广告创意

## 学习目标

· **知识目标**

(1) 理解广告主题、广告创意及广告表现的含义。

(2) 掌握广告创意的过程及方法。

(3) 了解广告大师的创意观。

(4) 了解广告表现的类型。

· **能力目标**

(1) 具有熟练按照工作流程有条不紊地进行广告创意的能力。

(2) 具有以广告创意的过程与方法为基础,灵活采用广告创意的方法进行广告创意的能力。

## 驱动任务

### 任务内容

阅读下面材料,完成相应的任务。

1998冒出来的“黑马”农夫山泉,一跃成为市场老三取代了康师傅纯净水的位置,被台湾《广告》杂志惊呼为红色震撼(农夫山泉包装为红色)。农夫山泉广告是怎么样的呢?

一是口感的概念,即有点甜,口感是水质最有力、最直接的感官证明。水的广告诉求于口感,农夫山泉是第一家,也是唯一的一家。“农夫山泉有点甜”的广告语取得了一定的成功。“有点甜”被大家所熟知,几乎成了农夫山泉的代名词。

二是包装的概念,即“运动装”。农夫山泉拥有高品质的“运动瓶”,而且第一个有意识地将瓶盖的声音(电视广告“课堂篇”中表现为“上课的时候不要发出这种声音”即拉开瓶盖“卟”的一声)作为大卖点推出,以至于人们以为“运动瓶盖”是农夫山泉的专利。电视广告“课堂篇”推出仅数月,就掀起了“农夫山泉”的旋风,尤其是模仿力强的中小学生们,几乎是人手一瓶了。

三是“天然水”及其水源的概念。水源是水质的根本保障。全国一级水资源保护区千岛湖是农夫山泉得天独厚、独一无二的资源优势。“有点甜”的支撑点是什么？就是水资源，是源自“千岛湖的源头活水”。以千岛湖水资源为支撑的农夫山泉，符合现代人崇高的绿色环保潮流。比之纯净水，保留了水中人体所需的矿物质和微量元素；比之矿泉水，水中的矿物质、微量元素更均衡。

**任务**：分析农夫山泉的成功之道；探讨广告主题和广告创意对广告效果的影响。

**任务要求**：在老师指导下，分组展开讨论分析。

## 案例引读

2006年底，在第十七届亚太地区广告节上，所有评委一致评定，由广州火之鸟广告公司选送的“金霸王”电池海报“长命电池篇”获得广告奖金奖，这是中国唯一获得金奖的平面广告（见图4.1），是广告行业在亚太地区设置的最高荣誉奖项。

> 该案例说明要创作出优秀的广告，首先应深入分析市场，研究竞争品牌，找出产品的核心卖点，确定广告策略，突破思维定式，以艺术化的完美表现来成就经典的创意。

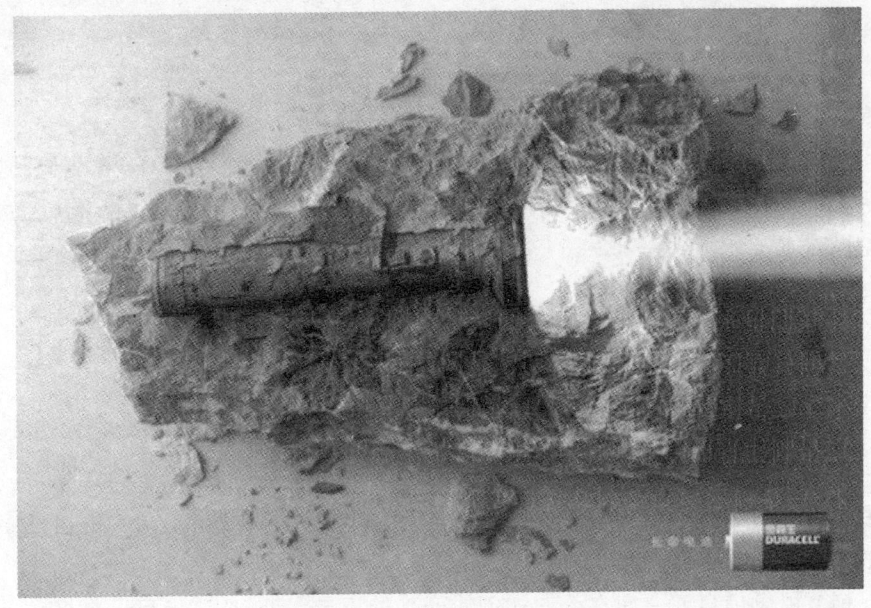


图4.1 “金霸王”长命电池海报

该广告通过超越时空的表现手法，诉求了“金霸王”电池历经千万年的岁月蹉跎后，仍能保持强劲的电力。广告画面震撼人心，不仅让人感受到了产品的电能持久与强劲电量，而且使广告受众产生了跨越时空的心灵震撼，同时，以此展现了“金霸王”电池强大的产品生命力与优良品质，以及用时间和历史沉淀出来的良好品牌形象。

主题语：“长命电池”与画面呼应，震撼、准确、清晰地道出了消费者内心深处的期望。

# 第一节 广告主题

## 一、广告主题的概念

**广告主题**是广告所要表达的中心思想，也就是广告为达到某项目的所要说明和所要传播的基本观念。

策划广告和做文章一样，必须有一个主题思想，或称为“中心思想”。广告的主题贯穿于广告之中，使组成广告的各种要素有机地组成一部完整的广告作品。

### 相关案例链接

正确理解广告主题在广告活动中的作用。

1995年，康力彩电策划了一个广告征集活动，以“不做总统，就做广告人”为标题，以98万元大奖征集广告用语。结果，公司却找不到一个令人满意的主题构想。这一年，该公司在电视上先后推出了三个广告。第一个以“大‘视’所趋”为标题。第二个以家庭生活场面为情境，突出一首广告歌，内容集中了款式新、超重低音、大屏幕等产品特点。第三个则以歌星李春波为主角，以“谢谢你给我的爱”为中心内容。然而，这三个广告的主题选择不是模糊、不够明确，就是平淡、流于一般。直到最后，“航天神箭，康力彩电”这个广告创意才让企业找到康力产品有特色和有说服力的广告主题。

确定广告主题，其实就是要确定广告说什么，乍看起来，一句话就能概括，是一件轻而易举的事情。但在广告的实际创作中，却是一件十分困难的事情。广告“说什么”的难度可见一斑。

## 二、广告主题的构成要素

1. 广告目标要素

广告目标是根据企业的营销决策和广告决策而确定下来的，它是广告主题的出发点。离开了广告目标，广告主题就会无的放矢、不讲效果。在广告目标中表现的主题不外乎以下3种：

(1) 提供信息。一般在企业初创或产品处于导入期时，广告目标是提高企业或产品的名声，其广告主题是提供信息——让消费者对产品的性能、品质和特点有所认识，才能对产品产生某种需求。

(2) 说服购买。产品处于成长或成熟阶段时，市场竞争比较激烈，企业多采用说服性广告。这时的广告主题是显示品牌的特征，突出自己的优越性。

(3) 提醒购买。对于成熟期的产品，广告应突出的主题是提醒购买，以维持或扩大产品销量，延缓产品衰退，同时起到强化作用。

2. 信息个性要素

这是指广告内容所宣传的企业商品、劳务和观念要有鲜明的个性，即要与其他的企业、商品、劳务和观念明显地区别，突出自己的特点。

信息个性也可称为销售重点(Sale Point),信息个性是广告主题的基础和依据,没有信息个性,广告主题就会空洞贫乏,没有特色。

3. 消费心理要素

广告目标和信息个性,要符合消费者某一方面的心理需要,也就是要考虑消费心理。广告的目的应是使消费者产生共鸣,这种引起共鸣的力量来自融合于广告主题中的心理因素。这种心理因素融合得越巧妙、越合理,广告共鸣的效果也越强烈。如果广告主题失去了消费心理基础,广告也就不会有任何效果。

广告主题=广告目标+信息个性+消费心理,任何一个成功的广告主题,都是这三要素的和谐统一。广告目标是广告主题的基础和依据,离开广告目标,广告主题就变成随波逐流的小舟;信息个性是广告主题针对特定消费者的条件,离开信息个性,广告主题就会千篇一律;消费心理是广告主题的活力所在,离开消费心理,广告主题就变成枯燥乏味的说教。

## 三、广告主题策划

企业应在明确广告目标和广告战略的基础上,认真分析主题的构成因素,精心设计最恰当的广告主题。

### (一) 广告主题设计的要求

1. 诉求明确

广告主题设计首先要考虑的问题就是这个广告要说明什么,广告主题设计一定要反映出较明确、直观的广告诉求,通过明确的诉求激发消费者的购买动机。

### 相关案例链接

对于同一产品,消费者会有不同的关心点。汤·狄龙曾在《怎样创作广告》中,谈到消费者对纸巾的关注点:"某些人会对纸巾的持久韧性最关心,有些人会对吸水能力更加关切,有些人会关心柔韧度,某些人又会对装饰方面给予更多斟酌,某些人可能坚信价格比任何其他特性更为重要。"这些关心点都可以作为广告主题的立意点。

例如,"奖金"牌纸巾广告目标是那些关心吸水能力的观众。广告片中,一名十字街头的警卫人员意外地洒了一些液体,然后一个女侍者展示了"奖金"牌纸巾在吸取液体能力方面胜过其他同类著名品牌的特点。

而"克林耐"纸巾则对那些关心装饰价值的消费者,用音乐及具有吸引力的视觉设计传达出:"克林耐纸手巾——有最辉煌的金色、最鲜明的绿色与最愉快的黄色。"

"泰莉"纸巾是第一种含有纸筋的纸手巾,因而其广告主题强调纸巾的强韧性。在广告中,演员用一张"泰莉"纸巾包上一块冰块,再迅速地把冰块敲碎,而纸手巾并没有受到任何损伤。

2. 重点突出

企业与商品的信息有很多，广告的主题不可能将所有的主题都包括进去，而应该传达最重要、最关键的信息。

例如，著名广告大师奥格威在为著名的“劳斯莱斯”汽车所做的广告中，用了719个英文字，从19个方面详细列举了“劳斯莱斯”汽车各方面的特性，从而充分表达了“精工制造”这一广告主题，取得了巨大的成功。

3. 信息丰富

在宣传重点突出的前提下，广告主题还要尽可能地使信息丰富，特别是广告的目的、对消费者的好处及对消费者的承诺应该在广告中体现出来。

在日本，一般工薪阶层很少有在家用早餐的习惯。日本电通广告公司却从无需求中看到了巨大的潜在价值。为唤起对家用早餐的潜在需求，电通为“玛琪汤”(一种不费烹调时间的速成汤)创造了一个有名的以“早安！玛琪”为主题的广告活动。广告利用工薪族上班时往往不得已空着肚子的常态，以父母、太太为这种不健康的生活习惯而替他们担忧和操心的情况为核心，展开广告主题，获得了较大成功。

### (二) 广告主题的类型

从广告主题设计所侧重的不同角度，可以将广告主题分为如下几个类型：

1. 以产品或服务为主题

广告的中心内容是讲产品和服务的优势、特点。例如，“大宝”日霜、晚霜广告中，通过不同身份的消费者(教师、女工、京剧演员、摄影记者)对产品使用的评价，烘托了“大宝”产品“物美价廉”这个广告主题。

2. 以企业或产品的历史、现状、规模为主题

该类主题主要是以企业的悠久历史作为创意的起点来提高产品的威望。如英国布莱维尔书店的门前挂有这样一则广告牌：“朋友，当您信步布莱维尔书店的时候，请您放心，不会有任何人打扰您的阅读，我们的店员只有在您需要的时候才为您服务，您不招呼，他们决不打扰。无论您是购书还是阅读，我们都欢迎，这就是布莱维尔书店一百多年的传统。”

试列举哪些广告以技术或实力为主题?

3. 以技术或实力为主题

广告主题体现出企业所采用的高新技术及企业雄厚的经济实力，在消费者中树立起一种质量可靠、品质优良的形象。

4. 以销售状况及信息反馈为主题

广告将销售的空前盛况以及消费者的积极反映体现在广告中。如：“燕舞收录机，全国销量第一”。

5. 以情感诉求为主题

广告中不对产品的本身做介绍，只注意对消费者进行情感诉求引导，以唤起消费者的共鸣。

相关案例链接

美国露华浓公司曾推出一新款女用香水，产品上市一年就成为全美销量第一的产品。其中最重要的原因是香水的主题观念契合了当时西方女性的自我形象、心态和生活方式，引起了广大女性消费者的共鸣。这种香水用一男性名命名——"查里"。广告塑造了一个独立自主的男性化女性形象。广告中查里是一个年轻好动、有魄力、有朝气、善于交际的活跃分子，她自主独立、乐于冒险、事业心强。她不拘礼节、不矫揉造作，昂首走在大街上，独来独往，轻巧熟练地驾驶着华丽的轿车，有时她竟然成为男士的保护者。广告语说："她非常查里"。"查里"香水，在女权运动的社会环境中，适应了当时女性追求新的观念和生活方式的心态，成为女性摆脱男权束缚，追求独立自主的象征，因此，受到女性的青睐。

## 第二节 广告创意概述

传说在古代有这样一种神奇的仙术，只要念起口诀，手指所指之处都会变成黄灿灿的金子。很多人因此遍访深山老林和海岛，希望能遇见会此种仙术的仙人，以求学个一招半式。传说归传说，人们并没有找到所谓的点石成金术，发财梦也没有实现。但真实的生活里，却有另一种同样奇妙的点石成金术——它就是广告创意！

相关知识链接

有人夸张地说，如今的人们生活在由空气、水和广告所组成的世界里。每时每刻，我们都被各种各样的广告包围。打开电视机，电视节目刚演了没几分钟，"休息片刻，广告之后马上回来"的标语总是出其不意地冒出来；打开收音机，"××音乐时间"、"××为您报时"、"××提醒您注意交通路况"等广告无孔不入；随便翻翻报纸，彩色、套红、黑白的广告所占的版面越来越多；五彩斑斓的网页上，横幅广告、间隙广告、电邮广告等让人应接不暇；连门上的信箱里，也常有直邮广告；上班途经的每一个繁华路段总少不了户外广告；就连公共厕所的垃圾桶上都做起了广告。广告真的是无处不在。

广告创意就是广告的灵魂，正确理解广告创意的内涵并运用，对广告人员尤为重要。

有一个问题是，面对这么多的广告，你有印象的有多少？你理解的有多少？你记得的有多少？你喜欢的又有多少？统计数据的回答是，以电视广告为例，一般居民每人最多只收看3%的广告，看后能留下一点印象的只占1%，能在24小时内被记住的只占0.05%。数据是残酷的，要怎样才能让人们注意、理解、记忆、认可和喜爱斥巨资制作的广告呢？点金术——广告创意可以帮忙。

### 一、广告创意的含义

#### (一) 创意

"创意"一词的词源意义，就是创造意外、别出心裁、独创一格。"创意"的英文表达主要有以下几种：

(1) Creative，原意为“创造性的、有创造能力的”，现今被引申为“创意”。

(2) Creativity，原意为“创造力”，有时也被译为“创意”。

(3) Idea，原意为“思想、概念、主张”等，有时也被译为“创意”。

## (二) 广告创意

闻名全球的DDB广告公司的董事长威廉·伯恩巴克曾说，创意是广告的灵魂，是将广告赋予精神和生命的活力。

广告大师奥格威认为，好的点子即是创意，他说：“要吸引消费者的注意力，同时让他们来买你的产品，非要有好的点子不可，除非你的广告有好的点子，不然它就像快被黑夜吞噬的船只。”

尽管不同的专家对广告创意的理解有不同的表达，但它们大多可被总结为以下表述：

**广告创意**是广告在广告创意策略指导下，围绕最重要的产品销售信息，凭借直觉力和技能，利用所获取的各种创造元素进行筛选、组合、转化并加以原创性表现的过程。

1. 广告创意的功能在于全面表现广告主题

广告策划中要选择确定广告主题，广告创意必须紧紧围绕和全力表现广告主题。选择了广告主题后，就应该考虑如何表现和传达它的思想。有了很好的广告主题，但没有表现广告主题的很好创意，该广告就难以引人入胜。

## 相关案例链接

辨析广告主题和广告创意之间的关系。

广告主题与广告创意有着难以分割的密切关系。台新银行的广告活动就体现了这一点。台新银行是台湾省近几年发展起来的新银行。过去台新银行发行的信用卡效果都不理想。台湾黄禾广告公司为银行的信用卡推广做了系列的活动，从此改变了原先的不利形势。在深入调查消费者后，新的信用卡以年龄在20～30岁的职业女性为目标对象，定位为女性专用卡——“最女人的卡”，并取名为“玫瑰卡”，因为玫瑰深为女性所喜爱。

针对目标消费群的特征，广告活动的第一阶段开始了。第一个报纸广告的创意是这样的：“这样的女人在你我四周。喜欢煮咖啡，不喜欢煮饭。工作全力以赴，表现一流。男人开始习惯。渴望有女强人般的成就，又渴望小女人般的受宠。爱冒险，会赚钱，也会花钱，高兴就好。有自己的生活主张，也有自己的消费主张，有属于自己的女人的信用卡——台新银行玫瑰卡。”广告与众多女性消费者产生了共鸣。在短短一周内，有28 000人前来申请办卡。销售业绩证明，玫瑰卡的策略正确。接下来的每一则广告都在其阶段主题“玫瑰卡——专属女人的信用卡”之下进行不同的创意，文案写得尤为精彩：“裙子越来越短，裙子越来越紧，吃冰淇淋的爱好却始终不变。感情不一定有着落，对将来家里面家具的摆设倒是很有心得。自由的生活永远娇艳。完全私密的空间与时间，褪去所有的衣裳，慢慢地梳理早秋的心情。”很多女人看了之后，都会在心里说：那就是我！真的是这样。

活动的第二阶段推出了“认真的女人最美丽”这一广告口号，连续三年获得《动脑》杂志的最佳金句奖，在1999年被评为永恒金句。在“认真”的主题下，公司在三年中每年拍一部广告片，讲述一个认真女人的故事，并肯定她、歌颂她。广告语为“认真，是一种执著，一种美丽。你是不是和她一样，不只是认真地工作，更懂得珍惜自己。我们发现，认真的女人最美丽。就像玫瑰，每一朵，都有它独特的美丽气质”。

前期的广告活动目的在于鼓励人们申请办卡，当玫瑰卡发行量达到20万张时，广告的目的变为鼓励人们消费刷卡。当玫瑰卡发行突破100万张，成为全台湾发行量第二信用卡时，“认真”的口号已经成为玫瑰卡和台新银行的代名词了。

2. 广告创意的手法是一种艺术构思

一般化、简单化的构思也能表现广告主题，但一定算不上是真正的广告创意。广告创意要创造出一种意境，使广告内容与广告形式达到完美的统一。

此类广告虽然主题明确，但又有多少创意可言呢？

如某啤酒广告——电视画面上一支黑洞洞的枪口对着观众，突然枪声大作，画面定格：“×××啤酒”五个以血渍喷成的大字，画外音“×××啤酒是你真正的朋友！”很显然，这一广告方案是一个拙劣的案例。

我们再来看一个成功的广告创意(见图4.2)

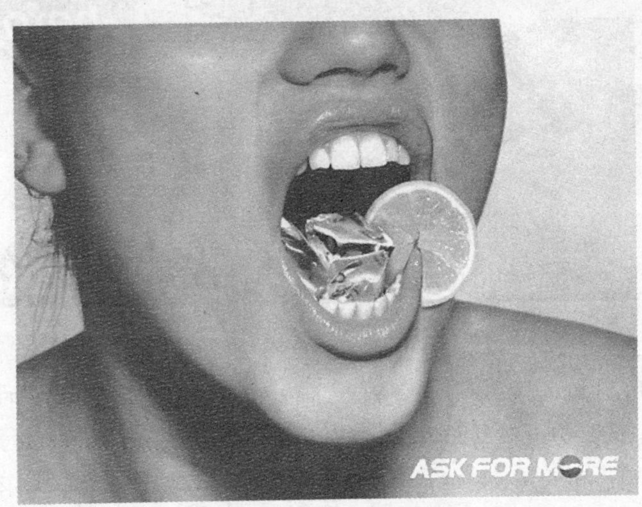


图4.2 ASK FOR MOER

**分析**：“渴望无限”是百事可乐的品牌理念，是“百事”所带给年轻人感性的诉求。整个画面中没有出现“百事可乐”字样，但右下角“ASK FOR MORE”的广告语与百事“渴望无限”的品牌口号交相辉映，使人一目了然，无需多言就知道此广告的主题了。

广告中的模特儿，口中含了冰块，并配有橙片装饰，张大的嘴巴向人无声地发出了“给我百事可乐”的要求，此时无声胜有声，这种含着冰块的感受是受众的多次体验，因而十分容易被理解。

这一画面可以理解为人们迫不及待地想畅饮“百事可乐”，这种急切的渴望连将可乐装入杯中再品味的、一丝时间都等不及的“渴望无限”的心情，把“喝‘百事’你就能充满刺激和震颤”的全新感觉传达了出来；抑或看做是当下青年人不羁个性的写照——年轻有活力、特立独行和自我张扬的新新人类，他们不受约束，把冰块放在口中，更方便直接体验“百事”的激情。

3. 广告创意为广告制作提供了前提

广告制作是把广告创意构思出的广告主题的意境利用艺术手段生动形象地体现出来。广告作品是广告内容与广告形式的有机结合，是广告创意的具体体现。没有广告创意就谈不上广告制作，而广告创意也需要通过广告制作来具体表现。

让我们再来看一个成功的平面广告的创意(见图 4.3)。

图 4.3 剃须刀广告

**分析**：众所周知，吉列公司是美国一家绝对称得上是“老字号”的剃须刀生产厂家，创立于 1901 年。在创始人金・吉列的领导下，该公司茁壮成长，到了 1962 年，吉列剃须刀片在美国市场的占有率达到 90%。在当今世界上，有 10 亿人在使用吉列的产品，每两个男人就有一个是吉列公司的顾客。

正是这样一家在国际上有着举足轻重地位的保险剃刀公司，于 1998 年推出了第一款三刀片合一的剃须刀，那就是吉列风速 3，它的领先技术立刻被消费者所认可，并迅速成为全球剃须刀片市场的销售领头羊。

然而，市场竞争是激烈的，即使拥有“吉列”这个老字号的招牌，吉列公司也不能避开同类产品尤其是电动剃须刀的强烈冲击。虽然大多数消费者对手动剃须刀的好感优于电动剃须刀，但电动剃须的便捷性又是他们所不愿割舍的。飞利浦、松下等电动剃须品牌都对吉列构成了巨大的威胁。在如此市场形势下，吉列剃须刀把自己定位在舒适安全上，一如吉列公司的响亮口号："The best a man can get!"

这则广告是吉列风速3在推出6年后的一则。蓝色的背景，让人联想到大海的宁静又波涛汹涌，就是这种矛盾的特性，显示出吉列风速3剃须刀的舒适以及其所具有的阳刚之气。左上角的品牌名称和品牌特点，左下角的剃须刀造型，简洁明了，让消费者看到广告就能对其功能和特性知晓，可谓一目了然。右半边的创意就称得上经典了，相信看过的人都会欣然一笑。2003年12月13日，一条爆炸性的消息一时间传得人尽皆知——伊战后消失了好几个月的萨达姆终于被美军逮捕了。第二天，萨达姆被捕时的照片便被披露出来，以前风光无限的他此刻只能用"人模鬼样"来形容了，胡子一大把，还乱七八糟的，世界上最邋遢颓废的造型也不过如此。再看看位于其下方的帕瓦罗蒂，"人模人样"是不足以用来形容他的帅气的。如此鲜明的对比，不就是吉列风速3所能带给它的消费者的吗？

## 二、广告创意的真义

广告创意的真义何在？具体来说，广告创意具有三方面的真意：

1. 广告创意是赋予广告以"精神及生命"的创造性思维

独创性是广告创意的本质属性，是广告创意的"精神及生命"。广告创意是一种别出心裁、发人之所未发的新点子。要使观众在一瞬间发生惊叹，立即明白商品的优点，而且永不忘记，这就是创意的真正效果。

2. 广告创意是广告的促销因子

广告创意必须与广告目标和营销目标相结合，以消费者为出发点和落脚点。好的创意应该是把消费者的注意力"引向产品"，甚至不引起受众注意就把产品卖掉了。广告创意应在"一瞬间"让消费者立即明白商品的优点，而不是广告的优点。

3. 广告创意实际上是对旧要素进行新组合

好的广告创意并不是要"在消费者不需要的地方创造出需要来"，而是帮助消费者发现已经存在的需要和利益点。好的创意往往能以简洁、质朴的意境，合乎受众的社会文化"情理"，达到一种"一语天然万古新、豪华落尽见真淳"的效果。

有一则小故事，说的是美国麦迪逊广告大道上，一位广告人早上跑步，看到行乞者面前放着一个牌子上写"我是瞎子(I'm blind)"，但他发现讨到的钱很少，就在牌子上加了一句话，把它改为"春天来了，我是瞎子"(It's spring, I'm blind)，结果赢得了众多人的同情，于是钱数大增。这说明，广告创意并非是复杂莫测的事情。

> 正如被誉为美国广告杰出人物、自称以创意维生的詹姆斯·韦伯·杨所说：创意完全是把原来许多旧要素做成新的组合，在心智上养成寻求各事实之间联系的习惯，这是产生创意最重要的事情。

## 三、广告创意的特征

1. 构想单纯(单一性)

广告大师罗瑟·瑞夫斯曾讲过这样一个故事：老卡尔文很有耐心地坐在一座

新英格兰小教堂里，倾听一位牧师连续两个小时的布道。过后不久，朋友问他布道的内容是什么。“罪”，老卡尔文回答道。再问具体是什么，他就答不上来了。罗瑟·瑞夫斯说，这个故事印证了一个千锤百炼的原则：“消费者从一个广告里面只记得一件事——强烈的一项诉求或者强烈的一个概念。”这句箴言不但适用于广告创意，而且也是人类传播的一个原则。

广告创意的第一个特征就是单一性，即简洁明了地表现一个广告主题，这样才会使人过目不忘、印象深刻。在实际生活中也是这样，消费者每天面对成千上万的信息，他注意的可能仅一两则，甚至根本不加注意。要使广告主的信息穿过传播的层层障碍到达人们的记忆中，我们必须传播简单、真实的信息。

### 相关案例链接

世界广告大户可口可乐的广告也深谙单一性原则的道理，一贯坚持简单明了的创意方式。比如，它的一则平面广告以一堆绿油油的西瓜为画面的主体，堆在角落的一枚西瓜被破开了一个可乐瓶造型的缺口，从缺口处可以看见西瓜里红彤彤的瓜瓤。在广告中，西瓜的形象被转化成了可乐饮料解渴消暑的功效，而可乐的品质被西瓜的功效给予无声的诠释，产品的诉求一目了然。并且，瓜瓤的鲜红与果皮的绿油形成了鲜明的对比，色彩运用十分巧妙。

2. 表现方式构想新颖

> 请回忆自己所接触的广告，举例说明广告创意新颖性的表现。

对表现方式的构想，必须力求新颖，只有那种出人意料的、有趣的甚至是惊人的表现方式，才能给人以强烈的视觉冲击和听觉冲击，给人留下深刻的印象。即“人人心中有，个个笔下无”，“为人性癖耽佳句，语不惊人死不休”、“言前人所未言，发前人所未发”。独特新颖的创意能使广告从信息的汪洋大海中脱颖而出。

### 相关案例链接

加拿大坎泰一美国电话电报公司为手机推出的名为《抗议》的广告可谓独特之极。广告表现的是一名男子和一只猩猩坐在电影院里看惊险片时发生的故事。男子紧盯屏幕，一边看一边不停地吃爆米花。随着影片情节的发展，男子往嘴里送爆米花的速度加快，他咀嚼发出的声音回荡在空荡荡的影院里，显得十分刺耳。坐在他前排的猩猩只好无奈地摇摇头。虽然猩猩也在吃爆米花，但是它举止很优雅，没有一点杂音。男子依然我行我素，用吸管使劲地吸着可乐，旁若无人地把爆米花袋颠来倒去。而遵守秩序的猩猩痛苦地抱着头，难过极了。它实在忍无可忍，转过头去愤怒地盯着男子，想引起他的注意。男子却以为发生了什么意外事情，左顾右盼一番后发现猩猩看的是自己。于是，他很不耐烦地示意猩猩回头去看电影。就在这时，手机铃声突然大作。猩猩更加愤怒，龇牙咧嘴表示抗议，连电影里的演员也停止了表演，四处张望，寻找那部肇事的手机。男子连忙拿起手机接听，但他发现不是自己的手机在响，于是他忙大声地辩解：“不是我的!”接下来的15秒，镜头在男子、猩猩、电影放映员和影片里的演员之间不停地切换，表现他们对事件不同的反应：急于澄清真相的男子、愤怒的猩猩、好奇的放映员以及在屏幕里四处张望的演员。15秒的情节迟延增加了广告中悬念的神秘性和紧张度。

手机的铃声还在不依不饶地响个不停。找来找去，居然是猩猩的手机！猩猩不好意思地低下头去，用胳膊遮住了脸。这时字幕出现："现在谁都可以拥有一部手机了。"广告的结局太出人意料，连不会说话的猩猩也拿着手机！广告主试图用这一戏剧性的故事告诉大家，他们的服务太周到了，什么用户都能使用自如。这样的创意是不是独特得叫人拍案叫绝呢？

3. 广告形象构想确切

任何一则广告作品都要确立一种形象，不论是以文字为主、声音为主，还是以图像为主。广告必须借助一定的广告形象使创意的核心思想得到具体的表现和诠释。一方面，广告形象必须是确定的，容易让消费者识别，同时，使竞争者无法或不容易模仿；另一方面，广告形象又必须与其所传播的品牌特征相吻合。或者说，广告形象应该成为表现品牌个性的载体。

## 相关案例链接

第五届亚太广告节的获奖作品中有不少以形象生动见长。一则为某瘦身中心创作的平面广告"珍珠项链篇"，既没有展现美丽苗条的女性身体，也没有进行使用前后一肥一瘦的效果来对照，而是直接表现一则本来应该挂在脖子上的珍珠项链现在"戴"在了脚踝上，以一个简明的画面形象生动地暗示了产品的功效了得，使人们在想象中去品味广告的真意。

利用消费者的共鸣创作的广告绝佳案例是美国广告大师乔治·葛里宾为美国旅行者保险公司创作的保险广告，请搜集该广告并分析。

4. 情感效应构想自然

广告创意人员为了尽量接近消费者，使其广告创意扎根于人们的潜意识之中，溶入人们的灵魂，总是在进行其他努力的同时，极力想在感情上征服受众。优秀的广告创意，无一例外地避免使用硬性的或牵强附会的推销表现去劝说消费者，而是力图在亲切感人的气氛中含蓄地劝说消费者，使受众在欣喜愉快或激奋感动的情绪中自然而然地接受广告宣传。

## 相关案例链接

在第30届莫比广告获奖作品中，有这样一些广告，因为准确再现了真实生活的典型场景而感人至深。公益广告"我需要一杯饮料篇"的广告语是"家庭，难道不就是共度时光吗？"，故事的情节在一对父子之间展开。父亲刚睡下不久，就被儿子频繁的呼叫声吵醒。儿子一会儿说上厕所，一会儿又找不到玩具，还嚷嚷着要喝水。父亲彻底失去了耐心，当他再一次被儿子从床上叫起来的时候，忍不住生气地训斥了儿子，"你现在该睡觉了！还有什么事？！"儿子畏缩在床上，小声地对父亲说，“我爱你。”父亲意识到自己的态度过于粗暴，于是也温柔地回应：“如果你需要些什么，告诉我好了。我也爱你呀，小子。”这些可信的生活片段，让人们看过之后有些许的感动，因为广告里的事情也许就曾经在谁的身上发生过。

在国内，以此取得成功的广告活动也不在少数。20 世纪 90 年代初，胃药产品丽珠得乐的系列广告“其实，男人更需要关怀”便是一例。广告的主创人员经过市场调查后发现：在胃病患者中，男性比例高于女性，主要原因是男性多从事高强度劳动，而且社会往往在事业方面对男性的期望值偏高。当时的产品一般多以成功人士、帅男美女作为主角，与产品实际使用者有较大的心理差距。因此，广告以生活中的普通男性为诉求的对象，以“男人更需要关怀”为主题。几经考虑和修正之后，广告表现建筑工、养路工、司机和教师等人物的实际情况，走的是感性路线，寓理于情，感人至深。

诸多卓越的广告案例给我们许多启迪，它们证明广告创意的四大特点总是共生的。对某一则具体的广告作品来说，可能某些特性很明显，而其他特性不够明显，但就广告创意的规律而言，它们是互相联系、有机组合、共同发挥作用的。把握广告创意的特点，有助于我们更深刻地认识广告创意，也有助于我们提高构想广告创意的实际能力。

## 第三节　广告创意策略的发展

### 一、广告创意前的基本思考

广告创意要经过一个策略发展的过程。这个过程我们可以把它概括成以下几个步骤：

(1) 明确广告任务，确定广告主题。

(2) 了解营销原理，从传播的角度思考问题。

(3) 对需要做广告的产品或服务做充分的了解。

(4) 分析竞争对手的情况。

(5) 考虑消费者的反应。

(6) 考虑广告预算的多少。

广告创意人在创意之前必须考虑各种因素，尽量全面地掌握各方面的材料，做好充分的准备工作。

### 二、发展创意策略

当广告创意人做好了充分的思考与准备之后，就要进入发展创意策略的过程。这个过程往往被称为“说什么”的过程。我们也称之为广告创意的方法。无论采取什么创意方法，其目的都是相同的，即确认目标市场，明白地表达产品或服务能为消费者提供的最为重要的利益,并且把产品或服务能为消费者提供的最为重要的利益用简练和明白的一句话加以表述。

## 三、发展创意策略的格式

### (一) 制定发展创意策略的格式的原因

大多数广告公司在长期的实践中都创造出有自身特点的发展创意策略的程序或方法,有的还制定了相对固定的策略发展格式。这些格式可能看起来很死板,但为什么还要制定发展创意策略的格式呢？这主要因为：

(1) 一套相对稳定的发展创意策略的格式,能够为广告创意提供指导,发挥指南作用,使广告创意沿着正确的方向进行。

(2) 一套相对稳定的发展创意策略的格式,能够使参加广告创意的人员和相关人员在目标市场、销售信息等方面达成共识。

(3) 一套相对稳定的发展创意策略的格式,可以使广告创意人员以全面的观点看问题,同时保证广告信息是从消费者的角度出发,而不是从广告主的角度发展出来。

(4) 一套相对稳定的发展创意策略的格式,可以为广告活动的展开和控制提供蓝本,同时也有利于在实施过程中最迅速地对问题加以调整。

### (二) 发展创意策略的格式

1. 关键事实

在这一部分,广告创意人要从消费者的观点把一切有关产品、市场、竞争、用途等资料整理出来,加以系统的陈述。关键之处是要发现什么原因使消费者不购买本产品或选择本服务,或者发现是什么原因使消费者转换了品牌。

在这里,一定要确认广告可以解决的问题是什么,必须提取出一个也是唯一需要加以解决的问题,并且,这一问题应该以消费者的观点陈述,而不要从广告主想当然的立场出发。

> 迄今为止,所有优秀的广告案例都是起始于对目标市场消费者的深刻了解,只有从消费者的观点陈述,才能够实现双向的沟通。

## 相关案例链接

**速溶咖啡为何受冷遇**

速溶咖啡是美国20世纪四五十年代开发出的一种新饮料,其味道和营养价值与传统的豆制咖啡完全一样,但其具有传统豆制咖啡所难以匹敌的一大优点——方便。这种饮料配制简单,饮用方便,既不需花费过多的煮制时间,也不必为清洗咖啡器皿而费力气,只要用沸水一冲,即可饮用。两相比较,应该说,速溶咖啡一上市会很快取代传统的豆制咖啡。但事与愿违,尽管厂家对其又快又方便的特点大力宣传,购买者仍寥寥无几。

原因在哪呢？经过广告创意人员的调查分析,发现很多人在回答不喜欢速溶咖啡的原因时,都说“不喜欢它的味道”。实际上,速溶咖啡在味道上与豆制咖啡几乎没有任何区别。显然,这不是消费者不接受速溶咖啡的真正原因。

那么速溶咖啡受冷遇的真正原因是什么呢？广告创意人员又进行了深入细致的调查，后来发现速溶咖啡的广告一味强调速溶咖啡的饮用方便和节省时间等优点，使大多数家庭妇女产生了偏见——购买速溶咖啡的，是没有贤妻的可怜虫，或是生活无计划、邋遢的懒妻子。而当时美国的家庭主妇们都希望做一个勤劳的、会过日子的家庭主妇，而不愿被菲薄为一个懒惰的、不会过日子的家庭主妇，因而偏见阻碍了厂家的推销。

广告创意人员根据这种情况，决定改变广告主题。在广告宣传时，不再鼓吹速溶咖啡的省时省力，而着重表明速溶咖啡具备新鲜咖啡所具有的美味、芳香和质地醇厚等特点。其广告画面是：一杯美味咖啡，背后高高地堆着很大的褐色咖啡豆，并在速溶咖啡罐头上写着“100％真正咖啡”的字样，还有意增加了开启难度。

这样的策略，在一定程度上减轻了消费者在购买速溶咖啡所造成的心理压力，增大了速溶咖啡在感官上的吸引力，经过长时间的广告宣传，消费者的偏见慢慢消除了，速溶咖啡终于成了西方世界咖啡业中最受欢迎的饮料之一。

2. 首要的营销问题

在进行广告创意时，广告主题要与营销目标紧密结合，广告创意人要从营销的角度出发，以营销者的观点加以陈述。

3. 广告目的

广告目的就是将期望广告对目标消费者产生的影响作一个简明的描述。通常，广告目的是改变知名度、偏好度、信服度等传播方面的效果。比如，“在未来半年内提高南美香蕉在日本市场的知名度”就是一个广告目的。

4. 广告目标

广告目标是对广告目的的量化。比如，“在未来半年内使南美香蕉在日本市场的品牌知名度达到80％”。

5. 创意策略

(1) 确认目标市场。通过市场细分，将目标市场尽量定得完整、仔细。主要包括以下几项：

① 目标市场规模：描述一下目标市场大概有多少人。

② 地理特征和地域特征：需要描述目标消费者主要居住和长期活动于什么地方，越具体越好。比如哪个省，哪个市，还要说明这些地方的具体细节。

③ 目标市场的季节性差异：不同的季节会对消费产生不同的影响，有些产品的消费受季节影响很大。即使在同一个季节，各地的气候状况不同，目标市场也存在差异。

④ 人口统计学资料：包括年龄、性别、收入、婚姻状况和教育程度等。

⑤ 心理特征：包括气质、个性等因素的描述。

⑥ 媒介接触特点：可以通过列表把消费者所接触的媒介列出来，具体到媒介

的种类、电视广播的时段，甚至是具体的版面属性或节目。媒介接触的频次也是应该加以描述的因素。

⑦ 消费行为特点：要对消费者的行为特点尽可能做详细的描述。

(2) 定位。明确了目标市场，接下来就要对产品进行定位。确定本产品所要竞争的市场范围，以及确定本产品或本品牌的独特之处，才能为本产品或本品牌在市场和消费者心中找到属于自己的位置。

(3) 承诺。广告承诺往往是把产品或服务能为消费者提供的最为重要的利益用简练和明白的一句话加以表述。广告承诺应注意以下几点：

① 必须能够提供给消费者的利益或能够解决的问题。

② 所提供的利益或所解决的问题对于消费者来说必须是重要的，并且是潜在消费者所需求的。

③ 广告承诺必须和产品或品牌相融合。

④ 如果广告采用竞争策略，广告承诺一定要具有明确的竞争性。

## 第四节 几种经典的广告创意观

在广告界，有一些资深的广告大师，他们对整个广告界产生的影响意义深远，了解这些广告大师的概况以及这些广告大师在进行广告创意时所持的观点，分析这些广告大师的优秀广告作品，对每一个学习广告的人来说都会受益匪浅。

### 一、李奥·贝纳的固有刺激理论(内在戏剧性诉求法)

> "我们的基本观念之一，是每一商品中的所谓'与生俱来的戏剧性'，我们最重要的任务是把它发掘出来，并加以利用。"
> ——李奥·贝纳

李奥·贝纳(1892～1971年)，芝加哥学派的创始人和领袖，毕业于美国密执安大学新闻专业，当过小工，教过书，做过刊物编辑、广告经理。1935年，他创办了李奥·贝纳广告公司，当时公司只有一个客户。到1948年公司已挤身于全球十大广告公司之列。李奥·贝纳从事广告半个多世纪，他所代表的芝加哥学派在创意上的特点是：强调商品与生俱来的戏剧性。他对广告人的要求是"一个社会的调查人，从心理学研究人性的人，对人类的兴趣、情趣、感情、倾向、爱好和憎恶做各方面深入观察的人。"

1. 商品的戏剧性

**商品的戏剧性**，即商品恰好能满足人们某些欲望的特性，能够使人们产生兴趣的魔力。

2. 李奥·贝纳的创意观

(1) 成功广告的秘诀在于发掘产品本身内在的固有的刺激——即商品内在的戏剧性。

相关案例链接

**万宝路香烟的广告传奇**

李奥·贝纳所创作的"万宝路"香烟广告、"绿巨人乔利"罐装豌豆广告、"肉"

广告等范例从实践上为他的创意观作了最有力的注解,在过去几十年中经久不衰。尤其是他为万宝路推出的广告宣传战,成为以广告力量创建全球品牌的传奇范例。

万宝路香烟于1854年以一家小店起家,1908年正式以品牌"Marlboro"在美国注册登记。在万宝路创业早期,产品定位是面向女士的香烟,其广告语是"像5月天气一样温和",但销售不佳。第二次世界大战后,万宝路推出三个系列(简装、红色和白色过滤嘴),广告语改为"与你的嘴唇和指尖相配"。但销售仍然欠佳。1954年,莫里斯公司请李奥·贝纳为新的广告代理人,万宝路在美国市场的占有率从不足10%发展为世界销量第一。

李奥·贝纳经过周密的调查和分析之后,大胆地对其实行"变性手术",将原来定位的女性香烟重新定位为男子汉香烟,并在新的广告中把男性描绘成粗犷的形象。按照李奥·贝纳的创意,万宝路中的主角是美国西部牛仔,跨着一匹雄壮的骏马驰骋在辽阔的草原上。通过电视广告、平面广告等各种广告媒介,万宝路建立了自己的品牌个性:自由、野性、冒险。极具戏剧性的牛仔将万宝路香烟及其个性紧密交融,并深深植根于人们的心里。

(2) 要发现商品"与生俱来的戏剧性",关键是要深切地了解该商品,需要深刻地把握消费者的消费动机和欲望。

当有人问李奥·贝纳如何才能发掘商品的戏剧性,是否有可遵守的特殊方法时,他回答说,"如果说我真有一个的话,就是把我自己浸透在商品的知识中。我深信,我应该去对我要卖给他商品的人做极有深度的访问。我设法在我心中把他们是哪一类的人构成一幅图画——他们怎样使用这种商品,以及这种商品是什么——他们虽然常常不告诉你那么多的话,但要查出实际上启发他们购买某种东西、对哪一类事情发生兴趣的动机。"

万宝路的牛仔魔力,就是来自于它在情感上满足了人们渴望成为真正的男子汉的欲望。

(3) 广告创意人必须找到传达产品和服务的内在特点的最为准确的方式,而只有这种方式才可以使广告对消费者来说具有最大的戏剧性效果。

在一般情况下,根据产品和消费者的情况,要做到最准确,通常只有一个能够表示它的名词,只有一个动词可以使它动,只有一个形容词可以准确描述它。对于创意人员来说,一定要找到那个名词、那个动词以及那个形容词。

## 相关案例链接

### 月光下的收成

除了万宝路的广告以外,李奥·贝纳为"绿巨人"豌豆公司所作的罐装豌豆广告——"月光下的收成",也因为极具自然的戏剧性而成为体现他创意哲学的一个案例。在这则广告中,他不使用传统豌豆广告中常见的"新鲜罐装"等陈词滥调,也没有沿用公司原来的"豌豆在大地,善意满人间"之类的口号,而是以充满浪漫气息的标题“月光下的收成”和简洁自然的文字——无论日间或夜晚，“绿巨人”豌豆都在转瞬间选妥，风味绝佳，从产地至装罐不超过三个小时。——来展现产品优秀的品质

(4) 真诚、自然是表现商品“戏剧性”的主要途径。“受信任”、“使人感到温暖”是消费者接受广告的重要因素。

芝加哥学派的信条为：我们力求更为坦诚而不武断；我们力求热情而不感情用事。李奥·贝纳认为，戏剧性应该自然而然地表现出来，而不依靠投机取巧、刻意雕琢、牵强的联想等手段来实现。

## 二、罗瑟·瑞夫斯的独特销售说辞

罗瑟·瑞夫斯提出了 USP 理论(Unique Selling Propostion)，其意为“独特销售主张”。

罗瑟·瑞夫斯(1910～1984)是一位广告奇才，他以一种独特的理论当仁不让地成为广告界的领袖人物，至今仍对广告界产生巨大的深远影响。他毕业于维吉尼亚大学，最初担任报社记者，1934 年到纽约任广告公司文案人员，1940 年进入贝茨公司，1955 年成为该公司的董事长。他成功地用广告方式为艾森豪威尔竞选总统助了一臂之力，开创了广告为政治选举服务的先河。

罗瑟·瑞夫斯不仅是一位广告奇才，他还是诗人、短篇小说家、他的棋艺和广告才华一样非凡，他曾率美国代表团赴莫斯科对弈。

作为第一位美国杰出撰文家称号的得主、科学派的代表人物、美国创意革命的旗手之一，罗瑟·瑞夫斯的创意观在他的著作《广告实效》中得到集中阐述。在这本书中，罗瑟·瑞夫斯提出了“独特销售主张”的广告创意理念，包含 3 部分的内容：

(1) 每一个广告都必须对消费者提出一个主张。它不是光依赖文字，不只是对产品的吹嘘，也不只是巨幅的画面。每则广告一定要对每一个广告信息接受者说明：买这个商品，你将得到特殊的利益。

(2) 提出的这个销售说辞必须是竞争对手没有提出或无法提出的，并且无论在品牌方面还是承诺方面都要独具一格。

(3) 提出的销售说辞必须要有足够的力量吸引众多的消费者，也就是说，销售说辞应该有足够的力量为你的品牌招来新的消费者。

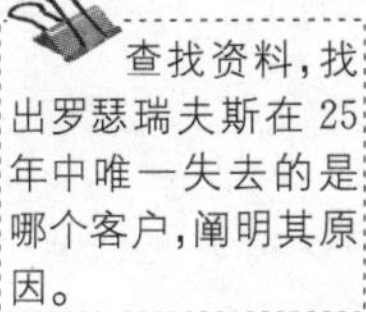

查找资料，找出罗瑟瑞夫斯在 25 年中唯一失去的是哪个客户，阐明其原因。

罗瑟·瑞夫斯依据他的 USP 理论，创造了广告史上的实效奇迹。他所作的一篇文案——“喧闹的安乃近”，可以使广告主毫不犹豫地投资 8400 万美元去刊播，并获得巨大且长期的市场效益。他创作的 M&M 巧克力糖果广告(M&M 巧克力是美国唯一一种用糖衣包裹的巧克力，罗瑟·瑞夫斯认为独特的销售说辞正在于此，在广告中，他把两只手摆在画面中，然后说：“哪只手有 M&M 巧克力呢？不是这只脏手，而是这只。因为 M&M 巧克力——只溶在口，不溶在手。”)，在几十年之后打入中国市场时仍以不变的广告诉求和标题实现了成功。

罗瑟·瑞夫斯的贝茨广告公司在 25 年中只失去了一个客户，而他的客户都是世界上一些又大又精明的公司，他用创造实效的成绩长期维系着与客户的关

系。他的USP理论是广告学的理论奠基，影响深远，迄今仍被全球广告人视为创意理论中的不败法则。

当代，许多广告都在自觉和不自觉中运用着USP理论。宝洁的产品广告就是这样的典范。海飞丝以“去屑”为诉求、飘柔以“柔顺”为诉求、潘婷则以“营养健康”为诉求，分别以各自的USP理论构筑了人们洗发基本需要的框架。三大品牌在我国国内洗发水市场多年来一直牢牢占据销售的榜单前几位。

## 相关案例链接

### 力士的广告特色

1996年和1997年以“力士效应”为销售主张的广告宣传战成功席卷欧洲后，伦敦BBH广告公司决心再接再厉，将力士推向更高的巅峰。为继续提升力士的男性化妆品品牌的市场占有率，力士确定了自己的广告特色：诱惑。通过一系列滑稽的广告，力士把自己定位为具有出神入化魔力的品牌，它能把怯懦的小男人变成女性眼中充满自信的英雄。

例如，在1996年播放的一则电视广告中，一个笨拙、口齿不清的家伙只喷了一下力士的香水就变成了魅力四射的大众情人。在1997年的广告中，一位垂头丧气的失败者在使用了力士之后，立即变成了女性心中的白马王子。1998年，广告讲述了一个平凡无奇的男子在喷洒了力士香水之后赤手屠龙，并博得了女人的欢心。到1999年，一系列电视广告短片产生，它们分别展现一个特定的镜头，“力士效应”的广告主题被大众所熟知。2000年，力士开展欧洲广告战，其中一则广告模仿德国传说“花衣吹笛手”，讲述男主人公应市长的要求赶走了全城的老鼠，但市长却背信弃义，不付酬金。主人公于是采取了报复的手段，他在身上喷洒力士香水，结果引走了全城的女人。

课程练习：请列举采用独特销售主张策略的广告。

不难发现，罗瑟·瑞夫斯的独特销售说辞和李奥·贝纳的固有刺激法有一个相似之处，即一开始把很大的重点落在产品上，先找到产品独有的特点，然后再以不同的方法去引起消费者的兴趣。

## 三、大卫·奥格威的品牌形象法

如今，几乎每一个广告人在他们刚涉足广告界时最先接触的广告人都是大卫·奥格威，几乎每一个人都是通过那本《一个广告人的自白》而窥见了广告的一斑，几乎每一个广告人都希望能成为甚至超过大卫·奥格威。1999年，在法国多佛古堡，这位被世人称作“广告教父”的老者的逝世令全世界的广告人都倍感遗憾。

1911年出生于英国的大卫·奥格威毕业于牛津大学，后到法国当见习厨师、推销员、农夫，参加过广告公司的工作，任业务经理。第二次世界大战期间，奥格威在英国情报机关任职。1947年，他在美国创办奥美广告公司，为后人留下相当多令人难忘的广告创意：哈撒威衬衫“戴眼罩的男人”、壳牌石油广告、西尔斯连锁零售店广告、运通信用卡、国际纸业公司、IBM、劳斯莱斯汽车广告等。奥格威本人被尊为美国广告创意革命的三大旗手之一、最伟大的广告撰稿人，他所领导的奥美广告公司也成为世界著名的跨国公司之一。

大卫·奥格威品牌形象论的要点有：

(1) 每一个广告都是对整个品牌的长程投资，任何产品的品牌形象都可以依靠广告建立起来，品牌形象是一个长期战略。

(2) 品牌形象并不是产品固有的，而是在消费者、产品的质量、价格、历史等外在因素的诱导、辅助下形成的。

(3) 形象指的是品牌的个性。最终决定品牌市场地位的是品牌总体上的性格，而不是产品之间微不足道的差异。个性鲜明的品牌形象，才能让目标消费者心动和采取购买行动。

(4) 根据品牌形象的理论，由于一个产品具有它的品牌形象，消费者所购买的是产品能够提供的物质利益和心理利益，而不是产品本身。

品牌形象理论提出后在广告界产生了巨大的影响，这就像一场广告观念的革命。引起巨大震动的原因是这种广告创意法把对产品品牌的长程投资放在首要地位。一旦以长程投资为目标，企业在有些时候就必须牺牲短期利润。

### 相关案例链接

奥格威为哈撒威衬衫创作的广告"戴眼罩的男人"是一系列十分成功的形象广告。尤为难得的是，哈撒威只用 3 万元的广告费与竞争对手 200 万美元的广告投入相抗衡。

搜集与哈撒威衬衫相关的广告信息。

施威普斯柠檬水的广告也是奥格威品牌形象理论的实践成果。施威普斯柠檬水是英国的著名饮料，为了在美国市场取得理想的销售业绩，奥格威从为其创作的第一则广告开始就用该公司的美国分部的负责人爱德华·华特海德作为形象代言人。广告的图案采用了华特海德下飞机的大照片，他戴着礼帽，穿着西式的大衣，扎着领带，留着胡子，手提公文箱和长柄伞——一个典型的英国绅士的打扮。华特海德先生的目光中透着诚实、严谨和自信，其身后的贵宾级专机和红色的地毯烘托出广告主的形象。照片下的标题是：施威普斯的人来到此地。其后的 18 年，华特海德先生一直充当施威普斯柠檬水的广告主人公。施威普斯的柠檬水在美国的销售量在广告活动开始 8 年后上升了 0.5%～0.7%。

## 四、威廉·伯恩巴克的实施过程重心法

1999 年美国的《广告时代》杂志历经数月的研究商讨，选出美国前 100 名广告人。他们认为对广告业最具影响力的人物中排名第一的是威廉·伯恩巴克(1911～1982 年)。威廉·伯恩巴克毕业于纽约州立大学英国文学系，在进入广告圈之前就以优美的文笔获得社会的好评。他曾任 Grey 广告公司创意总监，后与人合办 DDB 广告公司(世界十大广告公司之一)，1967 年任公司的董事长，后

又任执行主席。他的广告观不仅对 DDB 广告公司的广告风格产生了重大影响，而且形成了一种很具代表性的流派——“艺术派”。

## 小知识

### 威廉·伯恩巴克写给老板们的一封信

亲爱的老板们：

我们的广告公司在不断扩张，这当然值得高兴。但从另一个角度看，我又为此感到担心。真的，我很担心！

我担心我们的公司只追求扩张，而不追求尽善尽美；我担心我们只注重“表面化”的广告技巧，而忽略了创作“平实”、“言之有物”的广告，从此，大家固步自封，不再创造新的历史；我更担心有朝一日，我们的“创作动脉”会逐渐僵化……

我们的创作火花让我欣赏我们的广告公司，我们也因此更怕有朝一日失去创作之火。我们需要广告学者，不需要广告科学家，不需要亦步亦趋、照章办事的人。我们只要能出人意料、令人振奋的广告人……

要做得更好，就一定要建立独特的自我个性，建立自己的一套广告哲学，不再遵循别人的哲学来做事。

让我们另辟新路，向世人证明：独特的品质、卓越的艺术、非凡的撰稿手法，才是促销的好工具。

威廉·伯恩巴克

1947 年 5 月 15 日

威廉·伯恩巴克被视为“艺术派”的代表人物和旗手。“艺术派”创意观对直视思维和创造力倍加推崇，强调广告对目标受众心灵的沟通和冲击，让受众产生共鸣和认同。伯恩巴克提出他的基本观点：广告的本质是艺术而不是科学。伯恩巴克的格言是“‘怎么说’比‘说什么’更重要”，他的解释是“你没有吸引力使人来看你的这页广告，因此，不管你在广告中说了什么，都是在浪费金钱”。

伯恩巴克赞成这样的创意过程：将客户的产品与消费者联系起来，明确人类的品质与感情扮演怎样的角色，然后广告决定如何利用电视或平面形式向消费者传递信息并赢得他们。

伯恩巴克认为周密的创意过程离不开以下四点：

(1) 要尊重消费者。广告不能以居高临下的口吻与消费者交流，要找出最能满足消费者需要的利益点。一般来说，理性利益点与商品特性的相关点比较容易找出，而感性利益点的寻找就要广告人下力气了。

## 相关案例链接

### “统一”酸奶——酸奶甜甜的感觉

台湾统一食品的一则电视广告是这样诠释的：电话亭边，一个少女手中攥着一种揉皱了的纸片。她犹豫了片刻，终于鼓足勇气按纸片上的号码拨通了电话。电话里传出一个男生的声音："喂，你找谁？"女孩并不答话，只是紧张、专注地听着电话里的声音。直到电话出现忙音，她仍然紧紧握着话筒。当她转身离开时，脸上的笑容已表露出那种由衷的心满意足。广告中，暗恋，是一种酸酸甜甜的情感，酸奶，也是一种酸酸甜甜的食品。两者巧妙的结合，在"统一"酸奶与目标消费者之间连起了一条情感的红线。

突出广告创意的单一性的特征。

(2) 广告手法必须明确、简洁。广告必须要把告诉消费者的内容浓缩成单一的目的、单一的主题，否则广告就不具有创新性。

(3) 广告必须与众不同，必须有自己的个性和风格。伯恩巴克的"柠檬"就是一则充分发挥创造力的经典案例。在这则广告中，伯恩巴克不说"这是一辆诚实的车子"，而是突破常规地说"这是一辆不合格的车"。广告画面是一辆车和一个标题："柠檬"(Lemon，在美国的俚语中，这个词还有不合格、次品、冒牌货之意)，画面的布局简洁，却有着惊人的力量，与当时的广告相比，金龟车不自卖自夸，而是以诚实的态度对自己进行严格的要求——这辆车之所以不合格，是因为严格把关的质检员发现了车门某处有肉眼不易发觉的微伤。有如此细小问题的车都被厂家判为不合格，可见其"诚实"的程度了。因此，这则广告能够深入人心，打动消费者。

(4) 不要忽视幽默的力量。幽默可以有效地吸引人的注意力，使人得到一种收听、收看和阅读的补偿。平庸乏味的广告只会使人视而不见、听而不闻。神经学家说："当刺激信号没有变化时，脑细胞停止反射活动。只有当刺激信号变化时才能引起反射。而且这种变化越是出人意料，反射也就越强烈。"

## 相关案例链接

### 送葬车队

伯恩巴克创作的"送葬车队"就是这类代表作，正话反说，极尽幽默讽刺之能事。广告画面是一队豪华的送葬车队。每辆车上的乘客都是死者遗嘱中的收益人。旁白是死者的遗嘱："我，趁健在清醒时发布以下遗嘱——给我那花钱如流水的妻子留下100美元和一本日历；我的儿子把我的每一枚五分币都花在时髦车和放荡女人身上，我给他们留下50美元的5分币；我的生意合伙人的座右铭是：'花！花！花！'，我什么也'不给！不给！不给！'；我的其他朋友和亲属从未理解一美元的价值，我给他们留下一美元；最后是我的侄子，他常说，'省一分钱等于挣一分钱'，还说'买一辆大众车肯定很值'。我呀，把我所有的1000亿美元财产留给他。"人们说，这些广告就像金龟车一样古怪，但促销之强也强得古怪。

## 五、里斯和特劳特(屈特)的定位法

20世纪70年代，美国两位著名的营销专家里斯和特劳特在《广告时代》上发表了一系列的文章，介绍发展广告策略的定位法。其后，在他们的著作《定位：为你的心志而战》中集中提出了定位理论，从此为广告史揭开了新的一页，定位的策略成为现代营销活动中最普遍、最关键和最有效的策略之一。

里斯和特劳特认为：广告应该为竞争中的产品确立一个独特的位置。所谓的**定位**，就是利用广告为产品在消费者的心智中找到并确立一个位置。一旦定位成功，当消费者面临某一特定问题需要解决时，就会自动想到这个产品。

## 相关案例链接

### 定位理论的应用

定位理论的经典案例是七喜汽水“非可乐”的定位和艾维斯出租汽车公司的“我们是第二”的定位。前者使七喜汽水在可口可乐与百事可乐两分天下的饮料市场中异军突起，一度成为与两可乐并驾齐驱的三大饮料之一。后者使艾维斯出租汽车公司以弱胜强，迅速壮大。

另外一个有效运用定位理论取得成功的案例是Lee牌牛仔。Lee牌牛仔比牛仔市场的领导品牌李维斯晚了近40年进入市场，但是它迅速在市场中成长起来，跃居第二位。它的制胜法宝就是定位。Lee抓住牛仔市场中一个被长期忽略的细分市场——女性市场，对这个市场主体——25～44岁、家庭年收入在1.5～6万美元的女性消费者进行定性研究后发现，这个群体对牛仔服情有独钟，而她们最关心的利益就是“贴身”。大多数女性消费者需要的是在腰身和臀部都很合身而且活动自如的牛仔服，而她们在平均试穿16件牛仔裤后才会找到一件称心如意的。因此，Lee牌牛仔在产品设计上一改传统的直线裁剪而突出女性的身体曲线，迎合了女性的审美心理，增加了女性穿着时的美感和魅力，这在服装业历史上称得上是一次革命。印刷广告和电视广告则充分表现产品恰到好处的贴身和穿脱自如，先后以“最贴身的牛仔”、“最贴近你生活的牛仔”为广告口号，以感性的手法表达理性的诉求，开创了广告业的先河。

20世纪90年代，里斯和特劳特根据市场态势的变化，在定位理论的基础上进行了改进和补充，形成了新定位理论——新定位理论正确强调并深入挖掘了消费者的重要性，将以前的“消费者注意”的立场来了个大转变，扭转到了“请注意消费者”的新视角，帮助企业针对消费者新的思考模式制定新的对策，从而在新的市场条件下实现企业的营销目标。

## 相关案例链接

### 香港金融业的定位思想

香港金融业利用新定位思想指导它们的营销，因此在激烈的市场竞争中得以凸显各自的优势。

汇丰——定位于分行最多、全港最大的银行。这是以自我为中心，实力展示式的诉求。20世纪90年代以来,为拉近与顾客的情感距离,它改变了定位策略。新的定位立足于"患难与共,伴同成长",旨在与顾客建立同舟共济、共谋发展的亲密朋友关系。

恒生——定位于充满人情味的、服务态度最佳的银行。通过走感性路线赢得顾客的心。突出服务这一个卖点,也使它有别于其他银行。

渣打——定位于历史悠久的、安全可靠的英资银行。这一定位树立了渣打可信赖的"老大哥"形象,传达了让顾客放心的信息。

中国银行——定位于有强大后盾的中资银行。直接针对有民族情结、信赖中资的目标顾客群,同时暗示它能提供更多更新的服务。

廖创兴——定位在助你创业兴家的银行。以中小工商业为目标对象,为他们排忧解难,赢得事业的成功。香港中小工商业者有很大潜力的市场,廖创兴敏锐地洞察到这一点,并切准他们的心理:想出人头地,大展宏图。据此,廖创兴将自身定位在专为这一目标顾客群服务,给予他们在其他大银行和专业银行所不能得到的支持和帮助,从而牢牢地占有了这一市场。

## 六、詹姆斯·韦伯·扬的创意观

> 詹姆斯·韦伯·扬(1886～1973年)在小学六年级就辍学当了店员,22岁时成为一家书店的广告经理,26岁时进入广告公司当文案人员。1917年任智威汤逊广告公司纽约总公司副总经理。1928年起他在芝加哥大学商学院任教五年,担任广告和商业史课程的教授,并从事广告报酬制度的研究。1941年他重返智威汤逊广告公司,任公司的董事以及高级顾问。

在众多的广告大师中,有一个人扮演了广告巨匠与资深教师的双重角色,他对广告业的贡献不但表现为亲自完成的诸多广告案例,而且以著书立说和广告学教育的方式为后人留下了宝贵的财富。他将丰富的广告实践搬上学校的讲台,为培养年轻的广告人作出了积极不懈的努力。他去世一年后,获得"广告荣誉大奖"——广告界的最高荣誉。这位杰出的广告大师就是詹姆斯·韦伯·扬。

詹姆斯·韦伯·扬一生的著作颇多,其中最有影响的是两本——《产生创意的技巧》和《怎样成为广告人》。当美国的一位著名杂志社的部门经理上气不接下气地请求广告泰斗詹姆斯·韦伯·扬告诉他如何得到创意的时候,詹姆斯·韦伯·扬感到从没听过比这个更天真、更可笑的问题。他将创意的产生比喻为"魔岛浮现":在古代有关航海的传说里灵光乍现、令人捉摸不定的魔岛恰似广告人的创意。他强调,创意并非一瞬间的灵光闪现,而是如同魔岛的形成,靠广告人脑中各种知识和阅历的积累,透过一系列自我的心理过程来制造。魔岛的出现看似突然,但其实只是海中多年积累的珊瑚浮出水面而已。创意似乎在偶然间得到,但绝非从天而降或一日之功。

詹姆斯·韦伯·扬的创意过程论把创意的过程科学地划分为五个连续的步骤:

> 詹姆斯·韦伯·扬的五个阶段创意法,既是一种广告创意的观念也是一种广告创意的方法。

(1) 收集原始资料,包括解决眼前问题的资料和平时不断积累储存的一般知识资料。

(2) 用心智去仔细检查资料。他认为,在心智上养成寻求各个事实之间关系的习惯,所得的创意无论如何荒诞不经或残缺不全,都要把它们记下来,形成文字,有助于推进创意。不要过早地发生厌倦,至少要追求内心活力的第二波,继续努力去得到更多的想法，把它们都记在小卡片上。

(3) 深思熟虑，让许多重要的事物在有意识的心智之内去综合。

(4) 在休息和放松之后，实际产生创意。

(5) 发展、评估创意，使之能够实际应用。

## 第五节　广告创意的过程与方法

当发展了创意策略之后，你就知道了广告该“说什么”。但是广告怎样把要“说”的“说”出来呢？这就到了广告创意的核心过程，即“怎么说”。要实现“怎么说”，就必须运用自己的创造力进行构思。广告创意过程是一个复杂的脑力劳动过程，要想用一个模式来概括地描述这个过程相当困难。

如果我们把广告人比做在思维的舞台上翩翩起舞的舞者，那么，他们的创意活动就是不折不扣的“戴着枷锁跳舞”了。那些“枷锁”，无疑是创意时应该遵从的规则和方法。但这些“枷锁”是束缚也是工具。它们一方面规定了广告人的工作方向——为促进销售服务，规定了广告人的任务——不仅要取悦客户，更要取悦消费者，使广告人的创意不能像艺术家一样任思维天马行空；另一方面，它们能促使广告人按一定的思维去思考、寻找、完善，在挖空心思、绞尽脑汁、冥思苦想中动用各种方法和技巧实现灵感的迸发。

### 相关案例链接

**联通“130”的广告创意**

1998年，中国联通在广东地区推广130业务的平面广告获得当年《广州日报》广告奖。广告的创意过程也算得上曲折艰苦。因为网络是看不见的，网络的作用通过通讯设备如手机来发挥，但任何一种品牌的手机又都不能代替网络，面对这种看不见、摸不着的130数字通讯网，创意人员一直找不到有力的表现。在百思不得其解的关键时候，创意总监说话了，就用1、3、0三个数字做文章吧。有了这个突破口，美术指导很快勾勒出1、3、0三个数字组成的抽象形态的“手机”。于是，网络不再是抽象的概念，而有了载体，它既以手机的形式出现，又区别于具体的手机。这个创意在客户那里得到了初步的肯定。巧合的是，当时正值世界杯期间，球星罗纳尔多以一记点球射入了比赛的第130个进球。创意人员的灵感迸发出来，第二天就做稿，广告语是“你说慢点，第130个球是谁进的?”。平面广告以130服务“夜间话费0.3元/分钟”为卖点，向球迷用户进行了大力的宣传。第三天，广告在广东各大报纸刊登之后，联通公司该业务的咨询电话立刻火爆起来。

奥格威认为：“要吸引消费者的注意力，同时让他们来买你的产品，非要有很好的点子不可。”因此，广告创意的过程，就是在广告策略的引导下想出各种具有独创性“好点子”的过程。

在实践中，像这些痛并快乐着的创意经历举不胜举。以科学的态度来看，广告创意是一项非常复杂的智力活动。创意并非一刹那的灵光闪现，而是靠广告人的各种知识和阅历累积而成，是一连串自我的心理过程所制造出来的。作为一种复杂的思维过程，它受到多种因素的制约和影响，是广告人所必须详细了解和把握的。了解和掌握优秀的广告创意过程和方法，有助于我们在创意的过程中少走弯路。

## 一、广告创意的核心过程

### (一) 收集资料

1. 特定资料

(1) 产品的消费对象(目标消费群)——年龄、性别和文化层次等。

(2) 产品的个性内涵——产品的一切信息(档次、原料、成分、产地、用途、色彩、外观、商标图形、包装、知名度及历史上是否获得荣誉等)。

(3) 产品的文化意味——产品能够为人们精神生活带来的利益。

2. 一般资料

一般资料主要指宏观市场、目标市场及社会环境的一切要素。

### (二) 诉求点的确立和定位点的选择

奥格威曾经说过:“真正决定消费者购买或不购买的是你的广告内容，而不是它的形式。你最重要的工作是决定你怎样来说明产品，你承诺些什么好处。”因此，找到正确的诉求点至关重要。

1. 诉求点的寻找

奥格威曾为一种面霜做广告策划。他在仔细研究了产品以后，开出这样一张诉求的清单:

(1) 洁净力可深入毛孔。

(2) 防干燥。

(3) 最完美的美容剂。

(4) 皮肤科医生推荐。

(5) 使皮肤变嫩。

(6) 防止面部粉层块断裂。

(7) 含有雌性荷尔蒙。

(8) 不含任何杂质。

(9) 防止皮肤衰老。

(10) 除皱。

这一系列诉求点都是有效的承诺，然而，应当只有一两个最主要的诉求点才代表最重要的承诺，它代表着产品的形象。这一两个主要诉求点的甄选，就是定位点确立。

2. 定位点的选择

在定位点的选择中，目标消费心理首先成为重要的选择标准。

例如，前述面霜的定位点，奥格威就决定让消费者自己去选择。他让消费者看不同承诺的卡片，请他们选择最可能促使他们购买某种产品的承诺，结果“洁净力可深入毛孔”成为消费者的第一选择，从而确定为定位点。于是，奥格威把这种面霜命名为“深洁面霜”。经过广告传播以后，该面霜很快就成为受欢迎的化妆品。

确立定位点的另一个重要准则是目标市场的状况，尤其是竞争对手的状况。

相关案例链接

**纽泽西联合银行定位点的选择**

纽泽西联合银行具有如下特点：在当地银行中排行第三，规模一般，没有悠久的历史可以炫耀；地理位置较好；办事效率较高；使用电子设备；员工训练有素；对顾客尽心尽力。

创意者细致研究了纽泽西联合银行的特点，并分析了当地金融市场的宏观情况，把它同其他银行进行了比较，发现该银行在历史、规模、设施、人员素质等方面都没有显著的优势，相反还处在落后状态。但是创意者发现，当地大银行有着唯一的缺点，就是反应较缓慢，“大有大的难处”。于是，他们就为纽泽西联合银行定下了“办事迅速的银行”的定位点，并以此为主体形象开展广告攻势。结果，在计划执行一年后，纽泽西联合银行宣布收入达3000万美元，比前一年增加了26%。

### （三）艺术化过程

定位点只是为创意提供了原始素材，只有经过艺术化的处理过程以后，广告才会更集中、更激烈、更生动，从而更有效地吸引受众，激发受众的欲望与兴趣，并增强受众的心理印象。

1. 什么是艺术化

艺术化的主要形式，就是为广告定位寻找一个合适而有效的载体。

相关案例链接

**飞利浦电灯泡台湾地区广告案**

飞利浦电灯泡在台湾市场推广时，台湾本地有两个照明产品的大品牌，一个是“旭光”，一个是“东亚”。这两大品牌占了市场量的90%以上，飞利浦的电灯泡在台湾的市场上，档次比较高，同类型的灯泡，旭光和东亚卖10块钱，飞利浦就要卖到12～15块，贵了两到三成。所以，飞利浦要用价格战打开台湾市场是很不容易的。

最后，创意人员决定用飞利浦电灯泡来带动整个照明系列产品，广告的定位点已经有了，用“电灯泡”作为广告诉求的一个产品，把飞利浦照明系列带出来，广告主题为“飞利浦让生活亮起来”。这一信息需要生动而有效地展示出来，打动消费者的心，于是便有了下面的镜头：

一对年轻夫妇在卧房进行一段很简单的日常聊天，女的在梳妆台旁打扮得很漂亮，准备要出门，问老公穿什么颜色的衣服好看，老公很纳闷地问她：“穿这么漂亮，要去干什么？”老婆得意地回答：“哦，我要去陪别人相亲啊！”老公不以为然地说：“别人相亲，你穿这么漂亮干什么？不就是个电灯泡吗，你以为你是飞利浦啊？”接着飞利浦电灯泡立刻亮起来，产品的广告语“飞利浦让生活亮起来”在最后画龙点睛地出现。

2. 艺术化过程

创意需要想象，但并不是胡思乱想。詹姆斯·韦伯·扬也提出了这样的观点：创意只是把原有的要素作重新的组合。艺术化过程必须经过以下几个阶段：第一阶段，确立依托点。所谓依托点，即艺术化赖以组合的几个要点，它们既有新产品的主要特性，又有市场的具体情况、消费心理等；第二阶段，试找碰撞点。这个阶段要寻找各种依托点之间的关系，如拼图般进行反复组合，从不同角度去触摸这些依托点。这个时候，常常会得到少量不确定的或部分不完整的创意，你应该及时地把这些思想的火花记录下来，然后进行筛选、比较；第三阶段，石破天惊。这个时候，创意者应当完全放弃具体的“拼图”，甚至掉转思路，去做一些轻松、愉快的事情，例如看电视、听音乐、读小说等。创意常会突如其来地降临。

1983 年，日本一家研究所对 821 名日本发明家产生灵感的地点做了一次调查，发现睡眠时、乘车中、步行中和家里的桌子旁以及茶馆中这几个地点产生灵感的比例最高。这说明，在紧张的思考之后，适当地思维松弛、释放，比始终处于紧张状态更有利于创造性地思考。

**(四) 形式化过程**

广告创意要通过文本才能得到表现，要通过视觉才能得到强化，要通过大众媒介才能传达给目标对象。

1. 文本化

创意只有通过语言才能得以表达，文本化是创意变成广告的必经途径，而且表达过程也是不可缺少的组成部分。

2. 视觉化

视觉化指创意不仅通过文字语言，还通过直观画面传达出来，给目标受众以有力的心理冲击。广告视觉化的要求也是广告表现的重要内容，涉及构图、布局、图案和色彩等一系列技术问题。

## 二、广告创意的方法

试回忆“五个阶段”创意法的要点？

**(一) 詹姆斯·韦伯·扬的“五个阶段”创意法**

我们前边已经学过，这里不再详细复述。

**(二) 亚瑟·科特勒的“二旧化一新”创意法**

它的基本含义是：两个原有的相当普遍的概念或者两种想法、两种情况，甚至两个事件，将它们放在一起，甚至将两个完全相抵触的想法放在一起，结果得到一个以前所未曾考虑过的新组合，这个新组合就是“二旧化一新”的结果，它会产生一个创意的新构想。

## 相关案例链接

### “意外”的广告案

在第十届《中国时报》广告金犊奖中，获得平面类金奖的系列作品“意外”的创意确实令人感到“意外”。为美国安泰人寿保险制作的形象广告把“意外”这种可怕的现象用不可怕的方式表现出来。广告借用了阿基米德、哥伦布和牛顿的故事，重新演绎，使之与保险联系了起来。“人生、自然中的意外也许能带来新的天地，但，也许，只是个意外！”“如果阿基米德不是意外地在浴缸里发现浮力定律，而是意外地滑倒……”“如果哥伦布不是意外地遇到新大陆，而是意外地遇到礁石……”“如果落在牛顿头上的不是苹果，而是一刻陨石……”。

根据“二旧化一新”的基本原则，有限的元素通过不同的组合，可以形成无限的新构思。正如著名广告人莫康孙所言，百种化学元素经过不同的组合变成了我们每天接触的日用品、食品、工具等；分色印刷的三原色可以组成千千万万的不同色彩；钢琴上的七主调白琴键和五小调黑琴键，又演绎了世世代代流行的音乐名曲；时装设计的色彩、布料和款式的组合，让每一个季节的新潮流充满激情与浪漫……这种旧元素新组合的创意将随着时间的流逝永无止境地绵延下去，在广告领域创造一个又一个奇迹。

莫康孙——北京麦肯光明广告公司总经理。是第一批由大陆以外地区进入大陆开拓事业的广告人之一。

## 相关案例链接

### 下雨天的旅游

澳大利亚一家航空公司为了吸引游客乘坐公司的飞机，打出了“下雨天，免费旅游”的广告。就一般生活常识而言，下雨与旅游几乎是一对不可调和的矛盾，旅游者大多热衷于选择晴天出门，而天气的变化特别是遇上刮风下雨的天气，往往会使人改变出行的计划。航空公司的广告将两个相抵触的事物组合在一起，形成“下雨免费旅游”的新构想。这个表面看起来违反常规的、不合情理的荒唐组合却产生了极佳的效果。虽然广告内容里附加有下雨时间不满三天则旅游者不能享受免费优待的条款，但该航空公司的年营业额仍增长了30%，且连续数年增长。

### (三)“水平思考”创意方法

水平思考法是在垂直思考法的基础上产生的。我们在了解水平思考法之前，需要先对垂直思考法有一个了解。

1. 垂直思考法

垂直思考法是指传统逻辑上的思考。明显的特点就是思考的连续性和方向性。这就好比建塔，只能一块石头垒在另一块石头上，不断地往上垒，绝不允许向左或向右发展，也不能从中间抽掉石头。正是这种思考法注重事物之间的逻辑关系，习惯于在一定思路的指引下，在一个固定的范围中向下或向上运动，所以有“垂直思考法”的名称。

2. 水平思考法

水平思考法的要义是作不连续思考、多方向思考，寻求突破，即不必“彻底想通”，只求想出在此以前并没有考虑到可能会解决某一个问题的新的方法与途径，务求突破已有定型，对新的和以前探讨的关系或范围进行可行性探讨。

与垂直思考法相比，水平思考法有着诸多不同之处：垂直法是选择性的，水平法是生生不息的；垂直法只在有了一个方向时才移动，水平法的移动是为了产生一个新的方向；垂直法是分析性的，水平法是激发性的；垂直法是按部就班，水平法可以跳来跳去；垂直法遵循最可能的途径，水平法探索不可能的途径……

相关案例链接

**带伤的苹果**

请分析此案例中水平思考创意方法的运用。

美国有一个苹果园园主，名叫杨格，每年他将自己的苹果销往世界各地。他为产品做的广告是：“如果你对收到的苹果有不满之处，请函告本人，苹果不必退还，货款照退不误”。这则广告吸引了大批的买主，而且从未发生过退款事件。然而，有一年一场特大的冰雹袭击了苹果园，满树又大又红的苹果被冰雹打得伤痕累累，十分难看。杨格极为伤心，眼看着一年的辛苦即将随着冰雹化为乌有，而且当年的订货量已经达到了 9 000 吨。这样的苹果到底发不发货呢？发货之后又会有什么结果呢？正当他一筹莫展之际，他随手拿起一个苹果咬了一口，一股清香扑鼻而来，苹果的味道很好。他于是想到了一个绝妙的点子。他将满是疤痕的苹果都装箱，并在每一个箱子里附加一张纸片，上写着：“这批货个个带伤，但请看好，这是冰雹打出的疤痕，是高原地区出产的苹果的特有标记。这种苹果果肉实，具有真正果糖味道。”和以往一样，所有的苹果发往各地的客户，但没有一个买主提出退款的要求。

### (四) 集脑会商法

集脑会商法，又称为头脑风暴法或脑力激荡法，是由美国 BBDO 广告公司负责人奥斯本在 20 世纪 40 年代提出的。其特点是，不是由某一个创意人员去单独思考构想，而是组织一批专家、创意人员和其他相关人员，对广告创意主题进行集中讨论，面对面商量，通过汲取与会人员的建议和意见，依靠集体智慧，最后形成创意构想，并加以发展完善。

相关案例链接

**麦伊公司的头脑风暴**

例如，1979 年，美国麦伊广告公司就举行过一次成功的集脑会商。公司预先通知派驻在全球各地的机构，说明公司的大客户——可口可乐要求更换广告主题，希望各地的机构尽力考虑。然后，再把各地派驻机构中富有创造力的主管全部召回纽约，举行会商，要求出席会议的每一位代表都必须提出创意构想，否则就不散会。经过整整一天的紧张会议,最后构想成一个方案。可口可乐的消费者都面带笑容,1900 年如此,1979 年也是如此。最后用来表达主题的陈述被浓缩确定为“喝可口可乐,展露笑容”(Have a Coke and a Smile)。麦伊公司担任可口可乐公司的广告代理已经有 30 年的历史,但对更换广告主题却感到棘手,只好采用集脑会商创意方法,结果一天就解决了问题。

## 第六节 广告表现

广告创意和广告表现如同孪生姐妹,声息相通,不可分离。如果说广告创意是设定出广告创作的蓝图,那么广告表现就是将蓝图付诸实践的必经之路。

### 一、广告表现的概念

**广告表现**就是根据广告媒体的传播特点,充分运用语言、文字、音乐、画面、图片等多种表现形式,将广告的主题、创意,直观地、生动地加以体现的过程。

### 二、广告表现的形式

广告传播的形式多种多样,广告表现的形式更是层出不穷。一方面从报纸广告、电视广告、广播广告和杂志广告的四大媒体广告,到户外广告、POP 广告、直邮广告以及各种新的媒体,广告的传播形式变得越来越丰富多彩;另一方面,为了实现 AIDMA 法则,设计人员几乎借用了所有的艺术手段,如文学、诗歌、电视、音乐、摄影、绘画等。从某种意义上说,广告是一门艺术——语言与艺术的联姻。它们珠联璧合地为整体的广告效果而努力,使人们能从表现中体味到广告创意深厚的魅力,从而印象深刻。

我们可以从以下案例中看出语言与艺术两大部分的共同作用:

相关案例链接

**林地公司广告**

17 年来,林地(Timberland)公司的“全天候装备主题”广告一直以其妙趣横生的文案和迷人的室内镜头频频获奖,其中一幅广告是这样的:从消防栓里翻腾而出的水柱正浇在一只林地牌皮靴那金黄粗犷的牛皮鞋尖上,标题说“想经久耐用,外表粗犷,只要加点水”。林地公司却想变换一下方针。

但到了 20 世纪 90 年代,林地公司委托波士顿马伦广告公司的艺术指导多伊尔来做这项工作。多伊尔决定突破林地广告以往的摄影棚面孔,把客户的产品拿到室外,采用自然界辽阔的背景和多彩的光谱。“我们想让人们的视线转向另一个不同的地方,一个他们能感觉到自然与周围环境的地方。”

创意来源于 Timberland 这个“地方”,虽然 Timberland 与 land 本是杜撰出来作为公司名称的,此时被赋予了一种真实存在的形态——林地应该是个乌托邦式的地方,风光绮丽,湖水晶莹透明,山峦云遮雾罩。要表现出这种神奇的地方,必须要有绝妙的创造力和高超的摄影技术。纽约著名摄影家米奥拉擅长表现历史事件的画面和感觉，被聘来执行拍摄，他和多伊尔在阿拉斯加和苏格兰花了44天进行拍摄，面试了200多名模特，在迷眼的暴风雪中摸索前行，租用了6架飞机在海拔7000英尺的麦金利山进行拍摄。虽然大动干戈，但米奥拉和多伊尔只得到9幅他们认为可用的林地的镜头——刚刚够启动广告战役之用。照片在手，多伊尔要着手完成广告，在与文案人员进行一场头脑风暴之后，他们获得了许多创意，但真正得到广告主认可的没有几个。最后，想要的效果终于出来了：用米奥拉所拍摄的震撼人心的湖光、山色和草原的广角镜作背景，让单独的一个人物处于醒目位置，再冠以广告文案人员想出的标题"林地(Timberland)，因为地球的三分之二是水"，和"林地，自然天成"。多伊尔的设计采用了一种特殊的字体，使广告更添了几分魅力。

这就是体现出林地这个地方神秘气氛的形式和概念，这就是将林地这个公司顺利引入新时代的形象。

1. 商品情报型

这是以直接传播广告商品的性能、特点、功效等信息的广告表现形式。以突出商品本身的信息情报为主，达到传播信息，引发消费者兴趣，促进销售的目的。

商品情报型广告表现可分为五类：

(1) 比较型：与其他商品相比较，突出明显的区别。

(2) USP型：从客观的立场，证明其独特的程度。

(3) 先下手型：并不诉求独特程度如何，只诉求客观事实。

(4) 夸张型：无法客观地证明其特点，采用适当的夸张表现。

(5) 一般商品情报型：以商品种类的特长，取代品牌本身的特长而进行诉求，而且诉求属于情报型的。

2. 生活情报型

这是一种从消费者的利益出发，宣传商品或服务带给消费者的价值、利益和欲望满足等生活情报，以展现商品与消费者生活的关系，从而达到刺激和引发消费者对商品的兴趣，最终促使其购买该商品或服务的目的的广告表现形式。

## 相关案例链接

### MCI电讯服务半价优惠广告

还记得当时为了神气，赖着妈妈带我去配眼镜，现在想拿也拿不下来；还记得那只乒乓球，让我和大明玩了一个晚上，夜不思返；还记得爸爸总爱在我头上练功夫，但是以后的五天，我都不想出门见人；还记得爷爷的心肝宝贝，却因为我想感受发号施令的威风，而一去不见踪影；还记得酷暑绵绵，每晚都是外婆扇着我，可是我还没睡着，她却先打呼噜了……

MCI的半价优惠，让您以更少的花费，不断延续与远方亲友的故事。

这则广告着力于亲情诉求，语言温馨而怀旧，让人仿佛看到了儿时充满亲情的一连串的生活故事，很是亲切。

搜集你所见过的生活情报型的广告作品。

近年来，对于情感进行诉求，也非常普遍。如诺基亚 8210 的推广主题就是“生活充满激情”。无独有偶，奥迪 A6 的口号也是“激情源自奥迪”。激情的诉求将产品与向往激情的年轻人紧密相连。

3. 附加价值型

这种广告表现形式，通过对广告商品或服务的附属信息进行强化和宣传，使之具有一种新的附加值，产生新的魅力，从而吸引消费者的注意，满足目标消费者的愿望，给消费者留下深刻印象，因而购买商品或服务。

在现代商业竞争中，企业间的生产技术水平已非常接近，产品质量也无太大的差别。消费者在购买商品时，往往是根据其对某个企业或品牌形象的印象作出购买决策。因此，企业形象或品牌形象对消费者的影响就十分重要。消费者常常是凭借着对某个企业或品牌的印象好坏去购买产品。诸如“桑塔纳”轿车、“格力”电器、“科龙”空调或“小天鹅”洗衣机等。它们向顾客展示品牌形象这种原本属于非商品属性的附加价值，因而给顾客留下更深印象，促进购买。

## 三、广告表现的方法

1. 类比隐喻表现手法

类比隐喻就是设置悬念，以日常生活中人们最熟悉的事物形象表现隐含的意向，从而到达“取象近而意旨远”的效果。

### 相关案例链接

#### 海尔银色变频冰箱电视广告

月亮在中国人的心目中，是宁静、美丽、思念、团圆的代名词，该系列用这样一个人们熟悉而平凡的事物来做一个有高科技概念的冰箱的信息载体，确实收到了“外表平常如水，内在震撼如雷”的传播效果。

2000 年 11 月底广告推出一周内，仅广州就有 14 家大中型商场共销售海尔银色变频冰箱 200 多台，其他型号 800 台；2001 年春节刚过，广州市场海尔银色变频冰箱 200 多台全部销售一空，引起其他竞争品牌的关注和震惊。

2. 夸张烘托表现手法

通过艺术夸张烘托表现指定对象的某些诉求特性。运用这种广告表现手法，要创意新颖，使画面具有视觉冲击力，文案高度凝练，将震撼性与趣味性有机结合，但要必须特别注意区分艺术真实与生活真实的差异，以艺术夸张不致引起对诉求对象的误解为原则。

例如，加拿大 BBDO 多伦多广告公司所做的吉普汽车广告，一直沿用特定的诉求表现战略:在高山峻岭险要处安置与交通相关的标志,以此夸张表现吉普车无处不达的越野特性。

3. 谐趣幽默表现手法

运用理性倒错、寓庄于谐的表现手法,形成诙谐幽默的效果,在欢快愉悦中认知广告意向。运用这种广告表现应注意:寓庄于谐,但切忌离题;与受众文化背景相贴近,须有美感内涵;出其不意,但不媚俗。

## 相关案例链接

### 美国男式长裤广告

这则美国男式长裤平面广告(见图 4.4),属于谐趣性表现广告中倾向滑稽的表现形式。本来法律、法庭是最严肃、最庄严的所在,而这则广告却运用逆向思维的喜剧表现手法,设置了一个十分有趣的喜剧氛围:“长裤使审判中断!”。法庭正在审理案件,本来正襟危坐的法官、唇枪舌剑辩论的律师以及旁证旁听席上的证人和听众何以变成个个惊叹不已、忍俊不禁的样子,原来被告穿着一条十分漂亮的西式长裤,形成了强烈的滑稽表现效果。

图 4.4 美国男式长裤平面广告

## 经典案例赏析

### 集体力量赢得胜利

集脑会商法依靠的是集体的智慧和力量。目前在我国,一些正规的广告公司都采用了这种创意技法。1993 年 1 月 25 日,《文汇报》头版刊出了西泠空调的整版广告:“今年夏天最冷的热门新闻——西泠冷气全面启动”。此举引起国内外媒体的争相报道,其影响已经超出了广告本身的效果。据参与此广告创意的奥美广告公司创意部的唐咏先生介绍，这一被日本新闻界称为“中国改革开放的标志”的举措的诞生就是集脑会商的结晶。

1992年的一个下午，来自奥美公司各部门的创意人员聚集在办公室。首先讨论的是电视广告，墙上贴着一张大白纸，大家讨论的一条条思路用各种颜色的笔纪录在纸上。大白纸换了一张又一张，令人拍案叫绝的好点子仍然没有出现。晚上，大家又转移到创意总监的住处继续讨论。人们在聊天、娱乐中期待灵感的降临。天将发白时，好的点子终于出现了——突出西泠的“静”，几则电视广告的创意随之完成：第一篇是“好的空调，没有声音，西泠冷气，以静制动，没有话说”；第二篇以“冷”为诉求点，“西泠冷气，现在启动，如果你要继续看电视，请添件衣服”；第三篇推出促销活动，“有100台西泠冷气要免费送给你，详情请看某月某日的《文汇报》，请悄悄阅读，不要声张，知道的人越多，你中奖的机会越少”。三支电视广告都没有一点声音，以突出静的特点，同时与其他声响泛滥的广告相区别。

创意产生时已是第二天的上午，一行人吃过早茶，又回到办公室继续讨论报纸广告的创意。正当人们埋头思考时，不知是谁开玩笑地说了一句：“可以做头版整版就好了！”这个大胆的建议一下就把所有的人都吸引住了，于是副总经理当即打电话给《文汇报》的广告负责人，询问有关事宜。大家又积极地思考头版整版广告该怎么做，最后达成共识：广告创意要有头版的创意，要符合头版往往刊登重大新闻的特点，在“新闻”上做文章。于是，“今年夏天，最冷的热门新闻，西泠冷气全面启动”的广告语顺理成章地产生。到了画稿的时候，大家都觉得只有画到真正的报纸上才会找到头版整版的感觉。从报社弄来了几张白报纸，广告绘制完毕，用复印机印到白报纸上，再贴到真的《文汇报》头版上。所以的人都很兴奋，因为效果很好。之后，奥美公司将创意稿放到西泠电器集团总经理的面前时，他翻开“报纸”时只愣了一下，立刻说：“这个创意我要了！”

**分析**：头脑风暴法是很多广告公司在进行广告创意的时候一种很有效的方法，集体智慧的发挥，往往可以带来意想不到的收获。

# 项目五 广告媒体决策

## 学习目标

• 知识目标

(1) 理解广告媒体的含义。

(2) 了解广告媒体的类型及各大广告媒体的基本特点。

(3) 掌握媒体运用中相关的技巧和方法。

(4) 理解影响媒体选择的主要因素。

• 能力目标

(1) 能够结合实际,分析广告媒体的特点。

(2) 在实践中,把握媒体选择的原则和依据。

(3) 在实践中,灵活运用媒体选择的策略,建立媒体组合。

## 驱动任务

### 任务内容

阅读下面材料,完成相应的任务。

**脑白金的媒体组合策略**

软文的概念

脑白金这个神秘的保健品,在国内市场上刮起了阵阵旋风,在短短的两至三年内,即创造出了十几亿元的销售奇迹。如果按人均消费一瓶计算,全国就有三四千万人吃过脑白金!当我们为脑白金迅速崛起而赞叹时,我们也在深思,脑白金的成功靠的是什么?

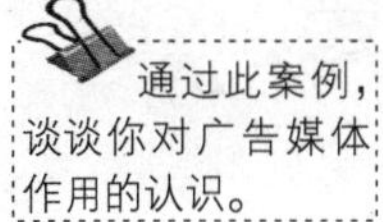
通过此案例,谈谈你对广告媒体作用的认识。

脑白金的媒体组合策略:追求最有效的途径、最合适的时段和最优化的组合,不求全但求到位。脑白金最早以报纸媒体、小册子为主导启动市场,以终端广告相辅助。之后,随着产品渐入成长期,脑白金的媒体投放开始发生变化。报纸、电视广告成为重要的媒体组合,宣传册子成为集团传播产品知识的主力媒体。

在产品导入期,脑白金基本以报纸媒体为主,选择城市的1～2家报纸,以每周1～2次的大块"新闻"软文,集中火力展开猛烈攻势,随后将十余篇的"功效"软文轮番刊登,并辅以科普资料作证。这样的软文组合,一个月后就收到了效果,市场反映强烈。报纸媒体的开道，大大唤醒了消费者的需求，刺激了购买欲望。

与此同时，脑白金也在终端做了些室内广告，如海报、POP 广告等。脑白金在成长期及成熟期，选择的媒体重心向电视广告转移。电视广告每天滚动播出，不断强化产品印象，这样能让广大中老年人有更多的机会接受产品信息。脑白金的电视广告分为三种版本：一为专题片，二为功效片，三为送礼片。三种版本广告相互补充，组合播放，传播力度更是不同凡响。其广告一般在黄金时段播出，强调组合使用，体现系列性和时间上的错开排播。

户外广告也成为脑白金中后期新出现的媒体亮点。户外广告主要是根据各个区域的市场特点，有选择地开展宣传，如车身、墙面广告与横幅。户外横幅求多不求精，最好大街小巷都挂，营造脑白金氛围。

脑白金的宣传策略的时段性、时效性很强，市场启动期与市场拓展期不同，销售的淡、旺季也不同。如节假日着重宣传礼品概念，非节庆日宣传功效，其相应的媒体组合也有所调整。适时而变，顺时而推，整合不同时期，力争做得更好，这就是脑白金的媒体整合策略！

**任务：**(1) 分组讨论广告媒体对企业宣传的影响。

(2) 分析脑白金成功宣传的策略。

**任务要求：**在老师指导下，分组展开资料收集，讨论分析；小组成员之间分工合理、合作默契；并写出分析的简单内容。

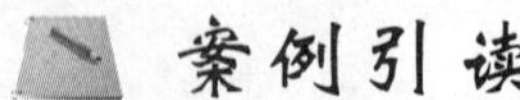

## 案例引读

### 立体式覆盖"冰到你抖"

雀巢冰极冰爽茶是雀巢 2005 年新上市的茶饮料产品。上市之初，由于市场环境相当恶劣，企业投入了 1 000～5 000 万元人民币用于媒体方面的支出。在对目标群体接触行为进行研究的基础上，企业运用了以下媒体策略。

(1) 主要传播媒体。根据市场潜力分布和目标群体收视习惯，选择最优化的电视媒体发布方案。同时，借助于网络平台，创造各种消费者参与的形式(精彩结局 DIY、获奖者感言、今夜梦想大评选等)，实现与网络的跨媒体整合。选择最优路线的公交车广告、路牌广告、地铁平面广告与站台电视广告相互配合、优势互补。雀巢本身所拥有的售卖机液晶电视也滚动播出"冰抖"广告。

POSM 系统的概念

(2) 其他辅助营销传播手段。首先，以科学的媒体整合立体发布方案，实现全方位接触，创造强大的营销势能。其次，购物点广告(POP)具有完善的 POSM 系统，将传播延伸到最后一米，促成购买行为的最后实现；最后，在全国各大城市举行路演(冰抖大赛等)，紧扣广告主题，形成合力，达成与消费者的深度沟通。

PR 活动的概念

(3) 以促销和 PR 活动为中心，整合电视、电台、网络和报刊等媒体，发挥整体优势。例如，每一小时送一部 ipod nano、现场试饮活动、在麦当劳店内销售等。

通过此案例谈谈什么是媒体组合策略。

产品上市后，在很多城市迅速成为冰茶品类中第一指定购买品牌。在青少年消费群体中，冰极已经成为该品类中的领导品牌。雀巢冰极网站实现平均每天

25 万次的高点击率。

**分析：**媒体起着放大广告信息、提高品牌影响力和引发群体购买的作用。媒体策略是指在研究目标群体接触媒体的习惯和媒体特点的基础上，对各类媒体的广告价值进行评估，从而进行立体式媒体组合的策略。

# 第一节　广告媒体概述

在《三国演义》中，东吴的周瑜定好了火攻曹操的计划，并且做好了一切准备，只是东风没有刮起来，所以计划不能立即实施。所幸老天相助，东风一起，火攻计划帮助吴、蜀两国以少胜多，大败了曹操的北方大军。类似的广告活动进行到媒体投放阶段时，也就如同到了万事俱备、只欠东风的程度。可千万不能小看了这阵东风，广告战略的科学程度、广告创意与表现的效果如何，广告投入能否产生预期效果等，都要通过媒体投放效果来进行检验和衡量。

广告媒体的范围广，种类丰富，特性各异，而且每一种媒介本身都有其不断发展变化的过程。因此，全面了解各种广告媒体的优缺点，熟悉广告媒体的运用，可以说是广告活动成功的又一个关键所在，也是广告学的一个重要研究方面。

## 一、广告媒体概念

(1) 媒体。媒体又称媒介，就是指将信息传递给社会大众的工具。

(2) 广告媒体。**广告媒体**是指借以实现广告主与广告对象之间联系的物质或工具。凡是能刊载、播映、播放广告作品，在广告宣传中起传播广告信息作用的物质都可以称为广告媒体。

## 二、广告媒体的基本功能

(1) 传递功能。广告媒体不受时空的限制，它所传播的范围和对象具有广泛性和渗透性。不论受众在什么地方，广告媒体都会发生作用。

(2) 服务功能。广告媒体可以根据自身的特点，为广告主、广告经营机构和媒体受众提供有用的、真实的信息，满足不同主体的需要。对广告主来说，可以利用媒体将企业的经营特色、产品等方面的信息提供给目标市场；广告经营机构可以通过广告媒体发布供求双方的信息；广大受众可以通过广告媒体了解各种品牌产品方面的信息，为他们的购买决策提供依据。

## 三、广告媒体的种类

### (一) 电视媒体

电视发明于 1925 年，英国科学家约翰·洛吉·贝尔德第一个制成了电视发射和接受设备的雏形，成功地进行了传送和接受电视画面的实验。电视节目正式播出是在 1936 年，当时英国广播公司采用贝尔德的机械电视系统，在伦敦建立了世界上第一座电视台。1954 年，美国率先正式播出彩色电视节目。从此电视媒体登上了历史舞台，并开始在人类社会的发展历程中扮演重要的角色。

早在20世纪60～70年代，拥有一台电视对于中国的普通家庭而言还是一个可望而不可即的梦想。如今，不仅城市居民把电视看成了必备的普通家电，就是在农村，电视的普及率也达到十分可观的程度。电视在人们的生活、社会的发展中扮演着越来越重要的角色。它是运用电波把文字、图像、声音同时传送和接受的视听结合的传播工具，以视听兼备、图文并茂的传播优势赢得了大众的青睐，成为众多广告活动的首选媒体。

1. 电视媒体的优点

(1) 覆盖率高，传播范围可大可小，可重复播放，适应性强。电视广告拥有广大的受众数量，拥有很高到达率和强大的影响力。在以下案例中，我们可以清楚地看到电视广告的广泛影响力。

## 相关案例链接

### 牛肉在哪里?!

麦当劳作为美国快餐业的霸主，独占美国快餐市场45%的份额。而1969年才创办的温迪公司刚开始时在快餐行业中还只算个无名小卒，经过十多年的发展，已初具规模，到1983年其营业额已接近麦当劳的1/4，并对市场霸主的地位虎视眈眈。

1983年，美国农业部的一项正式调查显示，麦当劳的双层4盎司肉馅的巨型汉堡的含肉量从未超过3盎司。麦当劳的短斤少两给了温迪公司一个绝好的进攻机会。温迪公司请著名影星克拉拉主演，辛辣地挖苦麦当劳的短斤少两。广告中，一个认真好斗、爱挑剔的老太太盯着桌上一个硕大无比的汉堡眉飞色舞。当她喜滋滋地掰开汉堡包时却大吃一惊：那么大的汉堡包里面竟然只有指甲片大小的牛肉陷！她看来看去，明白了厂家的欺诈行为后，恼怒不已地对着镜头大叫："牛肉在哪里?!"这个电视广告引起了广大观众的强烈反响，他们与广告的老太太一起对弄虚作假的麦当劳进行声讨和谴责。而这则广告也被评为当年"年度纽约国际广告大奖"，并被评委会评为经典作品。温迪公司通过这次广告活动大幅提高了产品的知名度和美誉度，营业额比预期提高了18%。

利用电视媒体传播范围广、影响力大的优点，温迪的广告才能达到预期的目标与影响力。

第二年，温迪公司再次掀起广告攻势，继续与克拉拉合作。在电视广告中，克拉拉扮演一位耳聋的老太太。她从墨西哥旅游归来回到芝加哥机场时，因丢失了返程入境卡而不能入境。她在回答验关员的问题时不断地翻着口袋想找出点东西证明自己是美国人。万般无奈之际，克拉拉对着验关员大叫："你难道不认识我吗？我是广告大明星！"接着便是她的招牌式的叫声"牛肉在哪里?!"这一声像惊雷一般让众人大吃了一惊，但是他们确实借此认出了这位在广告中的"爱挑剔的老太太"。于是，在哄堂大笑中，老太太被破例准许入关。而观众在笑声中重温了温迪公司对麦当劳的尖锐讽刺，温迪公司的这则广告也幸运地捧回了又一个奖杯。

(2) 电视表现力强,声像结合,传真效果最佳。电视能够通过动态的图文符号再现生活的真实情景,它具有逼真直观的特点,成为企业展示产品特点、建立品牌形象的有利工具。

## 相关案例链接

### 三元牛奶的电视广告

北京奥美为三元牛奶创作的电视广告逼真地表现了生活与品牌之间的关系。在实施广告活动之前,三元牛奶已经在北京地区卖了40几年,是北京人生活中不可缺少的日常营养品。但长期以来,产品不重视品牌塑造,很多人喝三元牛奶长大却不知道自己每天喝的是什么牌子的牛奶。三元牛奶的电视广告充分利用电视广告直观逼真的优势,以讲故事的方式进行诉求。

电视可以营造任何广告所需要的场景,回忆你所见过的电视广告都发生在哪些年代,塑造的是什么场景?

广告故事的发生背景取自北京居民最为熟悉的生活场景:穿梭在胡同里的送奶工人,用玻璃瓶装的牛奶,每天打印记的取奶卡,撅着屁股使劲蹬三轮车的小孩。故事发生在动荡的年代,清苦的农民家庭中,姐弟俩相依为命,姐姐每天省下一杯牛奶给正在长身体的弟弟喝。后来姐弟俩都长大成人,弟弟终于领悟到姐姐的一片苦心,了解到那一杯杯牛奶承载的是浓浓的亲情,他感叹着"原来谎言可以如此美丽"。广告在北京地区投放一个月后,央视调查显示,三元品牌在北京地区的知名度已经上升到85%,广告活动达到了预期的目标。

(3) 电视广告时效性强,不受时空限制,适合展现形象、现场、过程。借助卫星、网络等高新技术的发展,电视彻底打破了时空的局限性,对于很多重大事件、活动、赛事等通常采取现场直播的方式,可以将大量观众吸引到电视机前。在现场直播的节目前后插播广告,针对性和到达率都较为有效。

(4) 电视节目娱乐性强,广告对家庭的渗透力强,有利于促成家庭购买决策的形成。电视节目的内容与受众之间具有当面交流的亲切感,受众基本上不存在抗拒心理,信息比较容易被接收。

结合自己的家庭谈谈电视广告对家庭的影响。

2. 电视媒体的缺点

(1) 制作过程复杂,制作和播出费用高。电视广告的制作技术复杂,短短的一小条广告的拍摄程序不亚于拍摄一部电影,所需的广告制作费用通常比较高,高昂的制作费用往往需要企业在广告预算中加大投入。另外,租借电视媒体的费用也很高。

(2) 电视信息保存性差。电视广告是以时间为计量单位的,通常的电视广告的长度多为30秒、15秒和5秒,观众稍不注意就转瞬即逝,因此必须靠反复播出来加强记忆,加深印象,这样会导致播出成本的上升。

(3) 观众的主观选择性差。主观选择性主要是针对受众而言,因为节目的播出内容一般是有规律可以依循,并且也会有相应的节目预告,但是广告的播出内容是不断变化的,因此,受众无法选择他们感兴趣的广告有针对性地进行收看。

你能举一些例子说明广告的缺点么?

(4) 频道增多带来的负面影响,观众的“频道冲浪”现象影响信息的有效接受。近几年,电视传输和接收方面的技术突飞猛进,卫星电视、地下光缆以及数字化电视等高新技术的发展带来的结果之一是频道资源大大丰富,观众凭借小小的遥控器就可以实现在众多的频道之间自由转换。实际上,大量的频道转换发生在广告时间,这大大影响了广告信息的有效传递和被接受程度。

### (二) 广播媒体

广播的诞生主要得益于无线电技术的发明与发展。1920 年世界上第一座广播电台 KDKA 成立,一位名叫康拉德的年轻工程师用自己的试验电台播放录音唱片,结果收到很多播放音乐的请求,于是第一家全国商业性广播电台诞生了。1929 年全球经济危机给广播产业带来了前所未有的繁荣契机,广播曾出现了令人难以置信的盛况。在“二战”期间,广播事业的发展如日中天,罗斯福著名的“炉边谈话”使广播成为“二战”期间美国人民最依赖最信赖的伙伴。然而自从 20 世纪 60 年代电视占据了媒介中心地位后,广播业首次步入低谷,广告投放率也一度跌到 30 年前的水平。进入 90 年代,数字技术与卫星技术使广播的传播达到真正意义上的“无弗远届”,而且数字技术带来了更优良的效果,能更好地争取年轻受众。

思考:如今广播媒体的特定受众群体是什么?

1. 广播媒体的优点

(1) 传播速度快,受众广泛。广播的目标受众范围相当广泛,特别是在偏远的农村地区,广播依然是受众接受外界信息、了解外部世界的主要媒体。广播传播的速度比报纸、杂志要快,通过电台发出的信号能迅速传达到广播覆盖的区域。

(2) 可移动性强。广播是听觉媒体,信息传播较少受时空限制(收听广播可以一心二用,可以边听广播边做其他事情)。广播受众可以在移动中或在交通工具上收听广告信息,使广告客户有接近销售行为的可能。

(3) 制作成本低。广播制作技术不复杂,信息传播速度快,信息发布周期短,时间灵活,成本费用低,即使最小的企业也能够负担得起,广告客户进入门槛低。

说出你最喜欢的播音员及最喜欢的广播广告。

(4) 亲和力高。优秀播音员悦耳动听的嗓音、字正腔圆的普通话和丰富的感情,给受众以亲近的感觉。齐越、方明、夏青、葛兰等我国优秀的播音员,他们的名字总是让人们与那个奋发图强的年代联系起来。广播传播的不仅仅是信息,也是一种态度和信念,影响着一代代人。

(5) 对特定补缺市场的影响力大。广播的主要受众往往不是其他媒体的重度使用者,对广播媒体有很高的依赖性和忠诚度,如汽车司机和老年人等。而双向的信息沟通和受众参与,加强了受众对媒体的信任,提高了媒体对受众的影响力。广播是非常好的辅助性媒体,对特定受众有很高的到达率和暴露频次。

2. 广播媒体的缺点

(1) 广播信息保持性差,稍纵即逝。广播广告传播及时迅速,但稍纵即逝,特别是在听众对广告内容毫无心理准备的情况下，就更难记住广告的内容。

(2) 广播传播信息量极为有限，收听率和人数很难把握。广播通常被受众作为“背景”而没有给予全部的注意力，对受众的影响力有限。广播媒体针对的是补缺市场，受众数量少，为达到可接受的到达率和暴露频次，需要很高的播放频次。

广播媒体的接触率排在电视和报纸之后，位居第三。国家广电总局发展研究中心发布的《2009 年中国广播电影电视产业发展状况》蓝皮书统计显示：2008 年全国广播听众略有增长，全国广播接触率约为 60.2%，增幅为 1%，现实听众规模为 6.53 亿人，受众规模位于电视、报纸之后。

3. 广播广告的艺术特点

(1) 语言表达要力求形象化，具有艺术性和感染力。

(2) 要设计好音乐、音响效果，增强品牌形象。

(3) 要适当和适度地重复，力求达到百听不厌，常听常新的效果。

## 相关案例链接

**北京飞利浦音响广告**

找同学分角色来朗读此广播广告。

(荷兰风格的音乐渐入，)

小孩：爷爷，你怎么了？

(老人从回忆中清醒，)

感慨地：哦，这是爷爷当年在荷兰留学的时候最喜欢的曲子，那时候我用的是荷兰飞利浦音响，它伴我度过了多少个思乡之夜啊！

(女儿)

爸爸，您说的荷兰飞利浦音响已经在咱们北京安家落户了，咱们现在听的就是北京飞利浦音响。

(旁白男声：)北京飞利浦，唤起您温馨的回忆。

### (三) 报纸媒体

报纸媒体就娱乐性和生动性而言，大大逊色于电视，然而作为现代社会的一个主要信息载体，报纸经久不衰。报纸一般是以散页的形式发行，定期、连续地向公众传递新闻、时事评论等信息，同时传播知识，提供娱乐、消费等生活服务信息。报纸是最早被用来向公众传播广告信息的载体，现在仍然是经常被运用的广告媒体之一。从广告传播的角度看，报纸的特征主要体现在以下几个方面：

1. 报纸媒体的优点

(1) 覆盖面广，发行量大。报纸的读者覆盖面取决于报纸的发行量和发行范围。2010 年，《参考消息》以日均发行量约 400 万份的成绩，位居我国报纸发行量首位。同时，与其他广告媒体相比，报纸对所覆盖的高消费阶层家庭和个人，在舆论导向和引导消费者方面具有明显的作用，在覆盖主要年龄段的人群方面更是具有显著的优势。

(2) 具有较强的读者选择性。广告主可以根据各种报纸的覆盖范围、发行量、知名度等情况,灵活地选择某种或几种报纸进行广告宣传。由于报纸的可读性强,读者阅读时可以自由选择喜爱的栏目。

(3) 读者广泛而稳定。尽管我国目前的报纸种类繁多,但发行量大的各家报纸基本上都形成了自己特色鲜明的读者群,他们一般是该报纸的忠诚读者,比较稳定,广告发布活动可以有针对性地展开。

请问哪些企业适合采用报纸媒体方式进行宣传?

(4) 广告费用低。这是报纸媒体与电视媒体的主要区别之一。对大多数中小型企业广告主来说,报纸广告费用是有能力承担的,并且广告投资风险也相对较小。

(5) 表现方式灵活多样。报纸传播信息的方式多种多样,或图文并茂,或单纯文字,或诉诸理性,或诉诸情感,或情感交织。而理性说服是报纸广告的优点,所以比较适用于那些想充分展示产品品质和功能的广告。

(6) 存留时间长,便于查找。报纸不同于电视和广播媒体,读者不受时间限制,可随时阅读或重复阅读。时间长了,读者还可以查找出所需要的信息资料。

## 相关知识链接

### 报纸广告的发展趋势

与网络广告的快速增长相比,报纸广告在今后几年将缓慢发展,其发展空间会不断受到新媒体的挤压。根据央视市场研究股份有限公司(CTR)的检测分析,2009 年,广告市场整体达到 13.7%的增长率,而报业的增长为 9.4%。在报纸广告行业分类中,2009 年医疗保健机构广告增幅达 56%,娱乐及休闲业广告增幅也高达 43%,房地产广告增幅却为-1%。2009 年,房地产、商业零售业、汽车业仍为报纸广告的主要客户,其规模占报纸广告的 53%(2008 年为 60%)。监测同时发现,医疗保健行业、娱乐及休闲报纸广告投放增长较快,具有地域性特点的生活消费类广告成为报纸广告的又一重要来源。

2. 报纸媒体的缺点

(1) 有效时间短。报纸出版率高,每天一份。绝大多数受众只读当天的报纸,很少有人读隔日的报纸,因此,报纸的有效期较短。

(2) 广告注目率低。报纸内容庞杂导致读者对广告的注意力受到影响。广告内容太多,导致报纸的新闻价值和娱乐价值下降,大多数报纸有 30%~60%的版面是广告,而在正常情况下,一份报纸的平均阅读时间不到 30 分钟,这就意味着真正看报纸广告的人很少。

请统计一周中星期一至星期五《经济日报》和你所在城市的都市报的广告,比较两者广告版面的比例,并解释产生这种现象的原因。

(3) 印刷效果不好。我国目前的报纸印刷质量普遍较低,传真效果差,形象表现力不如电视和杂志。由于纸张材料和技术的局限,不少报纸广告的印刷常常显得粗制滥造。特别是图片摄影,其粗糙和模糊的印刷使媒体受众在潜意识中产生一种不信任感,往往对产品形象产生负面印象。

## 相关案例链接

### “春兰”空调广告

微不足道的一声，足以影响“春兰”所创造的宁静。春兰空调于1995年4月18日在《经济日报》第12版整版刊登广告，在现代社会节奏快、喧闹嘈杂的工作生活环境下，“宁静”已经成为人们企盼的稀缺资源，因此，消费者对家用电器的噪音十分关注。春兰空调广告准确地、敏感地抓住这一点诉求加以表现。

广告插图契合报纸特点，以黑白单色巨大画面——滴水激起阵阵美丽的涟漪，来表现春兰空调所创造的宁静。处于画面显著位置的标题提醒人们：如此宁静的环境，以至于人仿佛听到了滴水之声，然而就是这样静悄悄的滴水声音，还是打破了“春兰”所创造的宁静，可见春兰空调的噪音之低；副标题则画龙点睛地直接指明隆重推出新一代宁静空调。

### 广州城建集团广告：“天长地久篇”

这是由广州旭日广告公司代理制作的一则报纸广告(见图5.1)，可以说是一则媒体运用与巧妙创意完美结合的佳作。广告不用插图，只用“天长地久”四个书法字，并将“久”字的最后一笔拉长跨版而过，既夺人视线，又令人遐想。在拉长的这一笔上下，分别以“用实力写下这一笔”、“用真诚延续这一笔”、“用服务实现这一笔”三个小标题和四个红心项目符点缀布置文案要点，既恰到好处地言明主题，又有完美、和谐的视觉效果。

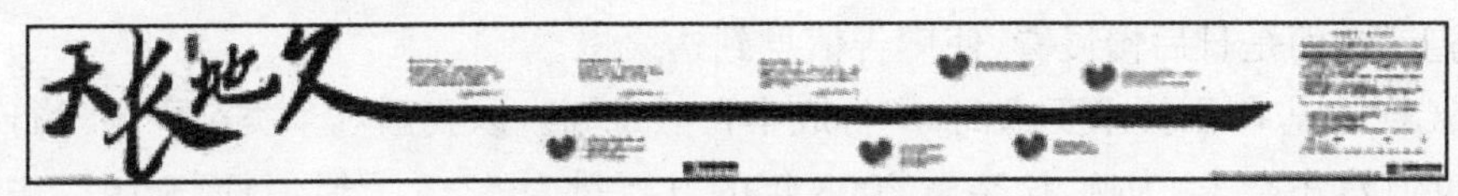


图5.1 天长地久广告

### (四) 杂志媒体

20世纪80年代以来，杂志在经营的战略和策略上持续推进高度的商业化和细分化，广告收入成为杂志总收入中的重头戏。大量的杂志广告以多样的形式、风格刊登在杂志的不同位置，为刊物带来了可观的收益。一些优秀的杂志所刊登的广告以优良的创意及表现、精美的制作产生了很好的视觉传播效果，显而易见，广告的经济效益已成为杂志生存与发展的重要经济基础，广告成为杂志经营业务中最诱人的一块奶酪。

作为另外一种重要的印刷媒体，杂志在内容、目标受众、发行时间和印刷技术等方面都与报纸有很大差异。杂志的个性色彩比较鲜明，不同的杂志有不同的特点。从发行时间上来看，杂志可分为周刊、半月刊、月刊、季刊、年刊和不定期刊物。从内容上分，杂志又可分为娱乐、影视、体育、生活、文学、经济、军事、教育等种类繁多的专业性杂志以及综合性杂志。

> 请写出你喜欢阅读的杂志的名称和杂志的主要广告客户。

1. 杂志媒体的优点

(1) 选择性，针对性强。杂志读者有一定的文化水平和购买能力，集中于发达地区。不同杂志有不同的办刊宗旨、内容和读者群，发行成功的杂志往往能够在读者和广告客户面前展示自己的独到之处。面对竞争不断加剧的传媒市场，杂志市场细分越来越细，试图在越来越零碎的市场上寻求一般读者群的共性变得越来越困难。杂志市场的进一步细分，为广告客户提供了越来越多的选择，使广告客户能够有目的地针对特定的目标市场或消费阶层发布广告信息，减少广告预算的浪费。

(2) 杂志实际阅读率是四大媒体中最高的。杂志读者多是固定订户，阅读时较为专心，保存时间长，反复阅读率高。

(3) 杂志印刷质量比一般报纸高。杂志制作精美，印刷质量高，可以综合运用文字、图像和色彩表现广告内容，图文并茂，形象生动，其画面可以产生一定的震撼效果，容易在短时间内引起读者的注意。

(4) 编排整洁、灵活。杂志媒体版面较小，每页编排较为整洁，不像报纸那样内容繁杂，因此，每则广告都显得醒目。同时，杂志媒体篇幅多，对广告主来说，其编排性和选择性都非常灵活。

2. 杂志媒体的缺点

(1) 杂志出版周期长，时效性差。杂志广告从制作到出版一般需二、三个月，除周刊杂志外，大多数杂志缺乏即时性。

(2) 读者对象范围较固定，使广告信息传达受到局限。一些读者买回杂志不会马上看，而是日后慢慢看，使广告信息到达缓慢。

(3) 杂志印刷技术要求高，广告成本自然也高。以我国汽车类杂志中发行量最大的《汽车杂志》为例，该杂志 2008 年的发行量为 52.8 万册，封面全版广告报价为 29.8 万元，每千册成本高达 564 元，如按每册 4 人阅读，千人广告成本也达到 141 元。即使是价格较低的封三，广告报价也达到 16.8 万元，千人广告成本也近 80 元。因此，从千人成本的角度看，杂志是最贵的。

> 收集优秀的杂志广告作品，分组进行讨论分析。

(4) 市场应变能力差。受印刷和发行过程的限制，许多杂志需要在出版之前早早准备广告部分。与报纸、电视和电台广告相比，杂志广告在应对市场变化方面缺乏灵活性，应变能力较差。如果广告客户在杂志发行前两周交稿定版，那就意味着客户在这两周内无法利用杂志广告应对市场变化，两周后刊登出来的广告信息也缺乏时效性。

## 相关案例链接

### 西部大开发平面广告

**分析**：这是一则杂志半页公益广告(见图 5.2)。其突出特点是：画面十分简单，却非常醒目，色彩搭配和谐，极富象征意义。蓝色的导线左高右低，弯弯曲曲，有如长江大河，汹涌澎湃、滚滚东流；左侧闪亮的黄色灯泡中用白色英文字"W"代表西部(英文字头)，使人联想到西部未来光辉灿烂的前景；而导线连接的右侧红色插头是英文字母"E"(东字的字头)，代表东部，形象地体现了西部的开发离不开东部及全国的支援，东部是西部的坚强后盾，动力的源泉。信息主题全部通过画面体现出来。文案只是一句简洁的广告语："大江滚滚向东去，回首西部造明天"，进一步深化了画面的含义和主题，既含蓄又深刻。

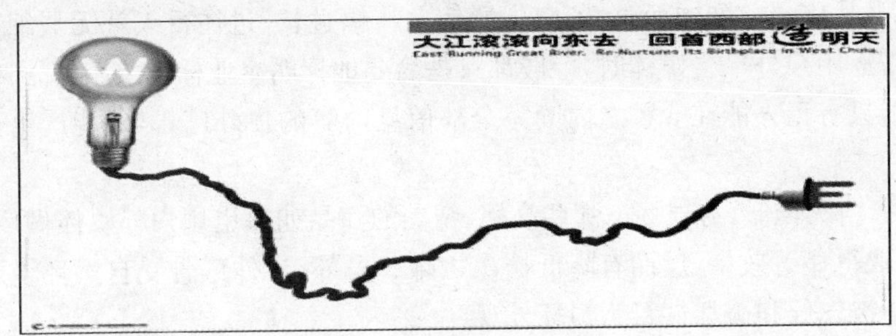


图 5.2　西部大开发平面广告

### (五) 其他广告媒介

1. 户外广告媒介

户外广告(Out Door)媒介简称 OD，主要指在城市的交通要道两边、主要建筑物的楼顶或商业区的门前、路边等户外场地设置的发布广告信息的媒介，主要形式包括招贴、海报、路牌、霓虹灯、电子屏幕、旗帜、大型充气模型等。

户外广告主要有三个方面的优点：

(1) 具有良好的地理方位的可选择性。广告主可以在自己认定最需要广告来支持促销的区域或地点设置户外广告，自主选择性强。

(2) 传播信息的持久性长，成本费用少。户外广告一天 24 小时暴露于受众视野，在产品介绍、品牌标志和品牌名称识别建设中，是其他广告媒体的绝好补充。为达到一定的到达率和频次，户外广告可以长期在同一位置频频地暴露(时间可以是几个月或几年)，这是其他媒体所不具有的。

(3) 信息表现比较直观。户外广告既可以是印刷的、漆绘的、喷绘的，还可以是五光十色的灯箱广告，能够显示其高质量的色彩效应。而且户外广告通常都制作得很大，使行人在很远处就可以看到广告信息，了解广告信息的主要内容。

## 相关案例链接

**美女户外广告的作用**

在户外广告中，许多广告主为吸引路人的注意，提高广告效果，尽量把广告与美女连在一起。据路透社报道，大约有四分之一的英国司机承认他们曾经被路边穿着暴露的女郎广告牌吸引而开错了道，甚至引发交通事故。而另一项调查显示，有 50%以上的受众会关注美女广告及内容。在国内，美女广告也遍布各大城市的主要商业区，起到吸引眼球的作用。

> 你是否看到过美女户外广告？哪些产品在利用美女作户外广告？为什么？

但户外广告也有其不足之处：

(1) 广告信息内容有限。通常过往行人与户外广告放置位置之间有一定的距离,因此,为了使过往行人能看清楚广告信息的内容,字体就不宜过小,否则就会影响到广告的效果。而字体增大,广告的信息内容就要相对减少。此外,由于行人都是从广告前匆匆而过,若广告的信息篇幅过长,过往行人就无暇细看。鉴于此,在运用户外广告媒体时,一般都只是简要地标明企业标记及产品品牌名称。据测算,只有行人能在5秒之内读完全部信息内容的户外广告,才能产生良好的效果。

(2) 档次较低,易损坏。那些高档、精美的商品如果也用户外媒体做广告,不但不会取得显著效果,反而有降低档次之嫌。另外,户外广告受自然环境影响较大,易于被气候和破坏性行为损坏外观。

(3) 杂乱无章。在发达国家的大城市,户外广告比比皆是,给人一种目不暇接的感觉。许多广告主为了使自己的广告牌在众多广告牌中"显山露角",竞相采用一些新奇的手段来吸引过往行人的注意力,但往往会给人留下杂乱无章的感觉。

2. POP广告

POP是英文Point of Purchase的缩写,是指在商品的销售场地设置的广告。它包括商品销售场所的广告牌、霓虹灯、电子闪光灯、货架陈列、橱窗、招贴画、商品招牌和门面装饰等不同方式的广告。

POP广告媒体的优点:

(1) 美化购物环境,提高顾客的购买兴趣。巧妙、灵活的店面广告可以将一般购物场所装点得既舒适、美观,又使之呈现出一种生意兴隆的景象,会提高顾客的购买兴趣,调动他们的购买欲望,提高产品的销售量。

(2) 可以加强广告信息对广告受众的影响。广告主可以借助各种媒体将广告信息传播给目标市场上的消费者。普通的媒体广告无法很快使消费者产生购买行为,而POP广告通过对购物环境的美化以及别致的商品陈列,可以有效地使消费者尽快做出购买决策。

(3) 可以使顾客就近观看商品。POP广告无论是橱窗陈列,还是柜台、货架等,大多是将商品实物衬以相应的装饰,而且与顾客距离非常近,有助于仔细观看甚至触摸,可直接提高顾客的购买兴趣。

但POP广告媒体也有缺点:

(1) 设计要求高,成本费用大。吸引消费者,就要求在商品陈列、设计上独特新颖,这就要求设计人员有较高的水平。

(2) 清洁度要求高。商店的客流量大,灰尘多,容易藏污纳垢,不易清理,这无形中就提高了广告清洁的费用。

3. DM广告

DM是英文Direct Mail的缩写,在我国一直译为"直邮"。它是广告公司直接向目标公众送达广告信息的一类媒介。其形式除传单、折页、明信片、小册子、列物图表、样本目录等印刷品外，最主要的是推销信。推销信十分讲究，为缩短写信人与读信人的距离，有的以红笔附加眉批注解，或在“限量特价”字样上画个大圈等形式来吸引消费者。随推销信寄来广告印刷品，使收信人不知不觉中接受了DM广告内容。

与其他广告相比，直邮广告是直接将广告信息传达给目标消费者的一种方式，具有更为明显的特点。

(1) 实效直达，目标明确。直邮广告针对特定读者采用直投方式发行，广告信息的受众明确。如服装类直邮广告、汽车类直邮广告只向高档写字楼和休闲娱乐场所等地区投放。直邮广告的目的是将特定的广告信息直接传递给最具有消费能力的潜在顾客。

(2) 传播效率高。作为传播广告的专业性媒介，直邮广告向特定的受众传播有效的广告信息，减少了广告预算的浪费，提高了广告信息的传播效果。而直邮广告受众一般是在清闲或无聊时翻阅邮件，对感兴趣的广告信息有很高的记忆度或很深的印象，提高了广告信息的影响力。

(3) 生动鲜明。直邮广告一般采用铜版纸彩色印刷，富有诱惑力的鲜艳画面和生动的文字描述，提高了广告的视觉效果和吸引力；而较长的篇幅和更具体、更专业、更有效的广告信息以及富有创意的印刷设计解决了报纸广告注意度受到干扰的问题，满足了受众的需求。

(4) 传播面小，商业功利性强。直邮广告杂志的区域性非常明显。国内大多数直邮广告都在特定区域发行，并把该区域内的高收入群体作为主要对象，如北京的直邮广告杂志投放地集中在北京城区，跨地域的直邮广告投放几乎没有。但是，直邮广告推销的功利性往往使人们产生戒备心理，影响广告的传播效果。

4. 交通媒体

交通媒体是一种灵活机动的广告媒体。广告主可以根据自身的特点，把广告信息附于某种载体上，而后将其安置在公共汽车站、火车站、飞机场或地铁车站，也可以利用车体作为媒体进行广告宣传。

> 回忆你所见过的印象深刻的交通媒体广告，并说明该广告吸引你的原因。

车身广告是公交企业的主要广告收入来源。车身广告信息显示在汽车、地铁、轻轨等车辆外面，常年暴露在受众视野中，加大了消费者对广告的印象，同时对企业而言，也降低了广告费用。

5. 电影媒体

近年来，广告可谓无孔不入，已经深入渗透到影片的情节、场景、对话和道具中。这种隐形广告与影视片密不可分，令观众难辨虚实却在潜意识中被打动了。电影媒体是一个很有潜力的媒体，我国在这方面还刚刚起步。电影媒体的优点是制作简单、成本低廉、信息量大，可以充分展示商品的功能和特点；缺点是影响面小。

> 谈谈电影、电视植入广告的优缺点。

## (六) 新兴的广告媒体

随着科技的不断发展和进步，进入20世纪以来，又有一些新的广告媒体进入了广告主的视线，这些媒体发展迅速，而且广告效果较好，已经受到了业界的关注。

1. 计算机网络媒体

现代广告发展到 20 世纪 90 年代，又迎来了一个具有历史意义的时期。一个拥有巨大营销潜力的新兴媒体茁壮地成长起来，以全新的方式和思想影响着全世界——它就是网络。网民的数量飞速上升，收入、阶层、职业的分布日趋多样化，网上在线消费的提高，使网络成为广告业的新宠。互动式的网络媒体与传统大众媒体的组合使用，将媒体的传播作用又推向了新的高度。

1998 年中国内地的网络广告金额约为 200 万美元，绝大多数广告客户来自国际大公司。网络广告的收费大多以主页的热门程度来制定价格等级，采取固定的费率。一般以广告在主页上的曝光率为收费标准。但由于网络广告的收费目前还没有形成一个统一的价格标准，因此不同的网站节点收取的费用不同。

与其他广告媒体相比，网络媒体具有以下优点：

(1) 传播范围广泛。网络广告通过互联网将有关企业或产品的信息传递到全世界各地的网络用户。

(2) 跨越时间、地域和文化的限制。计算机网络是以自由的方式扩张，并且连通全球的媒体，只要受众的计算机连接在互联网上，广告主传播广告信息的目的就可以实现，也就避免了大众媒体开发国际广告时所遇到的文化差异、地域差异，当地政府部门审批，在当地寻找广告代理人等复杂问题。

(3) 形式多种多样。随着计算机程序技术和多媒体技术的不断发展，网络广告现在已可以采用多种形式，如文字、动画、声音、三维空间、全真图像，将广告作品全面真实地提供给网络巡游者，使他们产生身临其境的感受。

(4) 广告费用低廉。网络广告的费用仅为大众媒体费用的 3%。

(5) 传播迅速，反馈及时。互联网的反应速度无与伦比，仅次于人员推销。消费者需要什么样的信息和服务，一经提出即可迅速被广告主了解。网络媒体能针对来站人次进行细致的追踪，记录消费者来站的浏览过程，统计出哪些主页最为热门，哪几个广告能吸引消费者去点击等。例如，在中国北京申奥成功的消息传出时，搜狐的页面上已经弹出了阿迪达斯和联想庆祝申奥成功的大幅广告。13 号当晚，新浪和搜狐两大网站的点击率达到 6 000 多万次。

网络媒体自身也有一定的不足，主要有以下几点：

(1) 阅读要求高。查阅网上信息必须上网，而上网的条件较高。受众可以拿一份报纸或带一本杂志在任何地方阅读，但在任何地方上网是不现实的。

(2) 浏览成本高。我国互联网用户每月的上网接入费用平均近百元，远高于电视、报纸、杂志等媒体的费用，这使得用户在浏览网络媒体信息时不得不负担较高的成本。

(3) 广告信息的可信度低。随着互联网的发展，广告收入已经成为许多网站的主要收入，利益驱动导致一些网站对广告内容的真实性和可靠性缺乏审核，甚至帮助广告客户编造虚假、欺诈性广告信息，损害受众利益，所以网民对网络广告的可信度还存在着一定程度的质疑，大部分网民根本不点击网络广告，较低的主动点击率降低了网络广告的传播效果。

## 相关案例链接

### 网络广告的产生和发展

1994 年 10 月 14 日，美国著名的 Wired 杂志推出了网络版，并在其主页刊发横幅广告，为广告客户开发了一种崭新的广告媒体。我国最早的网络广告是 1997 年 3 月由 www. china Byte. com 发布的英特尔公司旗帜广告。2000 年 5 月，国家工商行政管理局向全国 27 家网络公司（包括新浪网、搜狐网等）颁发"广告经营许可证"，开展网络广告经营登记试点工作。2003 年上半年爆发的"非典"(SARS)改变了人们的生活和工作习惯，也改变了人们对网络的认识和态度，给网络媒体发展带来了机遇。互联网的发展带动了网络广告的发展，网络广告收入增长率远高于其他媒体，并继续呈现快速增长之势。

思考网络广告现在对人们生活的影响。

2. 移动媒体

移动信息技术是继互联网技术之后人类历史上的新一轮科技变革，是对人类社会发展产生巨大影响的又一次科技浪潮。移动通信工具作为一种全新的沟通和传播形态的载体，其赖以运转的技术平台也是网络，它是依托于通讯网络传播形态的一种飞跃。

移动媒体的优点为：

(1) 移动媒体可以大大提高广告效果，通过将广告信息发送到个人移动通讯工具上的方式，可以达到几乎 100%的到达率。

(2) 与传统大众媒体相比，移动媒体的价格低廉。如平均发送一条短信费用不过 0.10 元或者稍多，千人成本不过 200 元，而大众媒体广告要确保这么高的接收率和接收效果，付出千元成本恐怕连零头都达不到。

(3) 目标受众明确，并可实现广告信息的个性化设计。与电子商务一样，无线营销的核心要素也是客户的资料库。在获得受众许可发送广告信息的同时，也可获得受众的资料，如年龄、性别、职业等。凭借这些资料，可以针对不同的目标市场设计个性化的广告信息，并将其准确发送至个人。

(4) 移动通信技术与全球定位系统技术以及资料库技术相结合，使得广告商可以追踪消费者的消费行为，据此制定营销和广告传播策略。

(5) 即时发布，无需排版和排期。

(6) 消费者通过移动媒体接收广告信息可以不受时间、地点限制。

移动通信工具作为一种新兴的媒介形态，必然有其内在的优势在推动其迅猛发展。然而，它又是一种新兴事物，尚且处于发展阶段，因此其发展也必然受到诸多障碍。其不足之处有：

运营商对其监管

(1) 监管困难。到目前为止，中国官方只对互联网内容进行过滤和检查，而对移动媒体尚没有采取相关检查和管制措施。但移动通讯工具作为发布广告信息的媒介，必然要处于国家有关法律的调整范围之内，要受到国家有关机构的监管控制。

(2) 尚未形成清晰的运作模式。在移动媒体的运作中，职能分工不明确，代理权也没有法律的依据。

(3) 移动媒体自身的不良形象。在目前移动媒体广告市场监管难度较大的情况下，出现了大量"骚扰型"和"欺诈型"的短信广告信息，使得用户对短信广告的诚信表示怀疑，不良的形象增加了用户接受广告信息时的排斥感。

(4) 创意表现形式的局限。要在狭小的手机屏幕上表现丰富的创意内容，对于广告创意人员无疑是一个很大的挑战。

3. 事件媒体

**事件媒体**，又称活动媒体，是指企业或组织在战略营销思想的指导下，通过策划、组织和利用具有名人效应、新闻价值以及社会影响的人物或事件，吸引媒体、社会团体和消费者的兴趣与关注，以求提高企业或产品的知名度和美誉度，树立良好品牌形象，并最终促成产品或服务的销售目的的手段和方式。

事件媒体在商业领域的兴起是最近几十年的事情。著名的手表品牌劳力士曾利用世界登山健将霍尔德梅斯纳不佩带任何氧气设备攀登珠穆朗玛峰这一事件为媒体，当霍尔德梅斯纳站在高山之巅时，他举起手腕骄傲地向全世界宣布："尽管我不带氧气筒，却不会不戴劳力士。"无独有偶，当年日本西铁城钟表商为了在澳大利亚打开市场，提高手表的知名度，雇佣了一架直升机，将千余只手表空投下来。当幸运者发现自己拣到的手表居然完好无损时，都高兴地奔走相告，于是西铁城销路打开。江苏康博集团"波司登"羽绒服利用赞助中国南极考察团第十六次科考活动这一事件为媒体，在出发的壮行会议上，所有的科学家和工作人员清一色穿着"波司登"羽绒服，国内数十家媒体的记者云集，声势浩大。

总之，事件媒体是近年来国内外十分流行的一种公关传播与市场推广手段，其在公关和营销实战中屡屡成功的案例已经证明事件媒体是营销传播极其有效的战略武器。其优点有：

(1) 投入小，产出大。如今，国内大众媒体的广告费居高不下，许多企业有好的产品却苦于没有足够的宣传经费，而事件媒体往往是借助一些事件或新闻将企业的信息在短时间内达到最优传播效果，甚至能让企业销量不佳的产品一夜成名，为企业节约大量的宣传成本。

(2) 具有话题性。如果事件媒体运用得当，往往具有一定的话题性，能吸引到媒体或公众的目光，成为社会上一时讨论的热点。

## 相关案例链接

### 本田妙案

日本横滨本田汽车销售公司的青木勤社长，曾为销售而别出心裁策划了卖车种树的“本田妙案”，使本田汽车的销售量一时独领风骚。

汽车尾气排放会污染城市环境，青木勤社长从公路上行驶如梭的汽车洪流中产生灵感：车卖得越多，尾气对城市的污染就越严重，所以本田公司不能只顾卖车，而应当通过卖车来促进城市绿化。于是，一个绝妙的营销方案在青木勤社长脑中产生：“今后每卖一辆车，便在街上种一棵纪念树”。此举一经实施，就在消费者中形成了特别反响：“同样是买汽车，为何不买绿化街道的本田汽车?”。这种“你买我汽车，我为你植树”的事件营销方法，使得本田汽车的销售量由此猛增，一路领先。

(3) 更贴近消费者。事件媒体也是企业与消费者沟通的重要手段。著名的零售品牌 7—Eleven 超市曾利用事件媒体，成功地实现了与消费者之间的对话。在奥美的帮助下，生意萧条的 7—Eleven 制定了一个长期的事件营销策略，其核心主题为“扮演消费者生活节奏的吹笛者”。7—Eleven 在这个策略的指引下，充分与包括政府、媒体、社区、供应商等策略执行伙伴密切配合，结合中西方节日、民俗、热点事件、天气等元素不断地为消费者吹响生活的笛声，提醒消费者跟上生活的脚步。仅仅半年时间，7—Eleven 就举行了 8 场记者会、话费代收、圣诞火鸡大同盟、饥饿募捐、近 20 次抽奖活动，累计回函上百万封，取得了极佳的业务绩效。

(4) 具有新颖性。事件媒体中的事件大多具有新颖的特点，这样才可以在繁杂的信息中突显出来。

## 相关案例链接

### 总统先生的新药

2000 年 2 月，美国加州的一家小药厂经过多年的努力研制出了一种用于治疗老年痴呆症的新药。由于没有钱做广告，这种新药推向市场之后，业绩平平，销路一直没有打开。而就在此时，患上老年痴呆症的美国前总统里根如何与病魔抗争的报道正是当时新闻媒体关注的焦点。这家药厂的策划人看到这一报道之后，突然灵机一动，脑子里有了主意：向前总统里根赠送药品！在征得里根总统夫人的同意下，向里根先生赠送了一批该厂的新药。药厂的举动果然引起了新闻媒体的关注，众多报纸在显要的版面以《总统先生的新药》为题，对该事件进行了系列报道，国家和地方的电视台、电台也纷纷在黄金时间里报道了这一消息，并对里根夫人、药厂负责人进行了专访。由于新闻媒体的宣传报道，这件事在公众中引起了轰动，这家小药厂和它的产品立即声名鹊起，绝大部分患有老年痴呆症的患者都得到购买“总统先生的新药”的介绍或推荐。

当然，事件媒体也有其不足之处：

(1) 迷信明星。许多企业一窝蜂的上马“明星项目”。经常出现一位名人同时为不同的产品做广告的尴尬局面。“米卢现象”就是一个典型。在世界杯期间，央视的黄金时段里，米卢刚卖完金六福酒，又卖起了复读机，除了空调，还有饮料。

客观地讲,利用米卢带领中国队打入世界杯这一事件作为媒体事件是可行的,但被国内企业滥用了,反而丧失了消费者的信任。

(2) 哗众取宠。目前有不少人以为事件媒体只需要追求现场的轰动效应就可以了,所以,现在有的策划人热衷于搞轰动的事件营销,甚至穿着日本军装游行,林林总总,层出不穷。某内衣品牌将广告语“完美女人”改成“玩美女人”,招摇于上海闹市,意图造成新闻效应,结果“玩弄女人”的文字暗示之意的确引起了轰动的新闻效应,但事与愿违,这次“事件”非但没有带来销售上的拉动力,反而招来有关部门的处罚,倒赔了20多万元。

(3) 忽视风险。事件的不确定性使得企业在使用事件媒体时暗藏着风险。比如2002年世界杯期间,国内企业纷纷打出中国队征战韩日世界杯的牌,但由于对中国队出线风险的估计不足,而造成传播效果的虎头蛇尾。

## 第二节　广告媒体的选择

在日常生活中,人们常常是根据自己的职业、兴趣、文化程度等来选择传播媒介,这种对媒介的接触习惯对广告的效果影响很大。因此,广告媒介的选择必须考虑消费者的生活习惯。选择合适的广告媒体,是广告策略的重要环节。

### 一、广告媒体策略的含义

**广告媒体策略**是指广告策划者根据广告对象(企业或产品)的特点制订广告媒体目的并确定实现这些目的的途径。它是广告策划者运用各种媒体进行广告宣传活动的指导方针。

根据定义可知,广告媒体策略的主要内容包括:

(1) 确定广告媒体目的。

(2) 确定实现该目的的具体途径。如在该广告活动中要使用哪些媒体,每种媒体要使用多少次,每种媒体的广告开支是多少,在一年中的哪些时期使用该媒体等。

广告策划者在制订媒体策略时,要对媒体特性有深入的了解,知道媒体如何发生作用,媒体怎样被消费,怎样使用媒体才能产生理想的效果等。

### 二、广告媒体选择时应考虑的因素

#### (一) 媒介的选择要与企业的营销目标相结合

企业的营销目标简单地加以归结,可以分为三种:扩大销售额、增加市场占有率和树立企业或产品形象。

1. 扩大销售额时的媒体选择

企业扩大销售额的目标要求广告能够促使消费者缩短购买决策过程,尽快地做出购买决策。为了达到这一目标,在媒体选择上较为理想的选择顺序应该是:电视、广播、售点(POP)、直邮(DM)报纸、杂志等。

2. 增加市场占有率时的媒体选择

增加市场占有率就是争取新的消费者，甚至把自己竞争对手的消费者吸引过来，以加强企业自身的竞争地位。在增加市场占有率时，选择的媒体以报纸、杂志的效果为最佳，其次是电视与广播，再次是售点（POP）、直邮及户外等媒体。

3. 树立企业产品形象时的媒体选择

树立企业或产品形象是使消费者产生对企业或产品的好感，提高企业或产品的知名度与美誉度。为了实现这些目标，在媒体选择上，报纸、户外交通和赛场等媒介较为适宜。同时，在电视、杂志上进行广告宣传，也会产生良好的效果。

### （二）媒体的选择要与目标市场相结合

企业的目标市场从区域上划分，可以分为全国目标市场和区域目标市场。如果目标市场为全国范围的话，媒体的选择应尽可能寻求一个成本尽可能低，广告信息总暴露量尽可能大的媒体组合，因此，可以选择国家一级的电视台、电台、杂志和全国范围内发行量较大的报纸。一般来说，日常生活用品或高档消费品可选择电视、报纸等大众媒介，而生产资料则可选择专业杂志。

广告受众的媒体接触习惯对广告媒体的选择尤为重要，可以帮助广告主节约很多广告费用，达到事半功倍的效果。

## 相关案例链接

### 西安吗丁啉的媒体创意

众所周知，几乎所有的胃药厂都会遇到这样的问题：胃药的重度消费群在什么地方？他们什么时候发病？这些问题由于缺乏数据支持，经常使厂商和广告公司面临各种困扰。2001年，吗丁啉公司在制订年度计划时，首要任务是要找出使用胃药的主要消费群来进行有效的投放。通过大胆的假设和科学市场调查论证，最后锁定为经常出差及旅游的人群，由于他们经常在外地，食宿没有规律，有水土不服的可能，因此，他们需要带少量有效的药品。这样目标市场的确定为媒体投放奠定了良好的基础。

在媒体选择上，吗丁啉结合众多因素，巧妙地选择报纸旅游版面为主要媒体，媒体的针对性较强，既节省了费用，又达到了很好的效果。

在媒体的内容上，吗丁啉把代表吗丁啉的青蛙肖像放在旅游的文章中，软硬结合，独辟蹊径的广告形式取得了出人意料的效果。

### （三）媒体的选择要与营销环境相结合

不同国家的法律政策、人文习惯、人口素质和生活水平等因素都会影响媒体的选择。如挪威、瑞典、丹麦等国家，禁止在电视、广播上播放广告；有的国家法令禁止在电视和广播上做香烟、酒类的广告。在人口密度低的地区，对于媒体传播的速度与范围要求就高；在文盲率高的地区，适宜用电视和广播这两类媒体做广告；在生活水平高的地区，其报纸、杂志、广播和电视的普及率就高，这几种媒体的选用就比较经常。

### (四) 媒体自身分析——媒体的性质与传播效果

在进行媒体选择时，除考虑到上述因素以外，还必须注意所选用的媒体是否能够到达潜在顾客层，交流效果是否最大，成本是否较低等问题。同时要分析媒体自身的状况，具体有覆盖面、广告到达率、接触时间、广告出稿量、广告业务情况、广告报价等。

### (五) 媒体成本费用

在总的广告费用开支中，媒体的发布费用占相当大的比重。不同媒体的费用支出各不相同，同一类型的广告媒体也会因广告时间、版面等的不同而有不同的收费标准。

### (六) 广告对象的特点

广告策划者传播广告信息时，大都以宣传企业或产品所具有的各种特点为主要内容。因此，在选择媒体时，必须考虑企业或产品自身的特点。因为各种广告媒体类型在示范、形象化、说明、可信度和色彩方面的潜力各不相同。

## 三、广告媒体策略

### (一) 广告媒介的组合策略

不同媒介的功能、特点各异，在进行广告活动的时候，常常采用媒介组合来开展广告工作。所谓**媒介组合**，是指以一种媒介为主，其他媒介配合使用，或选取多种媒介，分布使用广告费的媒介使用方法。

1. 媒介组合的功能

(1) 媒介组合能弥补单一媒介在接触范围上的不足。

(2) 媒介组合能够弥补单一媒介在暴露频率上的不足。

(3) 媒介组合有助于广告的少投入多产出。

在企业无法以大的广告费用投入到广告媒介上进行宣传时，将广告费用合理分配在低费用的报纸、杂志、直邮、户外等媒介，再辅助以其他促销活动，常常会达到理想的目标。

2. 媒介组合策略

(1) 各种媒介组合搭配分析。电视与广播搭配，可以使城市和乡村的消费者都接收到广告信息；报纸与电视搭配，可以在报纸广告对商品进行详细解释之后再以电视开展广告攻势；报纸和电视与直邮广告搭配，以直邮广告为先导，做试探性宣传，然后以报纸或电视开展强力推销广告，也可能取得比较显著的成果。

相关案例链接

**飞利浦印度推广电动剃须刀**

在印度，飞利浦电动剃须刀拥有较高的市场知名度，但其男士电动剃须刀的销售量却不容乐观。

问题在哪里呢？市场调研分析显示，高知名度低销售量的原因在于消费者对电动剃须刀的两个误解：使皮肤粗糙和剃不干净。

但产品广告的创意并没有针对这两个误解传递信息。然而市场状况却令飞利浦没有时间来修改广告创意。只能调整原来的媒介投放策略来弥补。原来的媒体策略是通过主投电视的方式，用 30 秒广告来获得每周 60%以上的到达率。修改后的媒体计划决定以产品演示来消除消费者对电动剃须刀的误解，安排 40 天的高密度产品演示。

新的媒体策略把电视广告的投放比重稍微降低。用报纸首页广告来传递演示的信息，并列出演示点的详细地址。所有媒体都集中投放在从周五晚上到周日早上的时间。

在广告花费基本不变的情况下，新媒介策略使销售增长了 10 倍，投放回报率比过去提高了 5 倍。

(2) 媒介时机分析。当确定了选择哪几种媒介相组合之后，接着就要选择如何把握好广告的时机，即在何时发布广告的效果最明显。

请举例说明季节性的产品的广告策略及媒体策略。

① 要把握好季节性时机。有一些季节性的产品，在不同的销售时期所采取的广告策略与媒体也不一样。在销售的旺季，企业会加大广告宣传的力度，广告媒体的选择也比较密集，种类也比较多。相反，在销售淡季，企业会减少广告宣传的力度，也会适当减少广告媒体的种类及投入频率。

② 要进行时间分配。这主要指在限定时间内使用媒介的频率以及广告量在较长时期内的分布。比如，在推出一项新产品时，广告主必须在广告持续式和广告频率上进行选择。**广告持续式发布**指在一定时期内均匀地安排广告播发。**广告频率**是指广告播发的集中度。如果共有 50 次广告播发，可以每周安排一次，持续一年时间，也可以集中几次高频率广告快速播完。

发布广告的时间和频率不同，广告的效果也是不同的。对于企业来讲，先进入市场的广告可以先声夺人，先入为主，但如果能把握时机，后来者也可以后发制人，后来居上。

### (二) 创新的广告媒介策略

在激烈的广告竞争中，要想突出产品，除了广告内容必须创新以外，媒介表现也应当力求创新。广告媒介策略的创新可以分为以下几个不同的层次：

(1) 采用新颖的媒介。如流动广告车、电视大屏幕、有线电视、车票或购物小票的背面等。

(2) 采用新颖的媒介工具。如新创刊的报纸、杂志，新启播的电台、电视台等。

## 相关案例链接

### 别出心裁的健伍媒体选择

日本健伍汽车音响产品刚进入中国市场时，它大部分的报纸广告(约占

65%)都选择《人民日报》来发布。而《人民日报》在同一时期也仅仅发布健伍一家的音响广告。

健伍为什么选择这样的一家报纸媒介来发布它的广告呢?

众所周知,《人民日报》是中共中央机关报,更是中国内地最具权威、发行量最大、读者范围最广的综合性报纸。上至党政军首脑,下到农工商各级干部,都有《人民日报》的读者,在全世界130多个国家和地区均有《人民日报》发行。发布于这种特殊的报纸媒介上的广告,只此一家音响品牌,其广告信息传播的广度、权威性、可信度几乎是独一无二的。且不说如何有助于建立品牌地位与质量信度,单单考虑被传达到的受众的广度、纵深层次,就可以窥见广告主对开发和占领市场的远见与雄心。

(3) 特殊的广告位置。打破传统的广告宣传的模式,选择新颖的广告播出的时间、地点,选择新颖的广告媒体,往往会给企业带来意想不到的收获。

## 相关案例链接

**新天利,冷僻时段掘黄金**

1998年对中国中央电视台来说,是VCD广告年,各时段都充斥着各式各样的VCD广告,黄金时段尤其拥挤。在一片喧嚣声中,新天利VCD另辟蹊径,运用省级卫视的冷僻时段开创了一个新境界。

新天利原本是VCD解码板生产商,VCD市场火暴之际,新天利介入整机生产,是市场的迟到者,谁也没有想到它会后发而先至。新天利在营销传播中凸显两个唯一性,即国内"唯一带16位游戏的VCD","唯一一家不进全国性或跨省性的大批发集散市场的成名产品"。与此同时,媒体的选择与运用,成为新天利营销传播的创意支点。新天利极其广告代理商以媒体概念为主导创意,推出了"新天利时空"广告片,成功地实现了市场的渗透,其特点有三:

(1) 要说就说个痛快淋漓。"新天利时空"为广告长度8分钟的广告片,把GAME—VCD的产品差异、特点尽情展示。8分钟的时间,观众对新天利的产品无疑会有最全面的认识。

(2) 吃肉只花豆腐价。以相当于CCTV黄金时间5秒钟或15秒剧集插播的广告费,在12家省级卫视的冷僻时段滚动播出,经各卫视的交叉覆盖,"新天利时空"每天的播出时间大约有200多分钟。实践证明,冷僻时段有黄金,广告播出后换来了很高的传播回应。据新天利称,它投入1元广告费,就产生29元销售额和4元利润。

(3) 自创媒体。创办《新天利电器营销杂志》,同经销商保持良好的沟通。同时以比其他厂商大得多的利润空间,同经销商结成利益共同体,建立起独特而有效的营销网络。

# 经典案例赏析

## 野马车轰动上市的媒介组合

1960 年代美国福特汽车公司生产了一种名为“野马”的汽车。这种汽车一推出，一年内就销售出 41 万部，创纯利润 11 亿元。当时，购买“野马”车的人打破了美国的历史最高记录，顾客简直到了饥不择食的地步。在不到一年的时间里，“野马”车风行整个美国，各地还纷纷成立了“野马”车会。连商店里出售的墨镜、钥匙卡、帽子、玩具等，都贴上了“野马”的商标。

为什么“野马”车如此受欢迎呢？1962 年，福特公司发现未来十年是年轻人的世界。理由为第二次世界大战后，生育率激增。1960 年代 20～24 岁的年轻人将增加 50％以上；另外，年纪较大的买主，已从满足经济实惠的车，转向追求样式新颖的豪华车。

于是，福特将新车定位为——款式新、性能好、能载 4 人，价钱便宜（不超过 2 500美元）的经济个性型汽车。另外还有一些新的内容：车型要独树一帜，车身要容易辨认，要容易操纵，有行李箱便于外出，既像跑车还要胜过跑车。

其广告计划实施步骤如下：

(1) 在汽车正式投放市场的前 4 天，公司邀请各大报纸的编辑，并借给每人一辆新型野马车，组织他们参加野马大赛，同时还邀请了 100 名记者亲临现场采访，汽车在参赛中未出丝毫问题，充分证实了野马车的可靠性。从表面看，这是一次赛车活动，实际上是一次告知性的广告宣传活动。几百家报刊都以显著位置报道了野马车大赛的情况。这样，野马汽车借助新闻力量造成了轰动效应。

(2) 采用报纸广告，在新型野马车上市的前一天，根据媒体选择计划，让2 600家报纸用整版篇幅刊登了野马车广告。广告画面是：一部野马车在奔驰。大标题是“真想不到”，副标题是“售价 2 368 元”。这一步广告宣传，是以提高产品的知名度为主，进而为提高市场占有率打基础。

(3) 采用电视广告，进一步刺激消费者需求。其内容为：一个渴望成为赛车手或喷气式飞机驾驶员的年轻人，驾驶着漂亮的野马车在飞驰。目的为扩大广告宣传的覆盖面，提高产品的知名度。

(4) 选择最显眼的停车场，竖起巨型广告牌，上面写着“野马栏”，以引起消费者注意。

(5) 竭尽全力在美国各地最繁忙的 15 个飞机场和 200 家度假饭店展览“野马”。以实物广告形式，激发人们的购买欲。

(6) 向全国各地几百万小汽车车主，寄送广告宣传品。此举是为了达到直接促销的目的，同时也表示公司忠诚为顾客服务的态度和决心。

分 6 步实施的广告活动，可称得上是铺天盖地、排山倒海。仅在一周内，野马车轰动整个美国，风行一时。一年内卖了 41 万辆。到出厂后的第 23 个月零 23 天，就卖出了 100 万辆。为纪念福特野马汽车在汽车史上的贡献，美国邮政部 1999 年还特别发行了纪念邮票。

# 项目六　广告文案

##  学习目标

• 知识目标

(1) 理解广告的概念及特征。

(2) 掌握广告标题、广告正文、广告标语、广告随文的作用及写作要求。

(3) 了解广告策划书的写作格式。

(4) 掌握不同媒体广告文案的写作要求。

• 能力目标

(1) 能够写作符合要求的不同媒体的广告文案。

(2) 能够进行广告文案评析。

##  驱动任务

### 任务内容

阅读下面材料，完成相应的任务。

唐朝诗人张继的一首诗《枫桥夜泊》家喻户晓：月落乌啼霜满天，江枫渔火对愁眠。姑苏城外寒山寺，夜半钟声到客船。通过这首诗，苏州也被世人所了解。

**任务**：请根据此诗为苏州旅游创作一篇广播广告，并将文案写出。

**任务要求**：在老师指导下，收集资料，查找信息，了解广播广告文案想写作格式及写作要求，并进行创作。

##  案例引读

**广告大师大卫·奥格威为劳斯莱斯汽车所写的广告文案**

标题：当这辆新款“劳斯莱斯”以时速 60 英里行驶时，最大噪音发自车内的电子钟

副标题：什么原因使得“劳斯莱斯”成为世界上最好的汽车？

正文：某知名“劳斯莱斯”工程师解释说：“说穿了，根本没有什么真正的戏法——这只需要耐心，关注细节。”

(1) 行车技术主编报告:“在时速60英里时,最大噪音来自于电子闹钟。引擎寂寞无声,三个消音装置将其音频‘在听觉上拔掉了’。”

(2) 每个“劳斯莱斯”的引擎在安装前都先以最大气门开足7小时,而每辆汽车都在各种不同的路面试车数百英里。

(3) “劳斯莱斯”是为车主自己驾驶而设计的,它比同类型汽车的长度缩短约45厘米。

(4) 配有机动方向盘、机动刹车及自动排挡,极易驾驶与停车,可自动驾驶。

(5) 除驾驶速度计之外,在车身与车盘之间无金属衔接,整个车身都加以封闭绝缘。

(6) 车辆组装后要在最后测验室经过为期一周的精密调试,包括多达98种严酷的考验。例如,工程师们使用听诊器来监听轮轴所发出的微弱声音。

(7) “劳斯莱斯”保修三年。在美国,已有了从东岸到西岸的经销网及零件店,在服务上不再有任何麻烦。

(8) 著名的“劳斯莱斯”引擎冷却器,除了在亨利·莱斯去世时(1933年),把红色的姓名首字母“RR”改为黑色外,从来没有更改过。

在该文案中,大卫·奥格威用尽可能详细而实在的语言对广告产品的各类信息进行了揭示,给受众以更多的信息。因为,劳斯莱斯汽车是只有上层社会人士能买得起的高档商品,不是几句广告语就能解释清楚的。

(9) 汽车车身先涂5层底漆,在全部14层漆完成之前,每次都用人工磨光。

(10) 移动方向盘柱上的开关,您就能够调整减震器以适应道路状况(驾驶时不觉得疲劳是本车显著的特点)。

(11) 配备后车窗除霜开关,控制着1 360条看不见的在玻璃中的加热网线。备有两套通风系统,因而即使您关闭全部车窗坐在车内,也可以随意调节空气以求舒适。

(12) 单车座位垫面由8头英国牛皮所制——足够制作128双牛皮鞋。

(13) 镶贴胡桃木的野餐桌可从仪表板下拉出,还有两个可在前座后面旋转出来。

(14) 您还能有下列附加选择:做浓咖啡的机械、电话自动记录器、床、盥洗用冷(热)水、电动剃须刀等。

(15) 您只要压一下驾驶员座位下的橡胶板,就能使整个车盘加上润滑油。在仪表板上的计量器可指示曲油箱中的机油的存量。

(16) 汽油消耗量极低,因而不需要购买特价汽油,是一款使人喜悦的经济车。

(17) 具有两种不同于传统的机动刹车、水力制动器与机械制动器。“劳斯莱斯”是非常安全而灵活的汽车,可在时速85英里时宁静地行驶,最高时速超过100英里。

(18) “劳斯莱斯”的工程师们定期回访、检修汽车,并在服务时提出忠告。

(19) “班特利”也是“劳斯莱斯”制造的。除了引擎冷却器之外,这两种车完全一样,由同一工厂的同一群工程师制造。“班特利”因为其引擎冷却器制造较为简单,所以便宜300美元。对驾驶“劳斯莱斯”感觉没有信心的人士可购买一辆“班特利”。

价格:本广告画面的车型——在主要港口岸边交货——13 550 美元。

假如您想得到驾驶“劳斯莱斯”或“班特利”的愉快经验,请与我们的经销商接洽,其名号写于本页的底端。

劳斯莱斯公司 纽约 洛克菲广场10号

# 第一节 广告文案概述

## 一、广告文案的概念

广告文案有两种不同的概念:广义的概念与狭义的概念。

广义的广告文案包括广告作品的全部,如广告文字、绘画、照片及其布局等。狭义的**广告文案**指广告作品中的语言部分,即以广告宣传为目的的文字作品,是广告作品设想与蓝图的具体陈述。

广告文案的写作是一项融实用性、科学性和艺术性为一体的应用性创作技能,对从事广告策划和宣传的人员来说是一项必备的基本技能。

## 二、广告文案的特征

真实性是对广告文案最基本的要求,也是对广告从业人员的道德要求。

(1) 真实性。真实性是广告创意的基本原则,也是广告文案的基本特征。广告文案的真实性主要体现在对广告产品本身的功能、品质和作用的表现上,不能主观夸大或随意隐瞒。如果广告文案一开始就建立在不真实的基础上,无论其文字多么华美动人或宣传效果在短期内多么有效,但从长远来看,绝不会是成功的广告。

(2) 独创性。广告文案要立意新、表现奇、方法特,使公众有新鲜感。

(3) 整体性。广告文案是广告的语言文字部分,并不是广告的全部。因此要考虑与广告其他部分的协调与融合,使之浑然一体,相映成辉。广告文案与插图、色彩、结构关系密切,只有它们相互配合,才能发挥出最佳的效果。

(4) 艺术性。好的广告要具有很强的艺术性。广告文案在真实的基础上,要能使语言文字生动活泼、渲染气氛、调动情感。艺术性能增强广告信息传播的影响力。

(5) 商业性。广告文案创作的动机和目的是为促使人们购买广告商品或改变某种观念或建立某种形象,而最终都是为了实现广告商品的销售增长。所以,广告不能称为纯艺术的作品,而是借艺术表现传递商业信息的载体。

## 三、广告文案的构成及各部分的撰写

一般而言,广告文案由标题、正文、标语和随文(附文)构成。

相关知识链接

**做千百万的生意,赚几分钱的利润**

广告大师伯恩巴克曾给奥尔巴克百货公司制作了一个平面广告:一张大幅照

片占据了版面的很大部分。画面上，一个男子右肩横挟着一个年轻女子大步朝前迈进，两个人都满脸笑容，洋溢着满足与得意的光彩。那女子虽不见全身的正面形象，但其簇新的服饰与特有的神态仍掩饰不住迷人的魅力。在画面的空白部分，是更引人注目的广告文案。

这是伯恩巴克的一件经典之作，这则广告刊出后，激起了消费者极大的兴趣，许多人纷纷光顾奥尔巴克百货公司，更有消费者给伯恩巴克打来电话，要求他履行承诺，给他们一个新的女人。由此可见，此广告已深入人心。

标题：慷慨的以旧换新

副标题：带来你的太太，只要几块钱，我们将给你一个新的女人

正文：为什么你硬是欺骗自己，认为你买不起最新与最好的东西？

在奥尔巴克百货公司，你不必为买美丽的东西而付高价。

有无数种衣物供你选择——一切全新，一切使你兴奋。

现在就把你的太太带给我们，

我们会把她们换成可爱的新女人——

仅花几块钱而已，

这将是你有生以来最轻松愉快的付款。

口号：做千百万的生意，赚几分钱的利润

随文：省略

## (一) 广告标题

广告标题是广告文案的精髓，是对广告的命名，表现广告的主题。所谓"题好一半文"，一个好的标题就好似文章的眼，令人耳目一新，不仅给人一个总体的印象，而且引导人们继续往下读。

1. 广告标题的作用

标题的重要性，不言自明。大卫·奥格威在《一个广告人的自白》里写道："标题是大多数平面广告最重要的部分。它是决定读者是不是读正文的关键所在。读标题的人是读正文的人的5倍。换句话说，标题一经写成，就等于花去1美元广告中的80美分；如果你做的标题起不到推销的作用，那就等于浪费了80%的广告费"，在我们行业中最大的错误莫过于推出一则没有标题的广告"。

因此，在撰写广告标题时，必须注意发挥标题的以下作用：

(1) 强化广告主题。

(2) 概括广告表现。广告标题要以较为简洁的语言文字对充实丰满的广告内容做出概括，使消费者更加容易记忆和传播。

(3) 引起受众注意。广告标题必须能够抓住商品的目标对象，特别引起他们的注意，进而阅读广告正文。

2. 广告标题的类型

广告标题的种类很多，从目前我国的报刊广告来看，广告标题可以分为如下几类从标题的形式和内容上看，广告标题可以分为直接标题、间接标题和复合标题。

(1) 直接式标题。直接式标题就是直接体现广告的中心思想或一语点明广告

主题的标题。直接标题一般以店名、品牌名、企业名或活动名称作标题名，一目了然，清晰直观。如："北京同仁堂药店"、"长虹牌电视机"、"选用佳洁士牙膏，再也没有牙病烦恼"、"使用花旗信用卡，将自动参加抽奖"。这类标题，从写作上看，手法简单、撰写方便、表达自如；从效果上看，文字平淡、不太容易引起消费者注意。

(2) 间接式标题。间接式标题不直接介绍广告产品和广告主题，而是以间接的方式宣传产品的特点和功能。这类标题用词富有趣味性、哲理性，充满诗情画意，起到使人过目不忘的效果。这类标题有点故弄玄虚之嫌，但若设计得当，效果则十分理想。如国外有一则介绍方便面食品的广告标题是"丈夫为什么离开家"？画面上是一个男子气呼呼地瞪着眼睛，一副很不高兴的样子。文案解释到：他结束了一天紧张的工作回到家里，妻子已经外出，留下一张纸条，叫他从冰箱里拿食品自己烧了吃。丈夫不善于烹饪，很不高兴地离开家，到街上餐馆吃饭。广告介绍这家公司已生产一批美味的方便面，只要一加热就可以食用，就不会发生丈夫离开家的情况了。接着就对各种方便面食品做了介绍。文案风趣诱人，使读者倍感亲切。再如，某婴儿洗发精广告标题"婴儿不再泪汪汪"；牙刷广告标题"一毛不拔"，李奥·贝那给肉做的广告标题"使得你所需要的蛋白质成为一种乐趣等"。

(3) 复合标题。复合标题就是由引题、正题、副题三种标题所组成的标题群。此类标题形式适用于广告标题的内容比较多而又需要全摆上去的情况。

引题：也叫肩题、眉题，一般放在正题的上面，它的作用是交代背景，烘托气氛，引出正题。

正题：也叫母题、大标题，它的作用是概括说明广告的中心思想或主要内容。

副题：也叫辅题、子题，一般放在正题的下面，它的作用是补充说明正题。

复合标题的组成有三种情况：

① 引题＋正题。这种标题形式的好处在于引题对正题有个提示作用，吸引大家注意正题。如：我国著名广告策划人王志纲给星河湾房地产做的广告标题。

(引题)4月28日～5月13日，18万人见证了星河湾的品质、成功，只有一个理由：

(正题)让成功的精英乘上中国地产的劳斯莱斯！

再如：DEC电脑中国公司的一则广告标题：

(引题)哇——他们为什么要惊叫?!

(正题)全新64位数据库服务器!!

② 正题＋副题。这种标题形式的好处在于副题对主题进行阐释和说明。

如：一则公益广告的标题

(正题)拒绝剽窃

(副题)保护知识产权

再如：广州胜风除湿机广告标题

(正题)把广州拧干

(副题)在这个湿冷的季节，广州需要重量级胜风除湿王

③ 引题＋正题＋副题。这是各个部分都包含的很完全的一种标题形式。

如：(引题)四川特产，口味一流

(正题)天府花生

(副题)越剥越开心

再如：(引题)中国名酒

(正题)剑南春

(副题)芳香浓郁，醇和回甜，清冽净爽，余香悠长

3. 广告标题的写作形式

广告标题的创作形式多种多样，概括起来，可归纳为以下几种：

(1) 陈述式。这类标题往往以精炼的语句，如实地将广告正文的要点告诉消费者，不加任何渲染和修饰。如，杜邦塑胶广告标题"结实的杜邦塑胶能使薄型安全玻璃经冲击致碎后，仍粘合在一起"。本田轿车广告标题"最豪华的轿车就是安静的、强有力的、又有声望的"。

(2) 新闻式。这类标题常常以新闻的语句来表达宣传的内容，向消费者提供新信息，引起消费者的兴趣和注意。

如："亚西亚商厦开业"、"红旗 V6，闪辆登场"。

(3) 对比式。这类标题借用比较方式，突出产品的独特之处，加深公众的印象。如："我们是第二，我们更加努力"。

(4) 提问式。用提问的方式来引起人们的注意，引起人们的思考，从而加深对广告的印象。

如：设问式　谁能帮我摆脱它？(采乐去头屑)

反问式　隔离又美白，怎能不白？

(5) 颂扬式。用赞誉的语气，夸耀商品或服务的特殊优点。

如"上海桑塔纳，自古以来中国最可靠的交通工具"。

(6) 比喻式(借喻式)。用某些有类似点的事物来比拟想要说的某一事物。

如："小莫小于水滴，细莫细于沙粒"(银行储蓄广告标题)

(7) 承诺式。这类广告在标题中向消费者承诺产品的利益，给消费者以明确的诉求。

搜集平面广告的广告标题，分析其类型及写作形式。

如"每月省电 17%，这您想到吧！"(松下空调)

广告标题的写作技巧是多种多样的，除了上述几种以外，还有诱导式、祈使式、图解式、致谢式和抒情式等形式。在实际工作中，应根据宣传产品、宣传目标的要求，具体、灵活、有效地创作广告标题。

### (二) 广告正文

1. 广告正文的结构与内容

广告正文是对广告标题的解释以及对广告产品的介绍。广告正文的结构一般由三部分组成：开头、主体和收尾。在着手撰写正文之前，要对文案的结构有一个总体的安排，考虑好开头、主体和收尾写些什么内容，以及如何去写。有了一个

整体的布局以后，运笔行文就会胸有成竹了。

正文的段落之间要有内在的逻辑联系，可采用倒金字塔结构，即将最重要的内容放在第一段，次重要内容放在第二段，不重要内容放在最后一段。也可以采用平行结构，每段前面加一个小标题。如果诉求内容单一，可以不分段落或少分段落。

## 相关知识链接

**金色的刺激**

到一个金色的国度，去度一个金色的假期，那刺激是黄金般的。

甘地和惠达多的祖国，庙宇、宫殿、土邦主和大象。喜马拉雅与恒河，古风和地毯，绿绸和宝石。

在印度，能够领略这一切，一种奇特的、神秘的文化，像黄金一样古老。

今年向您提供的不仅是旅行计划，而且是一个"金色刺激"。

印度国际旅游公司

分析：这则广告第一段为开头，第二、三段为主体，第四段为收尾。开头紧扣标题，以概括性的语言描述了到金色国度去度假的金色感觉；第二段具体描述了印度的风土人情；第三段又是较为概括的介绍；收尾部分的"金色刺激"与标题相呼应。整篇文案结构完整，风格协调，其思路为先描绘印度的魅力，后劝说人们去印度旅行。

(1) 如何开头。开头又称引子或开端，它是标题之后的第一段文字，作用是为整篇文案起个"好调子"。俗话说"万事开头难"，写文章也是如此。好的开头，可以考虑从以下几方面入手：

① 注意与标题的衔接。如海尔"一拖二"空调广告文案：

(画面为一只机械手的两指顶住地面)

二指禅

海尔一拖二，功到自然成！

独步武林的神功，不是轻易可见，然而海尔在技术上的领先一步，却实实在在感受得到。

(以下略)

这篇文案的开头，既与标题相衔接，又与画面相呼应，并由画面上的武功转到技术上的功夫，过渡自然。

② 从消费者遇到的难题或关注点来切入。如中国电信《一线通业务——鼠标篇》的开头：

或许，您曾为上网速度的缓慢而抱怨不已；或许，您也想办法改进了电脑配置，然而收效甚微……

这一开头便是从电脑用户所遇到的上网速度慢的难题来切入的，这样就迅速抓住了目标消费者的视线，让他们再阅读下文的内容。

③ 以提问的方式引发受众的关注与思考。如中国电信《礼仪电报——手》篇

的开头：

您的挚友是否不太顺心？

您的驻外员工是否很辛苦？

您的亲人是否需要您的问候？

（以下略）

这种以提问方式开头的文案，也能很快激起目标消费者的阅读兴趣。采用第二人称，给人的感觉像一位久违的朋友在询问自己一样，亲切温和。

④ 通过具体情景的描绘，给整篇文章创造一种氛围，定下一个基调。如马爹利酒电视广告文案的开头：

在法国近郊马爹利干邑世家一望无际的酒库上空，散发着一股醉人芳香，流传着一个动人故事。

这是一种充满抒情味和怀旧味的语气基调，给电视广告创造了一种诗情画意的气氛。

⑤ 以概括性的语言说明产品或企业的整体水平，先给受众以总体的印象。如联邦家私广告文案的开头：

联邦集团 14 年来，一直致力于改良自己的产品和服务，期望除了提供富于品位的设计、优良的品质和完善的服务外，还能给您更多的实惠。

这一开头阐明了联邦集团的企业理念，为下文提供了依据。

（2）主体部分如何展开。主体部分的展开方式有很多，重点给大家介绍以下几种：

① 承接开头的内容做进一步延伸。如前面所举的海尔"一拖二"空调广告文案，其主体部分为：

十年磨一剑，海尔空调集多年"一拖二"空调制造经验于一身，尤其是组合"一拖二"与变频"一拖二"，厚积而薄发，出手便叱咤空调领域，大小空间都能得到完善体验，种种设计均为此而生。

高手出招，谁与争锋，海尔志在让自己的功力化为您的生活享受，并带动空调技术的全面升级。

这是对开头部分"海尔在技术上的功力"的承接与延伸，是对开头部分的具体化与深化。

② 由回答开头所提出的问题而展开。如前面举的中国电信《礼仪电报——手》的例子，其主体部分为：

4 月 10 日起，中国电信在原有礼仪电报：庆贺、请柬、吊唁三种业务之基础上，增开慰问礼仪电报新业务。如果您想表达一份关怀与鼓励，或是一份爱心与挚情，请使用慰问礼仪电报，详情可就近查询邮电部门。

③ 笔锋一转，与开头的内容形成转折关系，给人以柳暗花明之感。如中国电信《一线通业务——鼠标篇》广告文案的主体部分为：

改变正是时候！

一线通（ISDN）为您提供高速上网选择。一线通可以在一根普通电话线上以至少64K的传输速度接Internet和视聆通，比传统电话线加Modem(调制解调器)的连接方式快四倍以上，并能一边上网，一边打电话、发传真，真正实现了"一线多能，万事皆通"。

(以下略)

(3) 如何收尾。收尾是正文的结束部分，可独立成段，也可与主体部分合在一起。在进行收尾时，有两点尤为重要：

① 语句上要简短有力，用一两句话即可说明问题，切勿婆婆妈妈。

② 内容要有鼓动性或煽动性。

如："要成为信心十足的时代女性，您又怎么可缺少全新的旁氏呢？"

又如："现在就打电话订购吧！"

2. 广告正文的类型

(1) 幽默式。用诙谐、轻松的笔调寓广告宣传于乐趣之中，目的在于引起读者注意，增添趣味性，从而加深信息影响的深度和广度。

## 相关知识链接

**箭牌衬衫广告文案**

箭牌衬衫标题为：我的朋友，乔，他现在是一匹马了

正文：乔常常说，他死后愿意变成一匹马。有一天，乔果然死了。5月初，我看到一匹拉牛奶车的马，看起来像乔。我悄悄地凑上去对他耳语："你是乔吗？"他说："是的，可是现在我很快乐！"我说："为什么呢？"他说："我现在穿一件很舒服的衣领，这是我有生以来的第一次。我衬衫的领子经常收缩，简直在谋杀我。事实上有一件把我窒息死了。那就我致死的原因。"

"天哪，乔，"我惊讶失声，"你为什么不把你衬衫的事早点告诉我？我就会告诉你关于箭牌衬衫的事。他们永远合身而不收缩，甚至织得最紧的深灰色棉布做的也不收缩。"

乔无力地说："哎，深灰色的棉布是最会收缩的了！"

我回答说："可能是，但我知道箭牌衬衫是不收缩的，我正穿着一件，每件只卖两美元！"

乔说："真棒，我的老板正需要一件那样的衬衫，我来告诉他，也许他会多给我一些燕麦。天哪，我真爱吃燕麦呀！"

(2) 陈述式(直述式)。陈述式正文直接阐述广告产品的功能特性、规格用途、效果和价目等，没有过多的修辞与描绘。

## 相关知识链接

**思科系统公司的企业形象广告文案**

标题：互联网无所不在，无人不晓。

是谁在推动着互联网？——思科

正文：思科1984年成立之后，于1986年推出世界上第一台多协议路由器，并迅速跻身于世界十大电信公司之列。全球电信服务运营商100强，95%是思科的客户。全球财富500强中89%的企业选择的思科，通过互联网创造更高价值。

作为全球领先的互联网设备和解决方案提供商，思科系统公司被称为网络的奠基者，推动网络无限延伸，为人类提供实现梦想的舞台。在今天的互联网上，接近80%的数据流量都经由思科系统公司的设备在传送。同时，思科不断开发网络世界无限潜能，开创全新的工作、生活、学习和娱乐方式。思科更以帮助中国开创互联网经济之路为己任，为中国信息化建设贡献自己的力量。

广告语：思科在你身边　世界由此改变

(3) 证明式(证言式)。运用产品或企业的获奖证书、荣誉证书、消费者对产品的赞扬信件、专家的鉴定等来证明产品质量或企业的服务质量和声誉，以增强企业的知名度。

证明式正文重在“以理服人”，即依据一定的论据，采用一定的论证方式，来告诉消费者为什么要使用某种产品，说服消费者购买。

## 相关知识链接

### 国民全营养素报纸广告文案

“要减肥，当然期望有效又安全”

寻本溯源，减肥更有效，更安全，更科学

减肥，为了健康，为了美，无论什么目的，都希望既有效又安全，这也许是肥胖人减肥时所关注的首要话题。

其实，减肥的有效与否，应该从肥胖根源说起。与平常人相比，肥胖的人脂肪代谢不平衡，使他们无法像平常人一样通过一日三餐吸收人体所需要的全面营养，造成人体营养失衡。而其脂肪合成速度则是平常人的几倍甚至十几倍，导致人体极易发胖。因此，肥胖不是营养过剩，而是肥胖人所需的营养与平常人完全不一样！

国民寻本溯源，针对肥胖根本原因，独创了国民科学减肥理论。国民全营养素富含肥胖人所需的特殊营养要素，专门针对肥胖人所需，全面补充营养，从而全面调整脂肪代谢，降低脂肪合成速度，重建健康平衡肌体功能，确保减肥更有效，每天可减一斤体重。同时，国民采用纯天然原料且不含任何中西药物，经科学配比制成，自然更安全可靠。

有了国民，减肥更有效，更安全，更科学，令您更加放心地享有一份自然健康的美好姿态。

如何理解：广告文案具有完整的结构，但又不拘泥于结构的完整？

(4) 描述式(抒情式)。描述式正文是以生动细腻的描绘刻画手法达到激发人们基本情感和欲望的一种广告文体。从文体上看，由于散文和诗歌最适合抒情，因而抒情式正文常用散文式和诗歌式。

搜集情感诉求的广告文案与同学们分享。

① 散文式。

## 相关知识链接

### 怡安花园报纸广告文案

除了家人，她可能是最亲近的人。

在喧嚣忙碌的都市中，除了家人，谁是最亲近的人？

如果问怡安花园业主，十有八九会异口同声地说："还有王阿婆！"年近六十的王阿婆，在这里每天干着相同的工作，扫扫地，看看门，递递报纸……事情很多，很杂，可每次见到她时，她都热情地和你打招呼，拉家常……那种久违的亲切感，不经意地涌上心头。

说也奇怪，自从来了王阿婆，邻里之间的生疏感渐渐少了，而浓浓的人情味渐渐洋溢开来……

（随文略）

分析：这篇文案类似记人散文，它以零星的是生活片段和细节表现"王阿婆"这一人物的精神风貌，从一个侧面显示怡安花园良好的人际关系和人文环境。

## 相关案例链接

### 台湾星辰表广告文案

妈妈以时间换取我的成长。

推动摇篮的手就是统治世界的手，也是最舍不得享受的手。

1/4 的妈妈没有表：

不是买不起，只是她们认为待在家里忙家务，戴不戴表都无所谓，何不把钱省下来做家用。

2/4 的手表是旧表、老表：

妈妈的手表至少有一半以上是旧表、老表，有的是结婚前的，有的甚至是儿女嫌旧不要的……她们舍不得享受，即使是旧的，她们也认为蛮好的。

3/4 的妈妈还要戴表：

妈妈外出购物、访友，需要佩带一只手表。

向伟大的母亲致敬，别再让母亲辛劳的手空着。本公司为庆祝母亲节，特请星辰表厂提供最适合母亲佩戴的女装表 5 000 只，即日起到 5 月 11 日止，以特别优惠价供应。欢迎子女们陪同母亲前来选购，送给母亲一份意外的惊喜。

分析：这篇文案像是一篇优美的议论散文，颂扬了妈妈操劳家务，舍不得享受的美德，并倡导子女们为妈妈献上一份关心和体贴，可谓情理交融，感人至深。

注意：写作此类文案要注意散文笔调的流露。散文笔调有两点要求：第一，语气要软化，避免武断与生硬；第二，饱含情致，可以直接抒发胸臆，也可以在叙述、描写和议论中渗透着浓厚的情感。

② 诗歌式。

## 相关知识链接

### 太太口服液广告文案

标题：夏天的女人

正文：

最美的
是夏天的女人
美丽的沙滩
阳光里
纷飞的衣裙
一个女人所有的千娇百媚
便在这一季
展露无疑
令人炫目的夏天
你更需要健康的心情

太太口服液
给您一个浪漫美丽的季节

分析：这篇文案充满了诗情画意，通过对夏天女人姿态的描写，抒发了一种乐观自豪的情感，当读者为这美妙的风景、情绪所陶醉、所感染时，文案又不露声色地把产品——太太口服液推向读者，并与整篇文案的格调融为一体。

③ 书信式。这类文案通常采用信件格式和叙述语气来宣传产品特性或企业形象。

## 相关知识链接

### 儿童百服宁系列——找人篇

之一：

她在找一个人

那天在火车上，我孩子发高烧，他爸又不在，我一个女人家，真急得不知道怎么办才好。

多亏了列车长帮我广播了一下，车上没找到医生，还好有一位女同志，给了我一瓶儿童用百服宁，及时帮孩子退了烧。我光看着孩子乐，就忘了问那位好心女同志的名字和地址，药也忘了还给她。你瞧这药，中美合资的产品，没药味，跟水果似的，能退热止痛，并且肠胃刺激又小，在我最需要的时候，百服宁保护了我的孩子。

图 6.1 “儿童百服宁”系列广告

人家帮了这么大忙，我和孩子他爸都非常感谢她，真希望能再见到她，给她道个谢！

王　霞

之二：

找到她了！

王霞，听说你在找我，其实给你一瓶药，帮你的孩子退烧，只是一件小事。

那天在火车上，我一听到广播里说你的孩子发高烧，又找不到医生，正好包里有一瓶医生给我孩子退烧的药——儿童用的百服宁，可以退烧止痛，肠胃刺激又小，而且又有水果味，孩子也乐意吃，所以就给你救急了。那瓶药你就留着吧，我家里还有。我孩子也常常发高烧，家里总备几瓶，在最需要的时候，百服宁可以保护我的孩子。

都是做妈妈的，你的心情我很了解。希望你以后带孩子出门，别忘了带施贵宝生产的儿童用的百服宁！

张　红

分析：这一组系列广告曾获得第五届全国优秀广告作品平面铜奖。两篇文案都运用了书信体，但又略有不同，前一篇文案类似公开信（因为不知道对方的姓名)，后一篇文案是对前一篇文案的回应(回信)。这两篇文案能将产品的信息巧妙融合到对事情的叙述中且有较强的抒情性，读起来亲切感人，回味无穷。虽是书面语体，但口语色彩浓郁，有强烈的生活气息。

④ 对话型。这类文案多见于电视广告和广播广告，在报纸广告和杂志广告中比较少见。

## 相关知识链接

### 海通牌便携式汽车油量表广播广告文案

(街头的音响效果)

女:老王，您这是去菜场啊?

男:恩，是啊。

女:哟，随身还带着弹簧秤呢。

男:当然，带着它放心，嘿嘿。

(汽车驶入声)

男:小刘，去加油啊?

女:对呀。

男:随身带着海通牌便携式汽车油量表了吗?

女:当然，带着它啊，心里有数!

(旁白)

男:海通牌便携式汽车油量表，加油时能精确显示油箱入油量。

(汽车发动声音)

女:过日子嘛，加油和买菜是一个道理。

(欢乐音乐扬起)

分析:这则广告曾获得广东省第八届广告优秀作品评比的铜奖。文案用日常生活般的对话，将加油带海通牌便携式汽车油量表与买菜带弹簧秤进行类比，说明该产品能让消费者在加油时能做到心中有数，不会被骗。这段对话将较为陌生的事物和较为深奥的道理说得浅显易懂，令人信服。

(5) 故事式(叙述式)。故事式正文即用故事形式写成的广告文案，它往往能将枯燥无味的信息变得饶有趣味。这类正文要使内容像小说故事情节那样，有矛盾冲突的出现和最后的解决，引人入胜。

## 相关知识链接

### 美国保德信人寿保险广告文案

标题:智子，请好好照顾我们的孩子(这是飞机失事时一位乘客的留言)

正文:日航 123 航次波音 747 班机，在东京羽田机场跑道升空，时间是 1985 年 8 月 18 日下午 6 点 15 分。机上载有 524 位机组成员、乘客以及他们家人的未来。45分钟后，这班飞机在群马县的偏远山区坠毁，仅有4人生还，其余520人成为空难记录里的统计数字。

这次空难，有个发人深省的地方，那就是飞机先发生爆炸，在空中盘旋5分钟后才坠毁。任何人都可以想像当时飞机上的混乱情形：500多位活生生的人在这最后的5分钟里面，除了自己的安危还会想到什么？谷口先生给了我们答案。

在空难现场的一个沾有血迹的袋子里，智子女士发现了一张令人心酸的纸条。在别人惊慌失措、呼天抢地的机舱里，为人父、为人夫的谷口先生，写下给妻子的最后叮咛："智子，请好好照顾我们的孩子！"就像他要远行一样。

你为谷口先生难过吗？还是你为人生的无常而感叹？免除后顾之忧，坦然地面对人生，享受人生。这就是保德信117年前成立的原因。走在人生的道路上，没有恐惧，永远安心，如果你有保德信与你同行。

3. 广告正文的写作要求(创作原则)

请列举几句你最熟悉的广告语

(1) 真实可信。广告正文的写作要用事实说话，讲求有理有据，不能脱离企业或产品的真实情况，文学性的语言可以用，但不要讲夸张的话，如"该产品是世界上最好的"、"誉满全球"等自吹自擂的话。

(2) 易读易记。广告正文应浅显，易读易记，语言要亲切感人，尤其对那些专业性很强的内容更要力求用通俗的语言说明。让消费者记住广告说了什么，必须说他们最关心的问题，说和他们切身利益有关系的问题，说清楚能给他们带来的好处。只有这样，消费者才会对广告产生兴趣，才能记住广告的内容。

(3) 直截了当。正文的写法要越直接越好，读者不可能用很多时间来揣摩你的广告，因此，广告首先要回答能为消费者带来什么好处，如果广告满足了消费者的某种需要，广告就会取得较好的效果。

### (三) 广告标语

**广告标语**也叫广告口号，是为了塑造广告商品的品牌形象或企业形象而提出的一句简明通俗、反复使用的宣传语句。

1. 广告标语与广告标题的区别

广告标语与广告标题的区别是什么?

广告标语与广告标题的区别主要表现在以下几个方面：

(1) 作用不同。广告标题是广告文案的题目，它有概括主题和引导阅读正文的作用。广告标语是使消费者建立一种观念、一种消费意识，并使这种观念和意识成为购买商品时的选择依据。

(2) 使用时效不同。广告标题可以根据广告内容的变化而变化。广告标语则相对稳定，几年甚至十几年不变。

(3) 在广告文案中的位置不同。广告标题一般放在广告正文的上面，位置比较固定。广告标语所放的位置则不受任何约束，可以放在版面的任何地方。

(4) 写作要求不同。广告标题在语言上追求新、奇、美，从而吸引消费者。广告标语则越朴素越自然越好。

2. 广告标语的形式

(1) 颂扬式。此类标语用夸耀、颂扬的语气把企业的优势、产品的优点直接表述出来。如雀巢咖啡的“味道好极了”。

(2) 建议式。这类广告的标语用关心的语气，建议、鼓动你，诱发消费者的购买需求。如“请喝可口可乐吧”，“喝七喜汽水提提神”。

(3) 情感式。这类广告标语使用轻松愉快，联想丰富的语言，抒发对产品或消费者的情感。如“孔府家酒，令人想家”，“人头马一开，好事自然来”。

(4) 综合式。这类广告标语，采用几种表现手法，综合起来加以运用，使广告口号寓意更加深刻。

3. 广告标语的创作原则

(1) 简短易记，口语风格。这是广告标语写作的最重要的规定性。广告标语主要是要通过口头传播，来宣传广告主体的形象和观念，并使之成为消费大众的日常生活流行语。要合乎口头传播的规律，就要简短易记，充分拥有口语的表现风格。因此，广告标语的写作不能用不利于口头传播的过于书面化的语言，不能用生僻的字句词汇，不能毫无区分地运用方言、乡音，而是要用平常语，用消费者在日常生活环境中所运用的亲切、平易的语言，要用具有大众化的、普遍性的语言种类。

(2) 合乎音韵，文辞优美。这里的合乎音韵，不能简单地理解为要求句子押韵，更主要的是要求广告标语要体现音韵之美、流畅之美，令受众感觉流畅轻松、悦耳动听，富于韵律感和节奏感。不仅如此，广告标语还可运用各种表现手法和修辞方式，在语言上反复推敲，精心锤炼，努力做到简洁而不粗陋，雅致而不做作，意丰而不啰嗦，质朴而不苍白。这样才能引起消费者的共鸣，增强传播效果。

(3) 突出个性，表现特征。广告标语出现在媒体组合的每一种广告形式之中，是整个广告的核心，它鲜明地体现广告的定位和主题，是整个广告活动的灵魂所在。因此，一方面一个广告标语要尽量与其他企业、商品的广告标语区别开来，另一方面必须符合商品的个性，不能过于空洞浮泛，要准确地传达出企业的服务宗旨或商品的独特功能，显示其与众不同的魅力，使广告标语成为品牌意象的“特有语汇”，从而引起受众的关注和青睐。突出个性比较常见的一种做法是在广告标语中自然地嵌入公司、品牌、劳务等名称，使公司或产品名称配合产品特点不断出现，产生宣传强势。这样既宣传了产品特点，又扩大了企业和产品的知名度。

(4) 观念前瞻，鼓动性强。观念前瞻是为了使广告标语能适应长期运用的需要，在观念的表现和引导上不至于落伍，被消费大潮所淘汰。而一个观念前瞻的广告主体往往富含哲理，具有启迪性，能够引导、号召、动员、激励人们产生某种欲望和实现欲望的行动。因此，广告标语能做到观念前瞻、鼓动性强，就能产生持久的影响力和强大的竞争力。

(5) 把握受众，情感渗透。从某个角度而言，广告标语担负着建立广告主体与目标受众、目标消费者之间的特殊关系的任务。这个特殊关系的建立，可以使一般的受众转化为广告主所期待的消费者，可以使一般的商品购买者转化为某一品牌的忠诚者。因此，为了建立两者之间的牢固关系，广告者就必须把握受众的生活习惯、心理特征和情感需求，使广告能够迎合受众，发挥情感渗透作用，让受众深切感受到企业为消费大众所作的努力以及对消费者的关切，从而形成某种内在的亲和力。

(6) 适应媒体，长期运用。只有长期运用的广告标语，才能使广告主体的一贯风格、观念得到一致的传达；只有能适合各种媒介表现的广告标语，才能产生广泛而深远的影响。因此，写作广告标语时，与写作广告标题、正文等其他构成部分的一个关键的不同是：广告标语要适宜于在任何媒介上运用。

值得注意的是：以上原则要在一则广告中综合体现，不能顾此失彼。比如为了语言的优美而忽略了对象的把握或者是个性的体现。

### (四) 广告附文(随文)

广告随文是广告文案中的附属文字部分，是对广告内容必要地交代和进一步地补充说明。它主要由商标、商标名、公司名、公司地址、电话、价格、银行账号、箱形花边文字信息以及权威机构证明标识等组成。

例如箭牌衬衫的广告文案《我的朋友乔，他现在是一匹马了》，随文是这样写的：

> 如果没有箭牌的标签，
> 那它就不是箭牌的衬衫(放在商标下)。
> 箭牌衬衫，
> 机械处理防缩——如有收缩不合，免费奉送一件作赔。

随文一方面提醒消费者注意箭牌的商标，另一方面又向消费者作出明确承诺，从而消除了消费者内心的顾虑。由此可见，随文绝不是可有可无的文字。

随文的写作关键是：确保每条信息的准确无误。为此，要求在写作时认真做好校对工作，不得马马虎虎，敷衍了事。

随文的写作方式有以下几种：

(1) 排列法。按照一定顺序，把信息排列在文案的最下端，不添加任何多余的文字。

## 相关案例链接

**小天鹅洗衣机的广告文案的随文**

小天鹅集团
地址：中国无锡惠钱路 67 号
邮编：214035
本地服务热线：(020)84420142
总部监督电话：(0510)3703114

该随文按顺序将企业名称、地址、邮编、电话排列出来，没有其余说明、描写性文字，这就是排列法。其特点是语言冷静、客观，但缺乏足够的热情。

(2) 附言法。就是用委婉、礼貌的语言说教消费者注意那些附加性的信息。

## 相关案例链接

**菲利浦 DVD 的广告文案的随文**

现凡购买 DVD840 影碟机一部，附送宝丽宝精选珍藏 DVD、MTV 卡拉 OK 碟一张，数量有限，送完为止。

如有垂询，请致电菲利浦顾客服务热线：

(021)65179158 或广州办事处电话：(020)87320006

这类广告随文由于礼貌语言的使用(如："附送"、"垂询"、"请"等)，可使消费者产生一种交流感，读者会感到文案是在对自己说话。

广告附文是广告文案的组成部分，具有重要的推销作用。一则广告一般不会将上述内容全部列出，应根据广告目标、媒介选择等有所取舍。

# 第二节　广告策划书

## 一、概念

**广告策划书**是广告人员在对市场、产品和消费者进行广告调查的基础上，根据广告客户的要求，对广告活动进行全面的、科学的论证分析以后，将广告策略运作的方案用文字撰写而成的一种广告文案。

## 二、广告策划书的内容

一份完整的广告策划书，一般由以下几个因素构成：

1. 前言

前言是整个广告策划书的总纲部分，主要介绍广告策划项目的由来、经历时间、指导思想、事实依据以及《广告策划书》的目录内容。

2. 市场分析

(1) 市场背景：与策划的产品有关的市场情况，如国家对该行业的政策，市场变化发展的趋势，人们的消费观念地变化与消费水平地提高等。

(2) 产品分析：具体分析产品的优势及不利因素，主要有产品的历史、产品的个性(包括原料、产地、品种、性能、用途等)，产品市场的销售情况等。

(3) 竞争对手分析：分析竞争对手的产品知名度、市场占有率、生命周期和经营历史等。

3. 广告战略

一般包括五个方面的内容：广告目标、广告对象、广告地区、广告创意和广告实施阶段。

4. 广告媒体策略

在对产品和消费者进行定位之后，就开始确定广告媒体的使用策略。主要包括：媒体的选择与组合、媒体的地理分配、媒体的时间、版面分配和媒体的频率分配。

5. 广告预算

广告预算应该按项目进行，每个项目的费用计算应尽可能准确，这一部分最好是以图表的形式作出明确的显示。

6. 广告效果预测

这一部分应以“前言”部分中规定的任务和目标为准则，展望广告宣传活动的理想化效果，应实事求是，简明扼要。

## 相关案例链接

### 一颗清凉的心　夏日冰菊物语

——惠尔康菊花茶广告策划书

**一、前言**

惠尔康菊花茶起步于2003年，在厦门这一本土市场，其销量一直不错，而在武汉市场方面，虽已进军两年之久，其市场反应一直不如意，为此我们对武汉的茶饮料市场展开调查，主要从市场反应、竞争对手、消费群体、产品反应等方面入手，得出惠尔康菊花茶不畅销的原因主要在于：竞争强大、产品口味偏甜、低糖型茶饮料格外受人青睐、前期宣传不到位、推广滞后等。因此，我们在原有的基础上对产品做进一步改进，推出无糖系列菊花茶，满足武汉市场消费者的需求偏好。而且在广告方面作了改善，提出“清心”的概念，并且制定了个相对完善的推广计划，从广告投放到宣传促销毫不松懈，以达到消费者认可，满足其“无糖更健康，纯天然口味”的需求的效果，进而提高消费者对惠尔康菊花茶的偏好度和忠诚度。

**二、公司简介**

厦门惠尔康集团有限公司是1991年，由叶争鸣、叶美兰等5个自然人股东设立，专业从事研发、生产、销售饮料及乳品的大型民营食品工业企业。目前，集团注册资本25 000万元人民币，主要从事对食品行业的投资，生产销售乳制品、软饮料、果汁饮料、八宝粥等。经过十几年的飞速发展，集团年生产能力超过100万吨，共有7大系列100多种产品，连续五年名列全国饮料企业前20强，乳品业也位居全国城市乳品前列，已成为跨省市经营、产销一体化、以加工带动农户发展为主的大型集团企业，名列全国民营企业第125名。集团先后被评为农业产业化国家级重点龙头企业、厦门市高新技术企业，全国质量管理达标企业，中国学生奶推广定点企业，中国农业化经营20大龙头企业。惠尔康产品被授予“绿色食品”称号，并获得2003年中国名牌产品的认定；“惠尔康”商标也于2004年被认定为中国驰名商标。集团董事长叶美兰女士在担任大量社会工作的同时，也获得了厦门市优秀社会主义建设者、福建省劳动模范、全国三八红旗手等光荣称号。

**三、市场分析**

1. 市场分析

惠尔康自2003年推出其草本系列菊花茶以来，市场表现成绩斐然。从销售情况来看，2004年较2003年的销量翻了几番。但由于2004年功能饮料是炒概念，虽然看起来市场潜力很大，却由于市场的不规范，秩序比较混乱，厂家继续推新品投入太大，导致2005年各大企业纷纷减少了在功能饮料市场的投入力度。据调查，2005年夏天各大品牌的凉茶决出了胜负，出现了几个强势的品牌，如王老吉、下火王等，并淘汰一些品牌。在这种形势下，惠尔康对其草本系列菊花茶加强推广就成了必然的选择。

惠尔康是本土茶饮料生产企业的“领头羊”。从早期做利乐包装开始，到2003年，惠尔康率先开发出了PET瓶包装的菊花茶。2006年，以菊花茶为主导的利乐包装饮料已占到福建省同类包装产品的70%。巨大商机让饮料企业焕发了巨大的生产能量。在非本土的市场，虽然惠尔康菊花茶也已覆盖到了众多城市，但其销售额都不太理想，特别是武汉市场，进军已达两年，其销售额仍迟迟不上升。

武汉处于“九省通衢”的枢纽位置，南来北往的流动人口多，因此快消品消费能力旺盛。业内流行这么一句话：“武汉第一，全国前三”，即产品能在武汉销量第一，那么产品在全国的总销量基本就达到前三了。武汉作为饮料厂家的市场重地，具有很强的“样板性”，很多时候，厂家选择武汉作为样板市场来培养，在推广力度和新概念的传播方面都格外重视。

事实上，90%以上的规模饮料企业都在湖北设有灌装厂和生产基地，从而有利于将产品辐射到华东、华南市场。因此，武汉市场不但是各厂商促销走量的“必争之地”，同时也是踏向全国市场的一块重要“跳板”。

2. 竞争对手分析

就武汉而言，惠尔康的主要竞争对手是康师傅和统一两大巨头。在武汉整个茶饮料市场上，康师傅和统一占领了80%的市场份额。近年来，由于跟进者的增多，康师傅和统一为了巩固武汉市场，加大了对茶饮的推广力度。此外，武汉市民有较强的品牌意识，由于统一和康师傅是最早生产茶饮料的企业，消费者先入为主的品牌认知。使得统一和康师傅深入人心。惠尔康必须在武汉建立自己的品牌忠诚度，才能更好地与两大巨头争市场。

3. 产品分析

从消费者的角度来看，茶饮料市场尚未达到可乐市场那样高的品牌忠诚度，产品口味才是市场的真正卖点。据某调查资料显示：从北京、上海、广州、武汉、成都、沈阳、西安这七大城市影响消费购买茶饮料的因素来看，有67.9%的消费者认为口味是影响其购买茶饮料最重要的因素，而对于品牌因素，仅占29.9%。

而惠尔康菊花茶选用的基本原料是桐乡杭白菊，杭白菊为菊科植物菊的干燥头状花序，是天然的草本植物，而杭白菊具有解热的功效，这在今天一片“降火”呼声的茶饮料市场上，具有极强的说服力。历史上杭白菊曾享有“杭白菊与龙井茶”并提之誉，是我国传统著名出口中药材“浙八味”之一。

杭白菊内含菊甙、氨基酸、黄酮类及多种维生素和微量元素，中华医学研究表明，杭白菊具有养肝明目、清心、补肾、健脾和胃、润喉、生津，以及调整血脂等功效。常饮本品，春暖去湿、夏暑解渴、秋日解燥、冬季清火。更能美容养颜、补血提神，以增强生命之活力，使人延缓衰老，更能使老年人延年益寿，是一种高效超值的保健饮品，市场范围涵盖国内外。

4. 消费者分析

(1) 主目标消费群：18～28 岁的上班族，学生。

(2) 次目标消费群：28～38 岁的现代企业上班族群。

(3) 目标消费群特征分析：目标群生活节奏快，追求快速方便的即饮产品，崇尚健康自然的生活概念，略知草本饮料的益处，认真努力，热爱生活，注重健康，但现实社会的竞争也使得他们常常生活在焦虑、急躁的精神状态中，努力寻求宁静、安逸的心灵境界。

## 四、目标设置

短期目标：通过广告宣传活动有效地赢得目标消费群体的关注，促成销售，提高品牌知名度和偏好度。

中期目标：力争在一定时间内在目标区域中成为行业中的挑战者的地位，拉开与其他竞争品牌的安全距离；从而使销售额提高 25%。

长期目标：成为菊花茶品类产品国内第一品牌，树立领导品牌形象，并能够对惠尔康的整体品牌形成反辅，进而开创国际市场。

## 五、创意说明

我们为了配合无糖系列菊花茶的推出，制定了新的广告方案。该广告摒弃了惠尔康菊花茶传统的广告模式，采取了卡通形式，体现出“清心”的概念，给消费者更贴心的感觉(见图 6.2)。

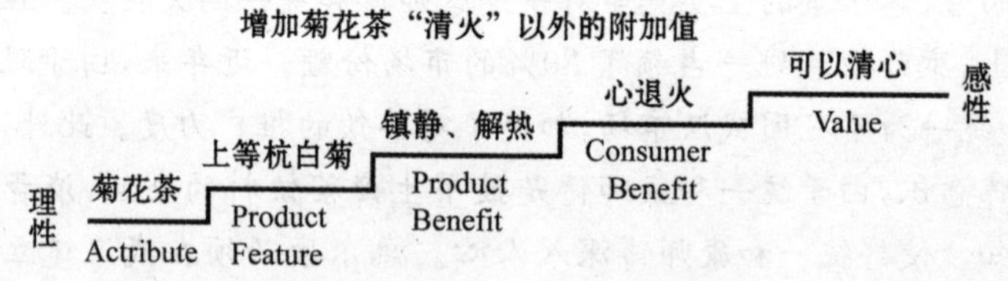


图 6.2 惠尔康菊花茶创意层次概念

1. 平面广告方案

出着大太阳，一颗蓝色(代表清凉的感觉)的心戴着墨镜，坐在一张椅子上，悠哉地跷着二郎腿，一瓶很大的惠尔康菊花茶立在旁边，阴影刚好将太阳给遮住！画面上写：一颗清凉的心，夏日冰菊物语，惠尔康菊花茶。

在广告的后面同时可以写上：无糖更健康，纯天然口味。

2. 电视广告方案

烈日炎炎，一颗长着脚的心在沙漠中跋涉，后面留下一串长长的脚印，然而这颗心并没有丝毫感觉到热，细看心的周围有一个很大的阴影，这时电视的画面往上一直升，在看不见心形图的时候发现上面飘着一瓶惠尔康菊花茶，阴影刚好把心给遮住，免被太阳晒，这时那个心形又长了一双翅膀飞了上来坐在惠尔康瓶子上(画面背景变成了蓝色的海洋)，举着一瓶惠尔康菊花茶说："清心就是这么容易!"

在广告的后面同时可以写上：无糖更健康，纯天然口味。

## 六、广告战术安排

1. 定位策略

针对消费群体的心态，创意人员提出了"清心"的概念，由"身退火"到"心退火"，实现了由生理诉求到心理诉求的飞跃，满足了消费者的心理需要。

2. 系列策略

惠尔康菊花茶无糖系列是在原有的菊花茶基础上衍生出来的，主要根据武汉市场的特点，采用卡通的形式，形象生动地提升了原有的"大家消消火"概念，从而提出我们的新主题——清心。

3. 媒介策略

惠尔康菊花茶无糖系列的广告媒介选用组合策略。一方面采取了时下流行的户外广告模式，如路牌广告(醒目、美观、渗透)、霓虹灯广告、公交车广告(覆盖面广，形成网络；持续展示；受众量大；自然平和；冲击力强；可信度高；价格适当。)、大卖场外的横幅广告等。另一方面采用传统的电视广告投放模式，选择地方台(因为地方台的广告成本比较低，而且受众地区比较有针对性)，再加上网络媒体的辅助宣传(它既包含电视广告各大优点，又有成本低、灵活的特点，是一种极具潜力的新颖的广告媒体。

4. 时机策略

为了配合惠尔康菊花茶的消费季节，其主要为夏天，我们得在入夏前一个月，就在各媒体推出我们的广告，让顾客能及早地认识我们的新系列产品。同时让产品在各大商场上架销售，包括一些零售商、批发商也同时起步销售。紧接着趁热打铁，搞一些宣传活动，加深顾客对无糖菊花茶的认识，激发他们的消费需求。

5. 频率策略(强调轻重缓急、张弛有度)

入夏前一个月正好是饮料产品推出广告的最佳时期，因此，企业要加强这段时期广告的投放频率，让无糖菊花茶在各个时段都有曝光度，使消费者能注意到该产品，并留下深刻印象。然后在真正入夏的时候，更要增加无糖菊花茶的曝光率，引起消费。等到夏天过半时，可以稍微减少广告的投放频率。而到夏天过去后，企业可以继续减少广告的投放，只要偶尔露个脸即可，防止消费者忘记。

## 七、传播计划

此次广告的发布，主要在电视媒体上播放，户外平面广告和网络媒体广告为辅。为了惠尔康无糖系列的菊花茶能够更好地利用电视广告手段，在与其他茶饮料竞争时更充分有效地同消费者接触，电视广告采用独立使用时长7.5秒的广告。为了在第一时间引起消费者的注意，户外的大卖场外的横幅广告采用(长×高)31m×8m；路牌广告采用1.8m×1.2m(画面)的规格；霓虹灯广告设置在十字路口，采用10m×15m的规格；公交车广告采用车身广告牌形式。

### 八、广告预算

**表6.1 列出广告预算**

| 项目 | 金额(¥) |
|---|---|
| 市场调研费(实地调查；研究分析) | 10 000 |
| 广告设计费 | 500 000 |
| 广告制作费(印刷；摄制；工程；其他) | 2 000 000 |
| 媒体租金 | 3 500 000 |
| 公关促销费(公关；促销) | 100 000 |
| 服务费 | 20 000 |
| 管理费 | 50 000 |
| 其他杂费 | 10 000 |
| 机动费用 | 100 000 |
| 总　计 | 6 290 000 |

### 九、效果检测安排

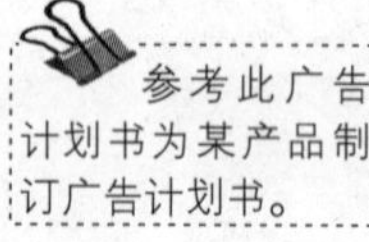

参考此广告计划书为某产品制订广告计划书。

播广告前对武汉地区的目标消费者进行问卷调查，对消费者对惠尔康无糖系列菊花茶的期待程度及购买的可能性等数据进行统计。投放广告之后再一次的对目标消费者进行问卷调查，对消费者购买的频率以及口感的满意度等数据进行统计。比较两次数据统计的结果，看其是增长还是下降。然后，总结整个夏季的菊花茶销售额，并与往年销售额作比较，计算其销售增长率，看是否达到预期目标。

## 第三节　不同媒体广告文案写作

### 一、报纸广告文案写作

报纸是当今社会最广泛的大众媒体之一。在我国，报纸是仅次于电视的第二大广告媒体。撰写报纸广告文案要注意以下一些具体要求：

#### (一) 标题要更有吸引力和冲击力

大多数人阅读报纸是浏览式的阅读，碰到自己感兴趣的内容才会详细阅读，报纸广告的标题要做到在读者对版面的匆匆一瞥中引起他们的关注，就必须更有吸引力和冲击力。那么，哪些标题更能吸引读者的关注呢？

1. 与读者利益密切相关的标题

如：安婴宝奶粉广告的标题为：每天吃蔗糖，宝宝牙齿怎会健康？

如：美的电饭煲的广告标题：让妈妈每天多睡半小时

2. 能挑起人自负心理的标题

这是广告文案中的“激将法”。例如，必特堡啤酒的广告标题：

和男人打赌，成熟男人喝必特堡啤酒，几次上瘾。

这里“和男人打赌，几次上瘾”极富挑战性，能激起受众的自负和不服，从而想尝一尝这种啤酒。又如阿尔卡特手机广告的标题：

男人可以不系领带，却不能没有自己的声音。

“不能没有自己的声音”是一语双关，表面是反映男人的声音，实际上另有深意。

3. 能引起读者好奇心的标题

1998 年法国世界杯足球赛前夕，TCL 彩电在《羊城晚报》上刊出了一则广告，其标题为：98 世界杯第 33 支参赛队。

球迷们都知道 1998 年世界杯足球赛共有 32 支参赛队伍，现在又突然冒出一个第 33 支参赛队，自然会感到新奇，从而产生阅读正文的兴趣。

### （二）正文要更有趣味性和可读性

## 相关案例链接

**扶他林的一则报纸广告**

缓解肌肉关节疼痛，扶他林显身手

李小双助人为乐

一个夏天的傍晚，小双与队友正在散步，发现一名少女跌倒在路边，扭伤了脚。正在大家慌乱之际，小双不慌不忙地掏出一管药膏，轻轻地帮少女抹在伤痛处，少女顿时轻松了许多，一抬头发现，原来帮助她的人是大名鼎鼎的李小双！少女激动得连连道谢，小双告诉她：你应该谢谢扶他林！

原来，小双街头救急的药，就是扶他林乳胶剂。由于采用了独特的乳胶剂剂型，扶他林能够迅速渗透肌肤，不仅适用于扭伤、拉伤，对于劳损、风湿、关节炎等病症，也有助于解痛消炎，且无色无味，携带方便。在生活中，扶他林已经成为人们缓解肌肉关节疼痛的好帮手。

这篇文案以李小双助人为乐的故事为线索，巧妙地将产品引出来，增添文案的趣味性。

可读性要求文案要多用短句，少用长句；多用单句，少用复句；要勤于分段，每段只表达一个中心意思。如马来西亚航空公司广告：

为何她脸上皱起小眉头？
也许我该熄灯。
她会觉得微冷吗？
把她那双小手盖好吧。
可能她要那玩具熊陪伴她？
为何她还皱起小眉头？
慢着，哪有什么小眉头？

文案从一名空姐的角度，道出了马来西亚航空“乘客至上”的服务理念。空姐的口吻体贴关怀，犹如邻家大女孩，让人有宾至如归的感觉。

### (三) 随文要更有驱动力

报纸广告文案的随文切忌被动地列出电话、地址等信息，而应主动强调产品的标志特点，告诉读者怎样行动。如“凡需要以上产品的用户，请您认准某某商标”，“我们还竭诚为您代办邮购业务，邮购地址：(略)；联系人：(略)”。

### (四) 正确处理篇幅和版面的关系

请加大对广告文案的实训练习，效果较好。

报纸广告的版面主要有整版、1/2 版、1/3 版、1/4 版、通栏、半通栏、报眼、报花、中缝等款式。文案撰写者要善于根据版面的大小“量体裁衣”。

在技术上，广告文案在写作中根据报纸广告的特点，要有以下注意事项：

(1) 避免使用低调的影像，图像要有较高对比度，轮廓结构要清晰。

(2) 较大版面的影像一定要专门制作，不要用翻版。

(3) 报纸作用比较短暂，要避免使用长期广告意念。

(4) 要与新闻有机结合。

## 二、杂志广告文案写作

杂志广告具有针对性强、精读率高、传阅率高、保存时间长等特点。正因为杂志广告具有这种得天独厚的条件，所以杂志广告越来越受到广告主和广告公司的重视。杂志广告文案写作要充分利用杂志广告的上述特点。

1. 语言要符合杂志读者的品位和文化素养

目前我国杂志可分为三种类型，即专业性杂志、综合性杂志和休闲性杂志。

(1) 专业性杂志的读者的知识水平和文化素养较高，所以文案语言要典雅、庄重，具有一定的专业性，切忌庸俗、花哨、无文化。

(2) 综合性杂志，涉及面较广，读者成分复杂，在这类杂志上做广告，要考虑让不同层次的读者读懂文案，并善于把握不同读者的共同利益点。

(3) 休闲性杂志的阅读面较广，这类杂志或以热门话题吸引人，或以独特风格吸引人，在这类杂志上做广告，语言要平易近人，通俗易懂。

## 相关案例链接

**《三联生活周刊》的一则房地产广告**

当周围人都习惯以你为中心，想有片林子一个人静静地享受孤独么？

枫丹白露林边的家　给懂得享受孤独的人

是的，你喜欢身边人都以你为中心的感觉。不过，你也喜欢独处的乐趣。

当电子邮件、电话、会议、饭局、聚会让你身不由己的时候，也许你会渴望有一个地方，可以关掉手机，屏蔽一切与工作、应酬有关的事或人，一个人静静地待会儿。

来吧，朝阳公园东门边有一片枫丹白露林，没有城市喧嚣，只有轻轻的风响，密密的林子，斑驳的树影，幽幽的小径……有时，能享受一个人的世界是莫大的幸福。

《三联生活周刊》的读者对象主要是受过高等教育、关心时代发展进程、不断从中寻找自己的新型知识分子。因此，在这类杂志上投放的广告格调要高，产品目标消费者与杂志的目标读者对象应该高度吻合。

又如：三菱汽车在《中国民航》1998 年第 2 期所做的杂志广告：

不仅仅是想去哪里，重要的是如何到达

对于那些想走自己道路的人

全新三菱 GALANT

以驾驭者的气派驾驭全新三菱 Galant，那才真正是你自己的气派。既豪华新潮，又宽敞实用。优雅大方、考虑周全的工程设计不仅强调效率，而且珍视感觉和享受。高级的并联悬挂装置，激动人心的马力范围，其中包括丝绸般光滑平稳的 2.0 立升 ECI 多点喷油汽油发动机，使得你的操作不费吹灰之力。

请驾驭全新三菱 Galant，去体味运输与满足的不同吧。

分析：由于《中国民航》是赠送给乘机者，作为消遣性的读物，其阅读对象大都是收入较高的消费层，所以采用了典雅高贵的语言风格，塑造了三菱汽车的高品位、高档次的形象，针对性很强。

2. 内容详尽具体，讲求实效

由于杂志与报纸媒体相比，具有更高的精度率和传阅率，所以，一般而言，杂志广告在内容上比报纸广告更加详尽具体。但详尽具体不等于啰嗦，要摒弃空话、废话和套话，把话说到点子上，也就是要讲求实效。

## 相关案例链接

**《读者》1997 年第 4 期力士美容洁面乳广告**

展现生动美丽的一面

谁会喜欢木头娃娃那种硬绷绷、毫无生气的感觉呢?

人人都渴望拥有一张生动娇柔的面孔。全新的力士美容洁面乳,蕴含天然成分,配方纯净温和,为您缔造娇颜,让你真正拥有生动娇柔的面容。

力士美容洁面乳,真正彻底清洁,而无需担心碱性成分刺激面部的娇嫩肌肤,并能有效促进皮肤的新陈代谢,使皮肤润泽而富有弹性。

如果说报纸广告文案更强调语言的新颖独特和冲击力的话,那么杂志广告文案更强调语言的实在和具体。

均衡型:

(1) 含天然芦荟精华,纯净温和,能有效去除分泌过剩的油脂。

(2) 保持皮肤爽洁舒适,柔软细润。

保湿型:

(1) 含天然小麦胚芽油,营养滋润,保证面部皮肤特有的水分不流失。

(2) 使皮肤幼滑娇嫩,富有弹性。

全新力士美容洁面乳,给你面部前所未有的轻柔呵护!并展现生动美丽的一面,使你更有自信!

文案首先介绍了力士美容洁面乳的功效,然后又详细介绍了产品的两种类型(均衡型和保湿型),最后鼓励消费者去"展现生动美丽的一面"。全文既详尽具体,又切中要害。

3. 将理性诉求和感觉诉求推向极致

杂志广告的文案有两种重要的策略,一是利用其精读率高、容易保存的特点,进行详尽的叙述和论证,将理性诉求推向极致;二是利用其印刷精美的特点,以优美精致的画面抓住读者的眼球,并配以情绪化、个性化的文案,将感觉诉求推向极致。

## 相关案例链接

### 珊拉娜青春修复露在《读者》上所做的广告

哇!小痘痘不见了

预防青春痘——珊拉娜青春修复露

珊拉娜青春修复露含优良的抗脂溢杀菌去粉刺活性物,温和不刺激,可调节皮脂的过剩分泌,加快皮肤的修复,避免青春痘的复发与产生,从而达到治本的效果。

如果说化妆品在报纸广告或电视广告中大都采用感性诉求的方式,那么在杂志广告中就应采用理性诉求的方式。

珊拉娜青春修复露含强力的保湿因子和高效的渗透剂,具有重建表皮、促进修复、避免脱水的效果,可舒缓皮肤的刺激感。

珊拉娜青春修复露最适合以下皮肤的护理:有产生青春痘、粉刺倾向的皮肤,已产生青春痘、粉刺的高度油性皮肤。

去除青春痘,护理油性皮肤——珊拉娜止痘系列产品,给您提供正确的选择:

(1) 预防过程(略)

(2) 消除过程(略)

(3) 护理过程(略)

(随文略)

**再如《中国妇女》1997 年第 1 期刊登的羽西国际香水广告：**

羽西国际香水系列

任何场合散发无穷魅力

变成风情万新的你！

振奋的纽约——充满活力、引人注目、使人兴奋、心跳加速

文雅的桂林——这桂花香水典雅、诗意，令人回味无穷

浪漫的维也纳——华丽的礼服、情人的花束加上令人陶醉的华尔兹舞曲，这香水把你带入一个罗曼蒂克的世界

迷人的好莱坞——绚丽、璀璨、充满戏剧性

分析："纽约"、"桂林"、"维也纳"、"好莱坞"是羽西香水中四种不同的类型，文案用非常感觉化的语言塑造了这些香水的独特个性和迷人魅力。

## 三、广播广告文案写作

### (一) 广播广告的特点和构成要素

广播广告的最大特点就是单纯运用声音来传播广告信息。用声音传播信息既有迅速、方便、灵活的优点，也有保存性差、选择性小、稍纵即逝的缺点。因此，广播广告文案的首要问题便是如何在声音的表达上下工夫，创作出清晰明朗、容易记忆的广播广告文案。

广播广告的声音包括有声语言、音乐和音响三大要素。

1. 有声语言

这是广播广告的核心部分，产品或企业的广告信息必须借助有声语言才能传播到受众那里。一则广播广告可以没有音乐和音响，但绝不能没有有声语言。

2. 音乐

音乐用于创造优美的收听环境，渲染广告的气氛。对于听众来说，没有音乐的衬托，广告语言会显得单调、乏味。如果是情感诉求的广播广告，配上一曲令人难忘的乐曲，更能增加广告的感染力。

3. 音响

音响包括自然音响(如海浪的喧嚣声)、环境音响(如机器轰鸣声)和人物音响(如掌声、笑声、喧闹声)，其作用是创造现场感，把受众带入一个特定的情景中。

撰写广播广告文案不但要写出有声语言，而且要对音乐的选取、音响的制作提出必要的说明。

相关案例链接

**AA 咖啡夫妇篇广播广告文案(30 秒)**

| 音效 | 有声语言 | | | 音乐 |
|---|---|---|---|---|
| | 妻 | 夫 | 旁白者 | |
| 哗哗声 | 家用簿上，这个月又透支了。 | | | |
| | | 没办法，谁叫大家都是好朋友，意气相投呢？ | | |
| | 大家都是好人呢！ | | | |
| | | 对呀！共同成长的好朋友。 | | |
| | 因此，我们家的文化娱乐费包含它唷！ | | | |
| | | 恩！ | | |
| | AA 咖啡，再来一杯吧 | | | |
| 咖啡杯和盘碰撞声 | | 好喝！ | 不管几岁的好朋友，让人心情飞扬起来的伙伴。 | AA 咖啡（声音标志） |

这篇文案便是将音效、有声语言和音乐三种不同的声音分开来写的。

**(二) 广播广告文案的写作要求**

广播广告文案的写作除了要遵循文案写作的一般规律外，还要遵循广播的特殊规律。所以，要想写好广播广告文案，还必须做到以下几点：

1. 亲切自然

广播广告文案在写作时必须有明确的对象感，即明确自己和什么样的受众群体对话，用亲切的口吻、自然的语调来贴近受众，贴近消费者。为此，文案创作要力求做到生活化、口语化。

2. 形象可感

广播广告要善于运用听觉的形象，使受众产生联想，使他们仿佛可以亲眼看到产品，亲手摸到产品，或者把他们带入特定的情景中，产生身临其境的感受。

相关案例链接

**猎犬牌防盗报警器的广告文案**

（音乐渲染出惊恐的气氛）

（沉缓地）一个寂静的夜晚

（音乐继续，低沉的脚步声）

一个窃贼的身影

（音乐继续，突然响起警铃声）

一鸣惊人的警铃

(音乐继续,急促有力的脚步声)

一声威严的喝令:"住手!"

一名落网的惯犯。

"带走!"(一阵远去的脚步声)

一场落空的美梦。

防盗保险,请用猎犬牌防盗报警器。

猎犬牌报警器保您的文件和财产防盗、安全!

分析:这篇文案语言的形象感极强,加上音效和音乐的渲染,创造了一个捉拿盗贼的情景,低沉的脚步声和响亮的警铃声使听众仿佛置身其中。

3. 避免误听

由于受众在收听广播广告时,不是通过字形来判断意思,而是通过字音来判断意思,而汉语中的同音字(或近音字)很多,所以在撰写广播广告文案时务必消除同音或近音字所带来的歧义。

例如,"治癌"和"致癌"字音一样,但意思正好相反,受众难以分辨出来,这就要求文案撰写者要能通过语言手段将它们区分开来,如可以把"治癌"说成"治疗癌症",把"致癌"说成"导致癌症"。

4. 适当重复

广播广告的一个缺点就是声音稍纵即逝,为加深受众的印象,广播广告文案需要在关键字眼上重复,如品牌名称、产品卖点和联系电话,均可作适当的重复。

## 相关案例链接

### 三星照相机的广播广告

(男)老师读:S-A-M-S-U-N-G,SAMUNG

(女)学生译:三星

(男)老师读:C-A-M-E-R-A,CAMERA

(女)学生译:照相机

(男)老师读:SAMUNG　CAMERA

(女)学生译:三星照相机

(男)老师读:SAMUNG　CAMERA　IS　VERY　GOOD

(男、女)齐说:三星照相机盖了帽了

音乐起

(厚重的男声)SAMUNG　CAMERA

分析:这里为强调三星照相机的品牌,文案以老师为学生上课为创意点,使三星的品牌巧妙地重复多次,从而加深了受众的印象。

### （三）广播广告文案常见的文体

1. 说明体（解说体）

即对产品的性能、特点以及联络方式加以客观的、冷静的介绍，通常用一个播音员旁白来进行。

相关案例链接

**舒尔麦克风广播广告文案**

> 这类文案的优点在于解说者可以采用全知视角，对产品或企业进行自由的介绍。缺点在于沉闷、单调，易让受众产生厌倦的情绪。

（雷电巨响……）

声音的震撼力，并不在于音量的高低。

（流水声……鸟鸣声……）

而在于它是否真实、自然、长久地感动了您。

（帕瓦罗蒂"我的太阳"前奏）

美国舒尔麦克风的名字，代表着纯粹自然的原音效果和异乎寻常的优质与耐用。

这就是为什么世界优秀的表演艺术家及专业音响人士信赖舒尔产品长达70多年之久的缘故。

（帕瓦罗蒂原唱）

美国舒尔麦克风，崇尚科技，追求自然。

在乎您的感受。

（爆炸声……）

2. 对话体

由两个或两个以上人物采用一问一答或一唱一和的方式将产品或企业的主要信息传达给受众。

相关案例链接

**美多牌收录机广播广告文案**

（音乐起）

妹妹：姐姐你听，这声音多美啊！

姐姐：不是"多美"，是"美多"。

妹妹：姐姐你听，这声音多美啊！

姐姐：告诉你多少次了——不是"多美"，是"美多"，"美多"牌收录机，懂吗？

妹妹：噢，我懂了，"美多"牌收录机发出的声音多美啊！

分析：这篇文案通过妹妹与姐姐的对话，将产品的品牌名称和产品特性传达给听众，对话中的人物各扮演着特定的角色。

相关案例链接

**广东邮电《服务形象篇》广播广告文案**

男：我们的业务每天都在延伸。

女：网络在拓展，业务在拓展。

男：我们的服务每天都求创新。

女：业务愈多样，服务愈多样。

男：我们的企业每天都在前进。

女：需求无止境，发展无止境。

合：每天前进一步，永远真诚服务——广东邮电

分析：这是一种一唱一和式的对话，对话中的人物无明确的角色分配，不过口吻是企业的口吻。男的提出一种观念，女的对这种观念进行深化和补充，最后一起说出企业的服务口号。

3. 小品体

小品体与对话体有点类似，也要运用人物对话，但与对话体不同的是更注重情景的逼真性和情节的曲折性。情景的逼真性通过具有现场感的音响和对话人物的角色化体现，情节的曲折性意在抓住听众的注意力，通过一定的故事情节来表现。

相关案例链接

**天津牌助听器广播广告文案**

这篇文案写得富有趣味性和戏剧性，文案的情节性和现场感非常强，是典型的小品体文案。

售货员：大爷，您买啥？

大爷：啥，减肥茶？不减，我这么瘦再减就没了。

售货员：大爷，买什么您自己挑！

大爷：咋的，还得上秤哟？

售货员：大爷，您老耳背，我给您介绍一个新伙伴。

大爷：啊？要给我介绍个老伴儿？不行啊，家里有一个啦。

售货员：大爷，我给您介绍这个，保证您满意。

大爷：啥，助听器？对，我就是来买助听器的。

男白：天津牌助听器，让聋人不再打岔。

4. 相声体

相声体是中国老百姓喜闻乐见的文艺形式。广播广告运用相声体可以收到幽默风趣、生动活泼、引人入胜的效果。

相关案例链接

**黑劲风牌电吹风广播广告文案**

甲：问您一个问题，您喜欢"吹"吗？

乙:您才喜欢吹呢?

甲:您算说对了,我的名气就是"吹"出来的。我能横着吹、竖着吹、正着吹、反着吹,能把直的吹成弯的,能把丑的吹成美的,能把老头吹成小伙儿,能把老太太吹成大姑娘。

乙:嚯,都吹玄了!

甲:我从广东开吹,吹过了大江南北,吹遍了长城内外。我不但在国内吹,我还要吹出亚洲,吹向世界!

乙:呵!您这么吹人们烦不烦哪?

甲:不但不烦,还特别地喜欢我,尤其是大姑娘、小媳妇抓住我就不撒手。

乙:好嘛,还是大众情人儿,请问您尊姓大名?

甲:我呀,黑劲风牌电吹风!

乙:嘿,绝了!

(掌声,拉下)

分析:相声体广告文案的写作关键在于如何抖亮"包袱",并将"包袱"与产品联系起来。这篇文案利用"吹"字的歧义性,有意诱导听众产生误会和悬念,通过大量的铺垫后再猛然抖开"包袱"——黑劲风电吹风,让人在意外中接受产品的信息。当人们的思维兴奋点集中在品牌名称时,其效果要强于多次单调的重复。

5. 快板体

快板体广告节奏明快,读起来上口,听起来悦耳,因而也是广播广告常用的一种方式。

## 相关案例链接

该文案曾获"95广州日报奖"广播广告银奖。

**泰奇豆拌凉粉广播广告文案**

凉通天,新朋友
带给你,新享受
粒粒凉粉好爽口
添牛奶又加豆豆
红豆绿豆香味够
清热降火好顺喉
看到之后难忍口
开罐即食最顺手
包你吃过返转头
放入冰箱更可口
透心感受从未有
今个夏天食个够
泰奇豆拌凉粉

分析：快板体广播广告的写作要领是：①合辙押韵，节奏感强；②抓住产品的实质。

## 四、电视广告文案写作

由于电视媒体具有覆盖面广、声像并茂、感染力强等特点，因而近年来备受广告主的青睐。从 1991 年开始，我国电视广告的营业额超过了报纸广告，位居各大媒体广告之首。

电视广告的文字表述即电视广告文案，类似电影（或电视剧）中的剧本。在电影或电视剧中，如果没有好的剧本，是很难拍出好的电影或电视剧的。同样道理，如果没有好的电视广告文案，是难以拍出好的电视广告的。所以，电视广告文案写作是创作电视广告的一个基本、重要的环节。

### （一）电视广告文案的写作步骤和格式

1. 写作步骤

电视广告文案写作步骤大体包括以下环节：

产品定位（或品牌形象定位）→电视广告创意→文字表达→修改完善

以上四个步骤中，电视广告创意是电视广告的灵魂，对于文案撰稿人来说，重要的工作是如何构想出一个好的创意；文字表达是把已获得的创意，按画面与声音组合的规律用文字表达出来，通常要用一定的格式来操作；最后一步是修改完善，包括创意点的完善，镜头、声音和字幕的完善。

2. 电视广告文案的写作格式

电视广告文案的写作格式有几种？

电视广告文案的一种通常写成创意脚本的形式。这种格式较为简单，即将画面部分和音响部分分开来写，中间用一条竖线隔开，每一个镜头标上序号；另一种格式较为复杂，称为分镜头剧本的形式，要把镜号、镜位、摄法、画面、音乐、音效、画外音、片长等因素分开来写。

## 相关案例链接

**丽珠肠乐电视广告文案《办公室篇》**

| 画　面 | 声　音 |
|---|---|
| 1. 随着人群往会议室涌动，营销部经理肩膀被办公室主任撞了一下。<br>抬眼一看，正遇见办公室主任。 | 办公室主任小声说道：“今儿当心点。” |
| 2. 总经理在会议室召开各部门经理会议，表情严峻。 | 总经理“最近的销售情况愈发不理想……” |
| 3. 营销部经理神情紧张，眼珠滴溜溜乱转。 | |
| 4. 营销部经理突然作腹痛状，抱住腹部欲起身离席。 | 总经理的话外音响起，“现在各部门经理总结一下这个月的工作情况！营销部开始吧！” |

该广告文案为创意脚本格式

（续表）

| 画　面 | 声　音 |
|---|---|
| 5. 大家目光一齐转向营销部经理。营销部经理很窘的样子。 | 营销部经理："对不起，实在抱歉，肠胃最近有点不舒服，先方便一下。" |
| 6. 各经理面面相觑，低下头欲乐又不敢出声。总经理欲发火又很无奈的样子，挥挥手令他速去。 | 会议室嗡嗡声乍起，秩序混乱。 |
| 7. 半小时后，会议室大门重新打开。开完会的各经理交头接耳地议论着走出。最后是垂头丧气的营销部经理，不断地擦着热汗和冷汗，狼狈不堪。 | |
| 8. 一只手托着的药盒送到眼前。然后感到肩膀被拍了一下。回头看却是办公室主任。 | 办公室主任："好好恢复，尽快扭转被动局面！" |
| 9. 营销部经理目送着远去的办公室主任的背影。低头看到手上赫然"丽珠肠乐"的药盒。 | |
| 10. | 结束语："人间冷暖，丽珠肠乐。" |

## 相关案例链接

该广告文案就是分镜头剧本的格式。

### 中国移动通信电视广告文案《潜水篇》

| 镜号 | 景别 | 镜头运用 | 画面内容 | 时间/秒 | 字幕 画外音 |
|---|---|---|---|---|---|
| 1 | 全景 | 俯拍 | 平静的海面，漂荡着一艘豪华游艇。一妙龄女郎悠闲地倚在船舷上，望着远处的海水。 | 3 | |
| 2 | 近景 | 切换 | 女郎从茶几上拿起手机，修长的手指轻盈地拨着号码，凑近耳旁倾听。 | 2 | |
| 3 | 中景 | 切换 | 宁静神秘的海底世界，一男子在悠然地潜水，欣喜地观看着在身边游来游去的各式各样的海洋生物。 | 2 | |
| 4 | 特写 | | 突然从男子腰间传出手机的呼叫声，打破了海底的宁静。 | 1 | |
| 5 | 中景 | 电脑特技 | 周围的鱼儿都左顾右盼，嘴巴一张一翕，不停地吐着泡儿，好像在商量着什么似的。 | 2 | |
| 6 | 近景 | 推 | 鱼儿都发现了男子腰间那一闪一闪的发光的银色物体。 | 2 | |
| 7 | 近景 | 拉 | 男子从腰间取下手机，按下免提功能键来接听电话。 | 2 | |
| 8 | 特写 | 电脑特技 | 鱼儿怒气冲冲地朝男子包抄过来，像离弦的箭一样从四面八方射向男子。 | 3 | |

（续表）

| 镜号 | 景别 | 镜头运用 | 画面内容 | 时间/秒 | 字幕 画外音 |
| --- | --- | --- | --- | --- | --- |
| 9 | 中景 | 切换 | 男子发现周围的鱼都朝他冲过来，吓得连忙把手机扔了。 | 2 | |
| 10 | 特写 | | 手机中传来女郎娇滴滴的问候声。 | 3 | 喂，你在海底还好吗？我想你，快上来吧！ |
| 11 | 近景 | 电脑特技 | 一条大鲨鱼用嘴接住手机奋力跃出了水面，其他的鱼也争相跟着纷纷跃出了水面。 | 3 | |
| 12 | 大特写 | 切换 | 蔚蓝的海面上跃起一只银色的海豚，海豚在妙龄女郎面前摆了个优美的S型舞姿。 | 3 | 无论你身在何处，中国移动都能带给你意想不到的。 |
| 13 | 特写 | 淡出 | 舞姿定格，蓝底白纹的中国移动标志从舞姿中突现出来。 | 2 | 沟通从心开始，中国移动通信。 |

### （二）电视广告文案的写作要求

1. 注意以动态的视觉形象“诉说”产品或企业的信息重点

电视广告文案撰稿人应该有良好的荧屏感，要时刻注意写出的东西是否可以直接体现在荧屏上。电视广告文案要善于把产品或企业的信息以动态的视觉形象传递给观众。当美工和导演看到文案后，能立即把它转化为图画或镜头。

2. 树立“声画对位”的观念

电视广告的声音与画面要保持基本的一致性，最忌讳出现“画面声音两张皮”的现象。电视广告应以画面的运动构成视觉的冲击，声音（音乐、音响和有声语言）必须与画面紧密配合，使两者相得益彰。

3. 语言要在画面最需要的时候出现

电视广告的语言包括3个方面：

（1）画外音。可以分为两种，即广告片中人物内心独白的画外音和第三者客观陈述的画外音。

（2）人物语言。包括电视广告人物的对话、自言自语或针对观众的道白。

（3）字幕。即电视屏幕上出现的字。

上述语言文字部分不是电视画面的简单说明和解释，它们的关系应为：画面表达信息不明确之处，就由语言文字来表达。画面本身已经表达了明确的信息，就不要再把过多的语言文字塞进去。语言文字只起完善信息、画龙点睛的作用，不宜太多。

## 经典案例赏析

### 瑞士欧米茄手表报纸广告文案

标题：见证历史　把握未来

正文：全新欧米茄碟飞手动上链机械表，备有18K金或不锈钢型号。瑞士生产，始于1848年。对少数人而言，时间不只是分秒的记录，亦是个人成就的佐证。全新欧米茄碟飞手表系列，将传统装饰手表的神韵重新展现，正是显赫成就的象征。碟飞手表于1967年首度面世，其优美典雅的造型与精密设计尽显贵族气派，瞬即成为殿堂级的名表典范。时至今日，全新碟飞系列更把这份经典魅力一再提升。流行的圆形外壳，同时流露古典美态；金属表圈设计简洁、高雅大方，灯光映照下，绽放耀目光芒。在转动机件上，碟飞更显工艺精湛。机芯仅2.5毫米薄，内里镶有17颗宝石，配上比黄金罕贵20倍的铑金属，价值非凡，经典设计，浑然天成。全新欧米茄碟飞手表系列，价格由八万至二十余万元不等，不仅为您昭示时间，同时见证您的杰出风范。具备纯白金、18K金镶钻石、18K金及上乘不锈钢款式，并有相陪衬的金属或鳄鱼皮表带以供选择。

问题：请分析该广告文案的特点。

# 项目七 广告效果与测评

## 学习目标

- **知识目标**

(1) 了解广告效果的内涵、特性。

(2) 理解广告效果测评的意义、原则和进行测评的步骤。

- **能力目标**

(1) 掌握广告诉求认知效果测评、经济效果测评以及社会效果测评的指标体系和测评方法。

(2) 能从实际出发,选择适宜的广告测定方法。

## 驱动任务

### 任务内容

通过本次任务,要求学生能够基本了解广告效果测评的相关内容,增强分析问题的能力,并能够有效运用。

**雅客 V9 电视广告效果测评报告**

糖果市场从 1996 年开始迅速发展。人们对糖果的消费越来越注重健康,因此,能使咽喉舒适的薄荷糖、使口气清新的口香糖、富含维生素的果汁糖逐渐成为市场的发展趋势。尤其是维生素糖果正在形成一个独立的品类市场。

中国最大的糖果专业生产商之一雅客食品公司敏锐地捕捉到市场的动向,迅速推出维生素糖果"雅客 V9",并以大手笔在中央一套做了电视广告宣传。

广告片创意非常简单:新鲜而灿烂的阳光中,周迅奔跑在都市的大街小巷,吸引众多追随者,形成奔跑的奇观,而原因,则由雅客 V9 引发。

这支广告片的目的是强力抢占维生素糖果的概念,并引领扩大整个维生素糖果市场。

随着广告的播出,消费者又是如何看待和理解由周迅出演的这则广告呢? 广告的创意和表现是否达到预期的效果呢? 广告是否对消费者的购买欲望和行为产生影响呢? 为了解答这些问题,北京松立技术咨询有限公司联合大连理工大学力迪市场营销研究所对广告效果进行了测评。本次研究设定广告效果测评目的为:探测受众对广告的接触、记忆、理解、态度及看完广告后的购买欲望及购买行为。通过调查分析,主要结论如下:

1. 接触效果

68.5%的被访者看过插播在央视一套《天气预报》与《焦点访谈》节目中间的广告,对雅客 V9 广告有印象。

2. 记忆效果

在有印象的被访者中,广告整体记忆效果一般,52.8%的被访者记住了广告产品是糖果,53.9%的知道广告中产品的品牌名称是雅客 V9。

在对雅客 V9 广告有印象的男性被访者中有 44.7%的人记住了广告词,女性则达到 61.5%;20~39 岁的被访者对于广告词的记忆率最高。

被访者对广告构成要素的记忆程度由深到浅依次为:"人物"、"情节"、"场景"、"广告词"、"旁白"、"服装"、"背景音乐"。

"情节"和"人物"对帮助被访者回忆雅客 V9 广告的积极贡献最大。

"人物"和"广告词"对帮助被访者回忆雅客 V9 广告的产品品牌的积极贡献最大。

3. 理解效果

女性被访者对广告诉求点的理解比例要高于男性。44%的被访者真正理解了广告的诉求点——"补充每天所需维生素"。

被访者对产品形象的理解依次为:健康、青春、时尚、运动、快乐、创新和其他。这与广告的初衷存在着一定的偏差。

在有印象的被访者中,74.8%的被访者认为周迅适合做雅客 V9 广告的代言人;在持否定态度并给出有效答案的被访者中,45.1%的被访者不喜欢代言人周迅;48.4%的被访者认为周迅的形象与产品的形象不符合。

绝大部分的被访者认为雅客 V9 产品适合年轻人食用。

4. 态度效果

被访者对雅客 V9 广告的喜欢程度一般,只有 28%的被访者表示喜欢雅客 V9 广告。

被访者对广告的"吸引力"、"客观性"、"有趣好看"这三方面的态度将会影响其对该广告的喜欢程度。

被访者对雅客 V9 品牌名称的喜欢程度不高。61%的被访者对该广告中的产品品牌名称没有感觉,喜欢和非常喜欢的被访者只占 28%。

5. 行为效果

在对雅客 V9 广告有印象的被访者中,只有 15%的被访者对雅客 V9 产品有高拥有欲望。

被访者对雅客 V9 广告的喜欢程度较高地影响了其拥有雅客 V9 产品的欲望。

对产品拥有欲望的强弱能够较大程度地影响购买行为,但前者只是购买行为的必要因素。

被访者向他人推荐雅客 V9 广告的可能性不高，只有 15.2%。

根据上述测评结论，项目小组提出了改进广告作品的情节、清晰界定广告诉求、进一步选择和精炼广告词以及形象代言人选择方面的建议。

**任务：**(1) 你认为雅客食品公司为什么要对雅客 V9 的电视广告进行广告效果测评？

(2) 雅客 V9 的电视广告效果测评都包含了哪些方面，你认为还可以增加哪些内容？

(3) 结合案例，根据广告效果测评的结果对广告提出改进意见。

**任务要求：**在老师指导下，让学生分组进行自由讨论；小组成员之间分工合理、合作默契；形成若干观点，派代表上台发言。

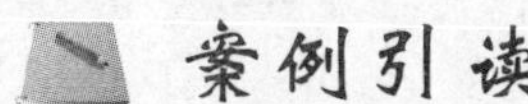

## 案例引读

### 达能深圳市场推广媒体应用案例

2002 年 4 月，达能广州公司向实力媒体达能组紧急布置任务，要求尽量在半年的时间内，用很少的预算推广两款酸乳酪饮品 Core Yoghurt 和 Active Drink，提高这两个新产品的品牌知名度。客户的市场调查资料显示：酸乳酪饮品的主要购买对象是 18～35 岁的女性。由此，实力媒体达能组围绕这样的诉求点和目标市场对媒体运用展开了思考。

对配合新产品推广来说，电视的视听觉冲击力较强，是非常重要和有效的媒体。但是，深圳的电视媒体多，又受到香港电视台的挑战。因此，观众十分分散，到达率非常低，再加上价格相对较高，这与相对紧张的预算是一对矛盾。所以，达能组决定，电视媒体不可抛弃，但是又不能依赖电视媒体，需要其他相对便宜又有效的媒体来补充。

达能组选择了繁华商业区和附近有大卖场路段的公交候车亭的路牌作为补充媒体，想以电视广告的视听觉动态提示，与户外广告的冲击力和多频次接触相呼应，增加品牌曝光率和扩展覆盖范围。但是，只做到这一步，并不能确保受众深刻了解“达能三菌”的益处，改变积存已久的消费心理和习惯，激发购买欲望。要提高产品的试用率，必须进一步使用更贴近消费者的媒体，以面对面的姿态做深度的引导和说服。所以，思路便沿着常人的生活轨迹不断地搜索，寻找可以利用的点滴机会。最后达能组定格在住宅区——人们“家”的所在，这里也是人们最感亲近和人口最集中的地方，但是这里哪有什么好的媒体呢？达能组想到了电梯。在电梯里做广告直接深入人们的家居生活，而且环境单一，广告干扰度小，再加上高层住宅区的居民消费能力强，这应该是较为理想的促销媒体。从节约预算来说，电梯广告目标对象更集中，可以减少电视广告涉及不相关受众所造成的浪费。根据这个思路，达能新产品市场推广计划的框架基本形成了。

整个广告策划主要由三个部分组成。第一部分，达能的电视广告和公交车候车亭广告最先出现。两种产品的广告逐月交替进行，大约做8个月。这个部分的目的是配合达能产品的市场推广，提高达能的知名度。第二部分，达能的广告逐渐出现在高层住宅的电梯上。根据各住宅区附近超市中达能产品的铺货情况，挑选楼盘，布置电梯广告，以配合销售。由于受众对电梯广告的接触频度较高，阅读较易深入，所以，广告的边际阅读率会随时间的推移而迅速衰减，为此，将每个楼盘电梯的广告使用时间设定为一个月，每个月更换100个楼盘，以此来缩减成本，并扩大宣传的覆盖范围。第三部分，在学生暑假期间，推出“达能亲子同乐日”的公关活动；在繁华地段，吸引妈妈和孩子前来参加各种游戏，并免费试吃达能酸乳饮品。这个活动的目的是提升达能的美誉度，拉近与消费者的距离，并通过影响两代人，为市场远期做铺垫。

广告推出以后，效果十分显著。除了经销商，更有来自消费者的订货电话。据达能公司统计，在电梯广告发布的住宅区中，有61%的住户打过热线电话，市场销售良好。

## 第一节　广告效果概述

### 一、广告效果的内涵

广告界人士经常喜欢引用19世纪成功的企业家约翰·瓦纳梅克的一句名言：“我明知道自己花在广告方面的钱有一半是浪费了，但我从来无法知道浪费的是哪一半。”广告费用的浪费，意味着广告投资方没有得到应有的回报，广告没有收到预期的效果。作为一种付费的传播活动，广告究竟能产生什么样的效果？不同的人有不同的看法。

“广告效果在于提高企业或产品的知名度。”

“广告效果在于直接促进商品或劳务的销售。”

“广告效果在于改变消费者的消费态度和行为”

……

被誉为“现代营销学之父”的菲利普·科特勒也曾提到过：“促销费用的大部分都打了水漂，仅有1/10的促销活动能得到高于5%的响应率，而这个可怜的数字还在逐年递减。”

不同的企业根据开展广告活动的不同目的，对于广告效果的期望也是不尽相同的，但都希望通过广告活动对消费者产生影响。所以，笼统地来说，**广告效果**是指广告作品通过广告媒体传播后产生的作用与影响，或者说是媒体接受者对广告活动的综合反应，它具有广泛性和多元性。为了更有效地对广告效果进行理解和测评，需要对广告效果进行科学的分类，可以从以下几个不同的角度看待广告效果。

(1) 根据广告的影响范围，可划分为经济效果和社会效果。广告的经济效果是指广告对社会整体的经济结构及企业、受众个体的经济活动所产生的影响。广告主运用各种传播媒体，把产品、服务以及观念等信息传播出去，其根本目的就是刺激消费心理、促进购买，增加利润。广告经济效果集中反映了企业在广告促销活动中的营销业绩，是广告投入与产出的比较，是评价一项广告活动成败的关键指标，也是广告的核心效益。

广告社会效果是指广告对整个社会道德、文化教育及伦理等方面的影响和作用。现代社会，广告的内容和表现手法都带有意识形态的烙印。一则广告有可能立即产生轰动的社会效果，也可能潜移默化地影响社会的各种道德规范或行为规范等。因此，广告社会效果的影响是深远的，需要重视和引导，确保其符合我国的国情和社会主义精神文明建设的总体要求。

(2) 根据广告产生效果的时间长短，可划分为即时效果、短期效果和长期效果。

罗贝尔·格兰认为："广告只是表示了想卖的心情，并非卖出去的行动。"一则广告发布后，往往会产生以下几种效果：

① 即时效果。这是指广告发布后立即产生的社会反响。反响强烈，则说明即时效果好；反响平淡，则说明即时效果不好。例如顾客在商店看到了 POP 广告后，立即采取的购买行动。以广告的即时效果为目标的广告主最好选择信息传播面广，传递周期短、频率高的媒介，或采用销货现场广告和特价优惠广告形式。

② 短期效果。这是指在广告活动在短期内的收效。例如，广告发布后的一个月、一个季度或者一年内商品销售额有了很大的增长。大部分广告活动追求的是这种短期效果，它是衡量广告活动是否成功的一个主要指标。

③ 长期效果。这是指广告在消费者心目中所产生的长远影响。一般来说，消费者接受一定的广告信息之后，并不会立即采取购买行动，而是将有关的信息存储在脑海中，在需要购买商品的时候积累的信息就会产生效应。大多数广告效果的产生都需要一个较长的周期，因此对广告效果的间接性和积累性应给予特别的重视。

(3) 根据广告对消费者的影响，可划分为到达效果、认知效果、心理效果和行为效果。

美国学者柯利将广告对消费者购买心理的影响分为四个阶段：知名(*Awareness*)—理解(*Comprehension*)—确信(*Conviction*)—行动(*Action*)。

① 到达效果。这是指广告到达的消费者对广告的注目程度，通常用广告的收视率、收听率、阅读率及影响范围等指标来测评。从广告如何影响消费者的 AIDAS 原理可以看出，广告效果首先表现在到达消费者，被消费者注意，其次才能影响消费者的态度和行为。因此，广告到达效果是基础，它能够为广告媒体的选择指明方向，但这种效果只能表明消费者日常接触广告媒体的表层形态。

② 认知效果。这是指消费者在接触广告媒体的基础上，对广告信息有所关注并能够记忆的程度。主要测定和分析广告实施后给予消费者的印象深浅、记忆程度等，一般通过事后调查获取有关结果。广告认知效果的测评，是衡量广告是否有效的重要标准之一。

③ 心理效果。这是指消费者通过对广告的接触和认知，受广告的影响所引起的对广告商品或服务产生的好感以及消费欲望的变化程度。例如某消费者看到某药品广告后，对该药品广告较为欣赏，且对该药品的功能、独特性或品牌有所了解，从而在心理上对该药品品牌产生好感或偏爱，这种态度变化是消费者采取购买行动的酝酿和准备。

④ 行为效果。这是指消费者受广告的刺激或影响而产生的购买行为。这是

一种外在的、可以把握的广告效果，也是广告投资效果的最终体现。但是一般来说，消费者采取购买行动可能是多种因素促成的，并非仅是广告宣传的效果，因此对这类效果的测评，也应考虑广告之外的其他因素的影响作用。

除此之外，广告效果还可以根据广告活动的总体进程，分为事前效果、事中效果和事后效果；根据产品的生命周期，分为引入期效果、成长期效果、成熟期效果和衰退期效果。

## 二、广告效果的特性

广告活动促使受众的消费和生活观念形成、转化，其效果的取得是多方面影响因素共同作用的结果，如市场环境、社会环境、政治环境等。所以，广告效果亦表现出多种较复杂的特性，具体表现在以下几个方面：

1. 滞后性

广告效果的产生不是立竿见影的。一些换季商品甩卖、企业新开张等广告活动的效果比较显现，但大多数广告效果都要经过一段时间才能表现出来。许多广告主常常怀着一种急功近利的心情，恨不能今天做广告，明天销售额就能提高，这种心理对开展广告活动是很不利的。

广告主在制定广告计划时，必须考虑到广告效果滞后性的特点，提前发布广告，以便在销售旺季引导销售。广告对销售的影响一般经过“预热——升温——沸腾”的过程。虽然各阶段的准确界定较难，但是，可以通过分阶段的广告投放实现效果。以月饼销售为例，市场预热为节前1～2个月，市场成长期为节前15天，而节前一周为沸腾期。不同阶段的广告宣传重点不同，市场预热阶段以品牌形象和产品信息类广告为主；市场升温阶段以促销广告为主，争取团购客户；市场沸腾阶段以传播品牌、产品、服务三大优势为主，争取个人购买。

2. 积累性

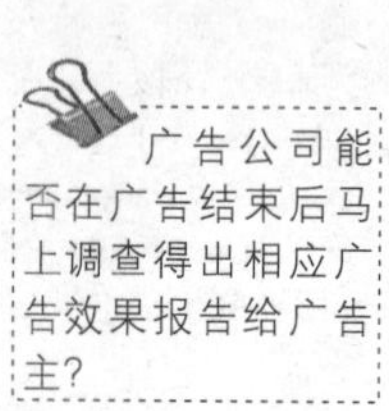


积累性是指广告效果的产生是一个聚沙成塔、聚腋成裘的过程。从纵向上看，广告信息从被接受到形成刺激，促使消费者改变态度并采取行动这一系列效果的产生，实际是过去一段时期内经过多次重复性的刺激叠加的结果。例如，某电子产品的目标受众是上班族，因该产品广告长期广泛地传播，使产品品牌在大学生的潜意识中慢慢累积沉淀下来，这种潜意识的品牌形象就可能影响他们将来的购买行为。

因此，在广告活动中，既要讲究战术，也要讲究战略；既要讲究即效，也要追求长期；充分把握广告效果的积累性特点，从战略角度规划企业的广告活动。

3. 间接性

广告效果的间接性主要表现在两个方面：一方面，受广告宣传影响的消费者，在购买商品之后的使用或消费过程中，会对商品的质量和功能有一个全面的认识。如果商品质量上乘并且价格合理，消费者就会对该品牌商品产生信任感，就会重复购买；另一方面，对某一牌商品产生信任感的消费者就会将该品牌推荐给亲朋好友,从而间接地扩大了广告效果。例如,一位白领丽人在看了一款化妆品的广告后被激发起购买欲望,并采取了购买行为,使用后对这款化妆品大加赞赏,使得她身边的女同事也去购买了这款产品。这就是由广告引起的连锁反应,产生了连续购买的效果。广告所具有的这间接效果性,要求广告策划时应注意诉求对象在购买行为中扮演的不同角色,有针对性地展开信息传递。

4. 复合性

复合性是指广告效果的产生是各种复杂因素集合的结果。广告活动的最终效果和最明显的效果,是促进商品的销售及市场环境的改善。商品销售额的增长,市场占有率的提高,绝不是单一的与广告活动形成函数关系,还包括商品价格、开发策略、消费者购买力、公关活动、新闻宣传等多种影响因素。例如一家企业推出了一种新形式、十分别致的广告,当地各大媒体都对此进行了报道,这就起到了很好的复合宣传效果。再如,某消费者看了某化妆品的广告后,对产品有了认知,后来受降价促销的刺激产生了购买行为,这一购买能否作为广告活动的效果?或者消费者受到广告的刺激产生购买动机,去商场购买,但商场没有销售该化妆品,消费者的购买行为未能实现,产品销售量没有增加,那么该广告有没有产生效果呢?

美国一位市场营销专家曾把影响商品销售的因素细化到37项之多。由此可见,销售效果并不是单一、纯粹广告行为的结果,而是各项营销策略和传播活动的效果集合体,广告在其中起着催化剂和加速器的作用。

5. 难测定性

广告效果的难测定性主要体现在两个方面:一是广告效果的复合性,说明广告产生的效果是广泛的、分散的,既表现为多种营销手段的交融,又分布在经济、社会、心理行动等多种层次的消费者中,使得信息的收集和反馈困难重重;二是广告效果的积累性和滞后性,使得广告效果处于隐含状态,很难准确地计算出其发挥作用的起始时间,也难以从质和量上做出准确测评。

6. 竞争性

广告本身就是市场经济体制下商品相互竞争的产物。从一方面看,同一时期,当市场上存在多种同类商品时,针对这些特定商品的广告也必定展开激烈的角逐,以便争取到最大的市场占有率和销售额,树立企业形象,取得最佳广告效果。那么广告之间的这种角逐就是广告效果的竞争性。从另一方面看,实力相当的广告之间的竞争,也会带来不同程度的广告效果抵消现象。

全面认识广告效果的几种特性,对于企业广告策划、广告营销方案的制订、广告的设计和制作等都具有重要意义。深入了解广告效果的特性,也是公正、准确地测定广告效果的必要条件。

## 相关案例链接

**杜邦公司的广告投入测试**

作为一个享誉世界的优秀企业,杜邦公司是全球最早设计广告实验的公司之一。它的颜料部曾将全球56个销售区域分成高、中、低三种市场份额的区域。杜邦公司在其中1/3区域采用正常数额的广告费，在另一1/3区域花了正常数额的1.5倍的广告费用，而在余下的1/3区域中花费了正常数额3倍的广告费。在实验结束时，杜邦公司本想考察一下较高水平的广告支出究竟创造了多少额外销售额。结果却发现，较高的广告支出所产生的销售增长呈递减趋势，而在杜邦公司的市场份额较高的区域里，销售增长也十分微弱。这证明广告力度水平较低时，收益递增，广告力度较高或中等时，收益递减。

这样的实验结果及研究结论，对于很多人而言简直不可接受。几乎没有人不认为高密度的广告轰炸，能确定无疑地带来收益增加，至少是一段时间内地收益增加。事实上，高密度的广告展示是一种浪费，而在这些展示力度的限度之内，通过广告在长时间内展示来分散使用广告支出，在每一个媒体上以水滴石穿的方式进行，或通过在更多的媒体上展示来分散使用广告支出，或者在更广的地域分配广告支出，会带来更多的受益，获得更好的广告效果。

## 第二节　广告效果测评的意义、原则和步骤

### 一、广告效果测评的概念

广告是企业的一项投资行为，广告主都关心广告能够产生多大的效果，要求广告公司能提供效果分析的报告。广告公司也要对策划进行检验，所以广告效果测评是广告活动必不可少的一环。所谓**广告效果测评**，就是运用科学的方法和手段对广告活动全过程中的每个工作环节进行定性与定量的分析、鉴定，以评价其质量和效果。广告效果评估是检验广告计划、广告活动合理与否的有效途径。在测评过程中，要与计划方案设计的广告目标进行对比，衡量其实现的程度，从而总结经验，促进广告策划、设计、制作和传播水平的不断提高，使广告活动朝着更加科学、规范的方向发展。

### 二、广告效果测评的意义

广告效果测评的意义主要体现在以下几个方面：

(1) 有利于实现对广告活动的目标管理。广告活动是一种目的性很强的传播行为。广告主投入大量的人力、物力、财力，是希望能实现既定的广告目标。通过广告效果测评，企业可以检验广告策划中所确定的目标是否正确，广告媒体的运用是否得当，广告发布时间与频率是否合适，广告主题是否突出，广告创意是否新颖独特等。进而发现问题、解决问题，修正广告活动中的不足，提供约束机制，使广告活动始终围绕目标开展，监督并推动广告质量的提高。

(2) 有利于加强企业的经营决策。企业决策必须以事实为依据，一定阶段的广告活动结束后，必须客观地检验广告是否达到预期效果，包括受众认知、品牌个性和社会评价等方面，为进一步实施广告的经营决策服务。

(3) 有利于增强企业投放广告的信心。企业对广告效果有一定的认识，但对广告效果究竟多大、是否划算这些问题却没有多大把握。这会直接影响到企业的信心，也影响与广告企业的进一步合作和广告的投放。广告效果测评能够使企业全面、具体地掌握广告带来的良好收益情况，增强广告意识，加强进一步投放广告的信心。

(4) 有利于促进广告行业的发展。首先，广告效果的测评必须融合多种科学的专业技术，在一定程度上能够促进测评手段、技术和方法的发展进步。其次，广告效果的测评，还能促进广告策划、设计、制作和传播水平的提高，从而使广告活动朝着更加科学、规范、系统的方向发展，促进广告行业的发展。

相关知识链接

**企业在广告效果滞后性中的误区**

众多的企业，在投放广告时，有一个常见的误区，就是在心中给自己列了一个时间表，在某一段时间内业绩增长明显，就继续投放，如果没有这样的效果，就往下撤。这种想法很实在，但许多时候企业不能给自己的时间表定得太短。比如说，如果3个月内产品没有如企业期望的那样火爆热销，企业就急于下结论，认为这个产品不适合目前的市场，相应的广告也没有必要继续投放了。这让人们想起老鼠啃粮仓的故事，一只没有恒心的老鼠，在啃粮仓的时候，心里总想着，这木板还有多厚呀，会不会我啃错了地方，想着想着就泄气了，一会儿又重新换了一个自认为比较薄的地方开始啃，结果又没啃透，又换地方了，如此这番，最终也没有吃到金灿灿的谷子。其实，广告也如此。许多优秀的广告必须通过密集和持续的投放才能发挥效应，不论广告效果滞后时间有多长，只有保证对它的投入，才能达到预期的效果。没有时间的积累就没有广告效果的积累，只有广告时间积累到一定的量，消费者才会去试一试，广告投放到一定次数(有效暴露频次)后才能产生有效到达率，才能使消费者产生购买欲望。美国著名的可口可乐公司仍然每年把30%的利润用作广告费用，不厌其烦、坚持不懈地进行广告宣传，其目的就是通过持续的宣传攻势，让消费者认识和记住产品，树立企业良好的形象和提高产品的美誉度。如果因短期效果没有实现，就贸然停止广告投放，不仅仅是放弃了成功的机会，也造成了前期广告投放费用的浪费。

## 三、广告效果测评的原则

广告效果测评需要遵循一定的原则，才能保证广告效果测评的科学性，达到广告效果测评的预期作用。

1. 综合性原则

影响广告效果的因素十分复杂，具体来说可以分为可控性因素和不可控因素两方面。可控性因素是指企业能够改变的因素，如广告预算、媒介的选择、广告播放的时间和频率；而不可控因素则是指企业无法改变的外部因素，如国家政策，目标市场区域的风俗习惯和自然环境等。在测评广告效果时，要考虑广告表现的复合性、媒体组合的综合性，充分预测不可控因素对广告活动的影响程度，排除片面的干扰，取得客观全面的测评效果。

2. 目标性原则

目标性原则是指广告效果测评必须有明确而具体的目标。例如，广告效果测定的是短期效果还是长期效果？短期效果是企业的销售效果还是消费者心理效果？如果是心理效果，是测定态度效果还是认知效果？如果测定的是认知效果，是测定媒体受众对产品品牌的认知效果，还是对广告产品的功能特性的认知效果……只有确定了具体的测定目标，才能选定科学的手段与方法，测定的结果也才能做到准确、可信。

3. 可靠性原则

只有真实、可靠的广告效果测评，才有助于企业的决策和经济效益的提高。在测定广告效果的过程中，要求抽取的调查样本有典型意义；调查表的设计要合理；汇总分析的方法要科学、先进；考虑的影响因素要全面；测试要多次进行，反复验证。只有这样，才有可能取得可靠的测试结果。

4. 经济性原则

进行广告效果测评，会使用一定的经费。所以，企业在进行广告效果测评时，选取的样本数量、测定模式、地点、方法以及相关指标等，既要有利于测定工作的展开，同时要从广告主的经济实力出发，考虑测评费的额度。做好广告效果测评的经济核算工作，用较少的成本投入取得较高的广告效果测评产出。

5. 经常性原则

由于广告效果存在滞后性、积累性、复合性以及间接性等特性，所以企业不能抱着临时性或者一次性测评的态度。某一时间和地点的广告效果，并不一定就是此时此地广告的真实效果，它可能包含着前期广告的延续性。因此，在进行广告效果测评时，就必须坚持经常性原则，在保留详细的历史测评资料的基础上，定期和不定期交叉进行，才能使测评报告具有一定的参考性和研究性。

## 相关知识链接

### 宝洁的电视广告原则

日用消费品巨人宝洁被认为是一家在广告投放上很有策略的公司。一个毋庸置疑的事实是，宝洁的传播火力集中于广告上，而广告上的火力则集中在电视广告上。宝洁近几年销售收入的持续增长，是一个众所周知的事实。这有力地证明，宝洁的电视广告不仅有着良好的传播效果，而且拥有卓越的销售效果。宝洁是如何进行广告效果评估的，它采用的评估标准和衡量工具是什么，这一切我们无法获知。但依据宝洁的电视广告原则，我们多少能感受到宝洁的科学性、体系性和有效性，对我们未来广告投放具有一定的借鉴意义。

宝洁电视广告的10条原则：

(1) 一个重要利益点。一则电视广告总是向消费者承诺一个而且只有一个重要的利益点。当发现两个或更多的承诺可以提高销售时，宁可在同一时期内推出两个广告，分别承诺同一产品的不同利益点而不能在一个广告中承诺多个利益点。

(2) 链条式测试。为确保广告信息的有效传递，要对广告信息的传递效果在广告写作前、广告写作后、产品市场试销三个阶段进行测试。

(3) 确信的片段。直观地表现产品特点和功能，使每一个广告都有一个使人"确信的片段"，让消费者直观地感受产品的特点和功能。

(4) 权威证明的运用。与确信的片段相一致，尽量使用产品所获得的权威证明。

(5) 尽量不用名人。尽量不用名人代言广告，而是用那些比较有活力的、与宝洁产品气质比较契合的普通人。

(6) 少用黄金时段。大约只有30%的广告出现在黄金时段，宝洁广告更喜欢在白天和深夜播出。

(7) 尽量用语言。宝洁喜欢在电视广告中多用语言，它们觉得语言更能推销产品。

(8) 有效广告的持续性。不轻易舍弃有效的广告，不管它使用了多久。

(9) 持续的广告攻势。保持强有力的广告攻势，展现领导者品牌的强悍气质。

(10) 只用对的。宝洁总是采用那些已被证实是有利于推销的电视广告技巧。

(来源：现代广告理论与实务，栾港，哈尔滨工业大学出版社)

## 四、广告效果测评的步骤

美国广告学家瑞瑟·科利认为广告的成败与否，应视它是否能有效地把想要传达的信息与态度在正确的时候、花费合适的成本传达给合适的人。为此，他在1961年出版的《为周密的广告效果确定广告目标》(*Defining Advertising goals for Measure Advertising Results*，DAGMAR)一书中提出"制定广告目标以测定广告效果"的方法，被称为DAGMAR模式(达格玛模式)，或者科利法。

达格玛法强调：在广告策划中应该首先确立一个总的广告活动目标，然后再根据广告的传播过程，将总的广告运动目标分解为若干个小的广告目标，形成多层次的广告目标。每一项具体的广告活动，都必须明确完成其直接目标，而每一个直接目标的实现，都在逐步促使总的广告活动目标的实现。在广告活动中，企业要时时对每一个具体目标进行评估。广告活动结束后，再对广告活动进行总体评估。

在DAGMAR模式的指导下，广告效果测评的运作程序可以分为以下几个步骤：

(1) 确定此次广告活动的总体目标。

(2) 在总目标的指导下，确定一系列子目标。例如总目标可以分为销售目标和传播目标。将传播目标分层，又可以进一步分为品牌知名度、理解度和态度等具体目标，这些目标汇总起来就构成了广告活动的总目标。

(3) 确定广告各层次的测评方法和测评步骤，尽可能提出最适合的方法以保证以后的测评工作准确可行。

(4) 根据确定的测评步骤，制定每一项测评的标准、需解决的问题，并在此基础上，通过调查、研究等方法，收集一手、二手资料，实施广告效果测评。

请举例说明，获取一手、二手资料的方法有哪些？

(5) 将收集到的一手、二手资料汇总后，进行统计分析，全面测评广告效果。分析方法包括了综合分析和专题分析。综合分析是从企业整体出发分析广告效果，如广告主的市场占有率、企业知名度提高率等。专题分析是根据广告效果测评的要求，对广告效果的某一方面进行详尽的分析。

(6) 结合制定的一系列具体目标，对广告效果进行对比评价，指出广告活动到底在多大程度上实现了各层次以及广告总目标的要求，并为广告活动的调整提出参考意见。

达格玛法将广告效果测评与整个广告活动直接联系起来，提供了一套宏观的广告效果测评程序，并强调广告效果测评的经常性。根据这一程序，广告效果测评可以分为事前测评、事中测评和事后测评三个阶段，每一个阶段的效果测评包括了以下4个步骤：①确定效果评估的具体问题。广告效果评估人员要把广告活动中存在的关键问题和需要解决的最突出的效果问题作为测定重点。②制定测评计划。测评计划一般包括了测评的目的和要求、测评方法、测评时间和地点、人员分工、测评费用与预算等内容。③具体实施测评方案。④撰写测评结论报告。报告的内容主要包括：绪言，广告效果测评的背景、目的与意义，广告主概况(说明广告主的人力、财力、物力等资源状况)，广告主广告促销的规模、范围和方法等，广告效果测评的调查内容、范围和基本方法；方法效果测评的实际步骤，广告效果测评的具体结果以及改善广告促销的具体意见。

## 第三节　广告效果测评的方法

### 一、广告诉求认知效果测评

**广告诉求认知效果**是指广告刊播后对广告受众产生的各种心理效应，主要体现在对认识、记忆、情感、欲望、行为等方面的影响，目的在于了解广告受众对于广告产品的知晓度、认知度和偏好度。广告诉求认知效果不直接以销售情况的好坏作为评价广告效果的依据，而是以广告的视听率和产品知名度等间接促进产品销售的因素为依据，不受其他市场因素的影响，所测评结果比销售效果更具代表性。

### (一) 广告诉求认知效果的测评指标

从心理反应过程来看,传播效果一般表现为注意感知、理解记忆、激发情感、态度改变、购买行动等影响层面。具体包括以下几种测评指标:

(1) 注目率。这是指先前已看过广告的人中能辨认出广告的人占已看过广告人数的百分比。它是衡量报纸广告被受众认同和记忆的基本指标,能够反映受众对广告印象的深刻程度。如报纸广告注目率表明读者在接触报纸时确实看到了广告,是广告有效到达的指示器。在接触某报纸的 20 万受调查的受众中,有 10 万人能辨认出刊登在报纸上的某则房地产广告,则该广告的注目率为 50%。

(2) 阅读率。通过向接触过广告的人提问广告的主要内容,如主题、商标、插图等元素,测定能记得这些元素的人数占已看过广告人数的比率。阅读程度不同,记住的广告信息也不同。当被调查者能够记住广告中的一半以上的内容时,可称为达到精读率。

(3) 认知理解度。这是指受众对广告所传达的信息的认知、理解的程度,如对广告印象是否深刻,对广告商品有无好感认知理解度是指定义广告接触者对广告商品的信任度、忠实度、偏爱度以及品牌印象如何等做出的心理学评价。例如,广告公司发放对某报纸广告认知理解调查问卷 10 000 份,在 10 000 个广告受众中,有 7 500 人看了该广告,其中有 2 500 人对广告宣传的产品有较深的了解,那么该广告的认知理解度为 33.3%。计算方法为:广告认知理解度=(了解该广告的人数÷被调查者中接触该广告的人数)×100%。

(4) 知名度。这是指在看过广告的受众之中,了解企业及其产品的受众所占的百分比。该指标可用于反映受众对广告商品品牌的认知程度。如果百分比高,说明广告刊播后受众对企业及其产品的认知有所提高,广告效果比较令人满意。

(5) 综合测评指标。由选定的目标消费者(常为固定样本)或者广告专家对广告各个方面的特性进行综合评分的指标体系。通常以百分制计,分数越高越好。

### (二) 广告诉求认知效果测评的方法

广告诉求认知效果的测评,可以根据时间先后顺序采取事前测评、事中测评、事后测评三种方式。事前效果测评、事中效果测评侧重于诊断和调整广告策略,事后效果测评侧重于广告刊播后的实际效果。

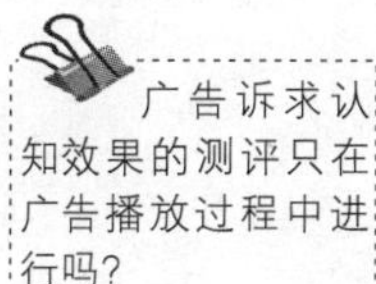
广告诉求认知效果的测评只在广告播放过程中进行吗?

#### 1. 广告诉求认知效果事前测评

在广告作品尚未正式刊播前,邀请广告专家和消费者团体进行现场观摩,审查广告作品存在的问题或进行各种实验,对广告作品可能获得的成效进行评价。常用的具体方法有以下几种:

请思考哪些广告适合使用专家意见法?

(1) 专家意见法。具有代表性的是德尔菲法,该方法由赫尔默(Helmer)和戈登(Gordon)首创于 20 世纪 40 年代,是一种主观、定性的方法。它由广告策划人将广告的资料寄给有关专家,请专家做出判断;然后将结合一些专家看法的新资料寄给有关专家再次做出判断,经过一定重复和综合形成广告效果结论。专家意见法要注意所邀请专家的代表性，应包括理论和实战两类，还要注意所研究方向的综合代表性。专家人数应控制在 8～12 人为宜，少了影响代表性，多了则会造成不必要的浪费和综合的难度。

(2) 评分测试法。评分测试法是指要求被测者按照一定评价标准为同一商品的不同广告设计打分，得分越高表示广告的被接受程度越大。专业人员在广告评价单上列出需要测评的广告要素，可以使用“哪个广告更吸引你?”“哪个广告使你感觉商品是可信赖的?”等问题做有益引导，规定每个要素的最高分，然后由测试者逐一打分。

(3) 组群测试法。让一组消费者观看或收听一组广告，对时间不加限制，然后要求他们回忆所看到或听到的全部广告以及内容，广告策划者可给予帮助或不给予帮助。他们回忆水平表明广告的突出性和信息被了解或记忆的程度。在组群测试中，必须采用完整的广告，以便做出系统的评价，一次可以测试 5～10 则广告。

(4) 投射法。投射法，也称投射测试，它是心理学上用来测量人格的一种方法。心理学上的解释，是指个人把自己的思想、态度、愿望、情绪或特征等，不自觉地反应于外界的事物或他人的一种心理作用。此种内心深层的反应，实为人类行为的基本动力，而这种基本动力的探测，有赖于投射技术的应用。做法是用一些刺激情境展示给被测者，根据被测者的反应判断他的人格类型和心理特征。常用的投射法包括词语联想法、句子、故事完型法、绘图法、漫画测试法和照片归类法等。

> 请找一个产品，试着用词语联想法为其确定一个广告主题。

① 词语联想法。这种测试方法是一种与字、词相关联的测验，这种测试方法经常用于新产品选择名称、确定广告主题和广告文案。具体操作的方式是，面谈者先给受访者一个词语，然后要求他说出看到这个词语后脑海中联想到的第一种事物，要求受访者快速地用一连串的词语表达出来，不要受心理防御机制的干扰。如果受访者不能在 3 秒钟内做出回答，那说明他已经受到心理情感因素的干扰了。需要强调的是，选择的受访者必须是该商品的目标消费者，因为只有他们的联想才能真正代表这个群体。

② 句子和故事完整法。这种方法的基本操作原理和词语联想法基本一致，只是具体做法上稍有不同，即受访者得到的是一段不完整的故事或是一组缺损的句子，要求受访者将它们补充完整。该方法的目的是希望受访者把自己潜在心里的感觉投射到故事或句子中所展现的情节中去。事实上，人们在编纂故事或句子的时候，是会不自觉地将自己的感觉和愿望投入其中的。这种方法被调研者认为是很可靠的测试方式。

③ 图画测试法。图画测试法通常测试人们对两个不同类型问题的看法，具体的测试方法是安排两个人物对话，一个人物的对话框中已经写明他对某问题的看法，在另一个对话框中则留有空白，让受访者回答。人物的图像是模糊的，没有任何的暗示，目的是让受访者能够随意地表达自己的想法。这种心理实验法最初是用于测试儿童的智力成熟度的，后来应用越来越广泛，逐步运用到对特殊群体

甚至正常群体的测试和研究中。这种方法常用于测试消费者对某种产品或品牌的态度的强弱，以及表达出特定的态度。

④ 照片归纳法。照片归类法要求消费者将一组特殊的照片进行分类，以此来表达他们自己对品牌的感受。这种测试方法起源于美国的广告代理公司(BBDO)，具体的做法是：提供给受访者一组照片和一组品牌，照片中有不同的人物，从高级白领、蓝领到大学生应有尽有。然后请受访者将他们认为这些人应该使用什么品牌对号入座联系起来。这种方式可以从受访者那里分析和寻找到不同品牌的真正消费者应该是谁。BBDO广告代理公司曾用这样的方法分析啤酒市场的目标消费人群，他们选择了100名目标消费者进行调查研究。他们的特征是男性，年龄在21～49岁，每周至少喝6瓶啤酒。调研者向他们出示98张照片(不同身份特征的人)，要求他们根据自己的判断给每一张上的人选择一个可能喝的啤酒的品牌。测试的结果显示，即便是蓝领人群，脾气不同，选择的品牌也是不同的，而每一个品牌都有自己的个性和特定的消费人群。

(5) 仪器测试法。这种测试法是指运用各种科学仪器测量广告所引起的被测者生理上(主要有脑电波、心跳、瞳孔、血压、出汗情况、声音声调、唾液分泌等)的反应的方法。这种方法的优点在于避免了思维定势、习俗习惯、外部环境等因素的影响，可以准确测试出消费者对于广告的反应。其局限性在于对测试要求的条件比较高，测试出的也只是消费者生理上的反应，心理上对于广告的具体反应还要其他测试法配合来完成。

① 视向测试法。人们的视线一般总是停留在关心或感兴趣的地方，越关心、越感兴趣，视线驻留时间就越长。当人们看广告时，也是最先被其一部分所吸引，然后逐渐将视线移向其他地方。视向测试器(Eye Camera)就是记录媒体受众观看广告文案各部分时的视线顺序以及驻留时间长短的一种仪器。根据被测者的视线移动图和各部分注目时间长短的比例，可以预知：广告文案的文字字体的易读性如何，从而适当安排文字的排列；视线顺序是否符合广告策划者的意图，有无被人忽视或不留意的部分；广告画面中最突出或最吸引人的不分是否符合设计者的意图，如果不符，应立即予以调整。

日本电通1970年曾采用该方法对一则获得电通奖的“佳能照相机”广告作品进行测量。测验对象是6名该公司的职员(3男3女)。该广告的布局如图7.1所示；测验的结果如表7-1、表7-2所示。

**表7-1　注目时间和要素注目顺序**

| 视点号码 | 2 | 6 | 2 | 4 | 2 | 6 | 1 | 6 | 5 |
|---|---|---|---|---|---|---|---|---|---|
| 时间 | 1.00 | 0.25 | 0.50 | 0.75 | 0.25 | 0.75 | 0.25 | 0.50 | 0.50 |
| 顺序 | 1 | 2 | 3 | 4 | 5 | 6 | 7 | 8 | 9 |
| 视点号码 | 8 | 7 | 8 | 7 | 8 | 10 | 8 | 9 | 7 |
| 时间 | 0.25 | 0.50 | 0.450 | 1.00 | 0.50 | 1.25 | 0.25 | 0.25 | 0.75 |
| 顺序 | 10 | 11 | 12 | 13 | 14 | 15 | 16 | 17 | 18 |

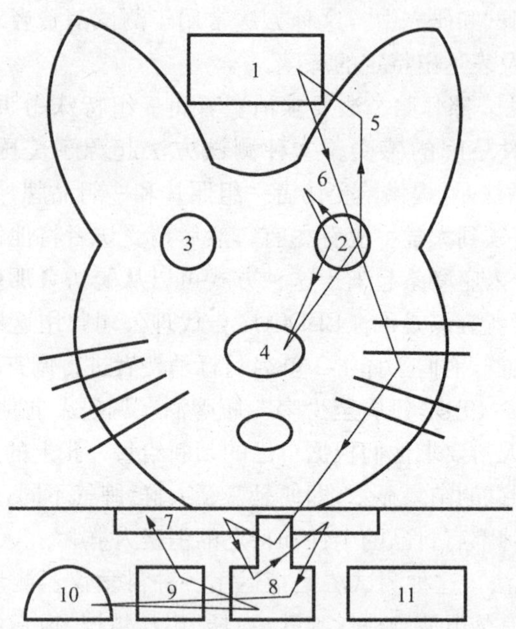


图 7.1 佳能相机广告布局示意图

**表 7-2 视向测验统计结果**

| 视点号码 | 广告要素 | 注目人数 | 总注目次数 | 平均注目次数 | 总注视时间 | 平均注视时间 |
|---|---|---|---|---|---|---|
| 1 | 大标题 | 5 | 7 | 1.4 | 4.00 | 0.57 |
| 2 | 猫左眼 | 5 | 10 | 2.0 | 4.50 | 0.45 |
| 3 | 猫右眼 | 6 | 13 | 2.2 | 6.50 | 0.50 |
| 4 | 猫鼻子 | 5 | 8 | 1.6 | 4.75 | 0.59 |
| 5 | 猫胡子 | 5 | 9 | 1.8 | 6.50 | 0.72 |
| 6 | 猫耳朵和额头 | 6 | 19 | 3.2 | 10.75 | 0.57 |
| 7 | 小标题 | 4 | 8 | 2.0 | 3.5 | 0.44 |
| 8 | 照相机 | 5 | 13 | 2.6 | 7.5 | 0.58 |
| 9 | 文案 | 2 | 2 | 1.0 | 0.50 | 0.25 |
| 10 | 标志 | 4 | 5 | 1.3 | 4.25 | 0.85 |
| 11 | 其他部分 | 4 | 8 | 2.0 | 3.50 | 0.44 |
| 12 | 广告框外 | 3 | 4 | 1.3 | 2.25 | 0.56 |

资料来源：樊志育，广告效果研究，中国友谊出版公司，1995，72.

由表 7-1 和表 7-2 的结果得出以下推断：

• 所有受试者都先从猫的眼睛及鼻子部分开始看，而后转向大标题，再转向广告下方的商品（照相机）。

• 大多数受试者都注意到插图“猫”，特别是图的右边部分，反复看的频率相对较高。

• 大标题和标志虽然反复看的次数少，但注视时间较长。

• 文字叙述部分不太引人注目。

② 瞳孔相机测定法。医学实验证明，当人们看到自己感兴趣的事物时，瞳孔就会立即放大，且这种放大是不受人的主观意识控制的。瞳孔相机测定法正是利用这一点，通过被测者在观看广告时瞳孔大小的变化情况来测定广告效果的优劣。测试时，瞳孔相机被隐蔽在被测广告附近，以数字形式将被测者观看广告时瞳孔变化情况记录下来，并将之转化为图像，为专业人员提供研究上的便利。

③ 瞬间显露器测定法。这种方法就是将被测广告以瞬间曝光的形式呈现在被测者面前后，通过被测者的辨认情况来判定广告的整体辨认度以及各个要素的易认或易读程度。瞬间显露装置种类很多，有的是一间暗室，也有的以整个橱窗作为显露器。测验时，最先在极短的时间内(如 1/1000 秒)，呈现刺激物(广告)，然后逐渐延长呈现时间，让被测者将能够确认出来的东西画在白纸上。在开始时，由于显露时间过短，被测者什么都看不出来，随着时间的加长，被测者就能记得广告的内容。按能够记住内容的不同时间长短，可以测出广告作品的辨认程度。如果做文案测试，经过瞬间显露后，可以了解被测者最先看到了哪一部分，在一定时间内，能够看到哪些部分。而橱窗式的显露装置，则可以用来测试商品包装或检测陈列商品的效果。

日本电通 1970 年还就上述佳能照相机广告采用瞬间显露器测定法进行了测量。测量对象 6 人。测量时，同一幅广告在每一受试者面前呈现五次，每次的呈现时间分别为 0.25 秒、0.5 秒、1 秒、3 秒和 5 秒。每次呈现之后都要求他们将看到的内容画出来或写出来。研究结果如表 7-3 所示。

**表 7-3　瞬间显露器测定结果**　　(单位/分)

| 显示次数 | 第 1 次 | 第 2 次 | 第 3 次 | 第 4 次 | 第 5 次 | 总计 |
|---|---|---|---|---|---|---|
| 显示时间 | 0.25 秒 | 0.50 秒 | 1.00 秒 | 3.00 秒 | 5.00 秒 | |
| 大标题 | 6 | 11 | 15 | 16 | 17 | 65 |
| 猫眼 | 14 | 13 | 14 | 14 | 13 | 68 |
| 猫鼻子 | 7 | 5 | 8 | 8 | 8 | 36 |
| 猫胡子 | 9 | 9 | 12 | 12 | 15 | 57 |
| 猫耳、额 | 14 | 15 | 16 | 16 | 16 | 77 |
| 小标题 | 0 | 0 | 0 | 4 | 9 | 13 |
| 照相机 | 0 | 1 | 4 | 10 | 11 | 26 |
| 文案 | 0 | 1 | 4 | 7 | 9 | 21 |
| 标志 | 0 | 0 | 2 | 3 | 9 | 14 |
| 背景 | 0 | 1 | 0 | 1 | 1 | 3 |
| 合计 | 50 | 56 | 75 | 91 | 108 | 380 |

注：得分标准如下：

3 分：文字、图案、照片或颜色等能够想起来并与实际状态完全接近者；

2 分：文字、图案、照片或颜色能想起一半以上者；

1 分：看见文字、图案、照片等，但想不起具体者；

0 分：连文字、图案、照片等都未看见者。

由表中结果归纳出如下结论：

• 各广告要素回忆顺序依次是：耳朵或额部、眼睛、大标题、胡子、照相机等。

• 文字部分在极短的时间之内，受试者几乎看不见，随着显示次数和时间的增加，能认知的内容也增加，但仍欠正确性。

• 图解部分即使显示时间短，也能在一定程度上正确地识别其内容。随着显示次数和时间的增加，受试者记忆的内容变化程度不大。

④ EDG测试法。当人们看广告时，心里会受到某种冲击，即某种程度的兴奋或感动，随着人的感情起伏，人体出汗的情况也有变化。EDG测试法就是通过被测者因受广告刺激而引起的汗腺变化情况来测定广告对被测者的心理影响，从而判定广告效果的方法。在观看广告前，被测者的两根手指系上电线，接通微弱电流，此时可以测出皮肤的正常电阻。当观看广告时，被测者出现情绪起伏，增加出汗量，皮肤电阻顿时减少，然后再恢复到原来的状态。但是由于测验中的电流细微，显示出的讯号也十分微弱，实际上无法识别到其经过的情形，必须增大信号幅度，把它记录在电流变化的指示器上。但是用这种方法会产生所谓的"顺应"现象，即将相似的刺激，反复施予四五次时，记录的反应将会逐渐变小，这样刺激强度列于后边的，其强度有被隐蔽的可能。另一方面，被测者的反应究竟意味着积极的还是消极的，只根据反应是不易明白的，所以在被测者完成实验后，再与其进行面谈来加以补充，就显得十分必要了。

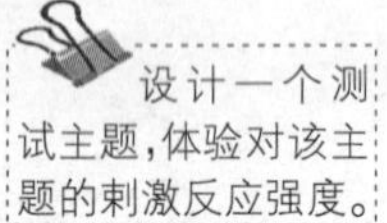

设计一个测试主题，体验对该主题的刺激反应强度。

⑤ 节目分析法。这种方法用于节目正式播映前，以测评视听者对节目或广告喜好的反应。测验时，让被测者观看或收听节目播放，当他们感到广告或节目引人注意或有趣时就按绿色按键，一直有趣就一直按，不引人注意或无趣时就按红色按键，两者都不是时则不按键。这种技术可以测出在节目中被测者对哪一个场面最感兴趣或最不感兴趣，但是无法知道原因。所以，在节目播放结束后，有必要针对节目内容加以讨论，听取被测者对节目产生好恶反应的原因。这种技术的最大缺陷就在于，一般人在无拘无束地看节目，不知不觉中被节目所吸引而达到忘我状态时才是真正自然的视听态度，但在测试中被测者负有按键的评判责任，是极不自然的。另外，在操作中也会有按错键的情况发生。

除了以上几种技术，仪器测试法还包括音调分析技术（根据被测者声调与声音的变化，来探测其对品牌或广告词的感觉）、唾液分泌测试技术（通过唾液分泌测试来测定被测者对食品或食品广告的反应）等。

2. 广告诉求认知效果事中测评

广告诉求认知效果事中测评是在广告开始刊登或播出后进行的，可以直接了解媒体受众在日常生活中对广告的反应，目的是检测广告的执行情况，以保证广告战略正常实施。这种测评结果只能对具体方式、方法进行局部的调整和修改，并为事后测评积累必要的数据和资料。常见的方法有以下几种：

(1) 市场试验法。市场试验法，也称销售地区试验法，是一种比较直接的测定广告效果的方法。

在具体实行中，选定一两个试验地区刊登或播出设计好的广告，另外选定一个条件相当、尚未推出广告的对照地区，再根据媒体接受者的反应情况比较试验区与其他地区之间的差异就可以对广告促销活动的效果做出测定。或者选定某一特定地区，停止该地区其他促销活动而只进行试验性的广告活动，然后以该地区零售商为调查对象，比较实施广告活动前与实施广告活动后商品销售额的增加情况，从而对广告的诉求认知效果做出测评。

(2) 回忆测试法。这是指以被测者在阅览或观看广告后对广告信息的记忆程度来判定广告有效程度。它不仅要求被测者能够回忆出被测广告的主要信息，如商品的厂家、品牌、名称、用途等，而且希望了解被测者对商品、品牌等的理解是否与广告活动有关联。

①回忆法。回忆法又可以分为无辅助回忆和辅助回忆两种方法。**无辅助回忆法**是指让被测消费者独立对某些广告进行回忆，调查人员只如实记录回忆情况，不作任何提示，如“最近你看过哪些护肤品的广告?”有时调查员给予被测者某种提示，就成了辅助回忆测定。最常见的方式是让被测者在用来测定的杂志上，看他所被询问的广告，然后再让他看列有品牌名或广告主名称的卡片，请他辨认出哪些是他能记得的。对他所记得的，再询问他所知道的广告布局及内容等。然后询问员将杂志打开，对该消费者做一番查证工作。当被测者对广告信息回忆得越多、理解得越准确，说明广告的吸引力越大，越容易引起购买行为。

② 再认法。这是测定消费者视听广告后是否能够进行认知，或测定消费者试听广告后的知名程度是否有提高的一种方法。一些专家认为，采用再认法测定广告的知名度，一般分三个阶段进行。一是调查再生知名率，强烈的知名程度与实际购买率或选购率关系密切。如询问被测者：“对于电视机，您最先想起哪种牌子?”、“买电视机准备选购哪种品牌?”二是调查再认知名率，可以接着前面的问题继续提问：“如果您还记得其他电视机的品牌，请再列举出来”。三是调查再认知名程度，一般是在前两个阶段的基础上，提示出几种主要品牌的电视机，请被测者选出其中认识的几种。

③ 学习法。这种方法主要是测定被测者对广告的记忆速度，有两种简单的方法。一种是由被测者背诵一则广告的文字，计算有多少次数或多长时间才能完全记住；另一种是在固定时间内呈现一定数量的广告文字，计算被测者能记住多少。可以运用记忆鼓(一种心理实验室广泛使用的仪器)，来帮助研究测定在一定时间内，消费者对于广告的记忆量。记忆鼓通常由一个马达、一个可滚动的纸卷、一个定时装置，以及一个显示窗构成。测试时，将文案写在纸卷上，开动马达，就可以使纸卷上的字一行一行地由显示窗显露出来。由于有定时装置，因此可以控制每一行字的显露时间，利用记忆鼓，可以控制被测者阅读文案的时间，从而测出广告出现多久才能被记住。在一定时间内，被测者经由显示窗口看完全部或部分文案后，调查员就可以利用回想法或再确认法，测定被测者对文案的记忆，从而可以估计出品牌的名称、公司名称、主要文案内容等的易记忆程度。

(3) 函询法。一般采用调查问卷的形式进行。调查问卷通常以不记名的方式，要求被调查者将自己的年龄、职业、文化层次、家庭住址、家庭年人均收入等基

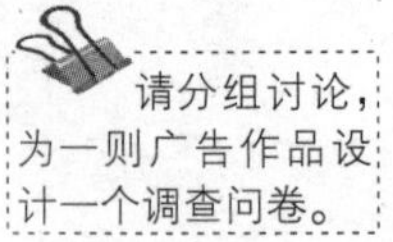

请分组讨论，为一则广告作品设计一个调查问卷。

本情况填在问卷上。调查表中可多采用一些开放式的问题，如“您看过或听过有关某品牌产品的广告吗?”“该广告的主要内容是什么?”“您认为该广告的构思如何?”，以便对广告的诉求认知效果进行测定。为了提高消费者的参与度，企业还往往会为回函者提供赠品或优惠卡，以此来引发消费者的兴趣。

这种方法的优点是简单易行，可以在报纸、杂志等多种纸质媒体上同时进行，现在也可以通过电话回执等方式扩展到对广告的广播效果和电视播出效果的测定。局限在于费用较高，回函者可能更关注于回函后所获赠品而不一定是真正的产品，这将会直接影响测定效果的准确性。

(4) 场景测定法。该方法是提供一定场景，观察受众接触广告后购买行为或态度的变化，来评价广告的诉求认知效果。

① 汽车拖车测定法。为了更接近消费者做出决策的实际情况，有些汽车公司在市郊商业区安置汽车拖车，以作为临时的工作实验室进行试验。这种测定方法通常会在模拟购买环境中，向消费者展示测试的产品并给他们选择一系列品牌的机会，然后请消费者观看一系列电视广告片，发给他们一些在郊区商店购买商品的赠券。广告策划者根据收回赠券数量的多少，判断广告片对媒体受众购买行为的影响力。

② 剧场测定法。将被调查者邀请到剧场观看尚未公开播映的电影。电影播放同时插播一些广告片。在放映之前，请被调查者简述在多种商品类别中他们比较喜欢的品牌，观看以后，再让他们在不同类别的商品中选择喜欢的品牌。被调查者偏好如果有所变化，则可据此得出电视广告的效果。

③ 电视广告控制法。这是 Mcclllum Sielnman Worldwide 公司开发的一套实验室程序。它使用代表 4 个城市的约 400 名受试者。首先，询问受试者近期内哪些品牌买的最多，从而测量原始品牌偏好，然后将受试者分成 25 人的小组，收看一个 30 分钟的节目。播放期间插入 7 条广告，其中有 4 条是受测广告，其余 3 条是控制广告(它们都有确定好的收视指标)。节目看完后，受试者要接受一次关于这些广告的回想测试。接着又播放一个 30 分钟的节目，并重播每个受测广告。然后，对品牌偏好进行二次测试。众品牌转换者(即那些从近期最常购买品牌转换到受测广告中出现的品牌的消费者)所占的比重大小就能看出广告说服力的强弱。

### 3. 广告诉求认知效果事后测评

广告诉求认知效果事后测评可以全面、准确地对已经完成的广告活动效果进行评估。广告诉求认知效果事后测评的结论，一方面可以用来衡量本次广告活动的效果，另一方面可以用来评价企业广告策划的得失，总结经验教训，以指导未来的广告策划。

广告诉求认知效果测评具体有两种方式：一是广告刊播过程一结束，就立即对其效果进行测定；二是在广告宣传活动结束一段时间后，再对其诉求认知效果进行测评。通常，效果测评与广告刊播结束之间的时间间隔主要由媒体性质决定，并考虑其目标市场上消费者自身的特点。如果进行测评的时间过早，由于媒体滞后性的原则，广告效果尚未充分发挥；如果测评的时间过晚，间隔时间太长，广告效果有可能淡化，得出的结论都有可能不准确。

广告诉求认知效果测评的具体方法主要有以下几种：

(1) 要点打分法。该方法是邀请被测者对已刊播广告的重要方面进行打分，各项得分之和作为该广告的效果来评定等级。打分的具体内容如表 7-4 所示。

**表 7-4　广告心理效果打分表**

| 打分项目 | 打分的主要依据 | 该项满分 | 实际打分 |
|---|---|---|---|
| 吸引力 | 吸引注意力的程度(创意) | 20 | |
| 认知力 | 对广告诉求重点的认知程度 | 20 | |
| 说服力 | 广告引起的兴趣如何 | 20 | |
| | 对广告产品的好感度 | 10 | |
| 行动力 | 由广告引起的立即购买行为 | 20 | |
| | 由广告唤起的购买欲望 | 20 | |
| 传播力 | 由广告文案的创造性而引起的传播程度 | 20 | |
| 综合力 | 广告的媒体效果 | 20 | |
| 合计 | | 150 | |

**得分档次与评定等级**

| 0～30 分 | 30～60 分 | 60～90 分 | 90～120 分 | 120～150 分 |
|---|---|---|---|---|
| 差 | 中等 | 一般 | 好 | 优秀 |

(2) 雪林测定法。雪林(Schwerin)测定法是美国雪林调查公司根据节目分析法的原理，于 1964 年发明的一种电视节目及广告心理效果测定的方法。该测定方法又分为节目效果测定法、广告效果测定法和基本电视广告测验法三种。

① 节目效果测定法。此方法就是召集一定数量有代表性的观众到剧场，广告策划者说明测验的标准后，请观众按照个人的意见对进行测验的广告节目评分定级。评分的级别通常是：有趣，一般，枯燥无味。测验完毕后，再请观众进一步说明喜欢或讨厌广告节目中的哪一部分，并阐明理由。或者征求观众对广告节目的意见、建议。广告策划者对节目改进的意见进行统计、汇总，为今后设计和制作广告节目提供重要依据。

② 广告效果测定法。此方法与节目效果测定法的内容基本相同，邀请具有代表性的观众到剧场或摄影棚，欣赏要进行测定的各种广告片。不同之处在于广告效果测定法要关注广告中的商品。在未看广告片之前，要求观众选择自己喜欢的商品，提供选择的商品品牌，既有将在广告片中播放的自有品牌，也有竞争对手的品牌。广告片播完后，请观众再做一次选择，如果此次对所测验的广告商品品牌的选择度高，高出部分就是该广告片的心理效果。

③ 基本电视广告测验法。这种方法较适合于电视广告片的广告效果事后测

评。目的在于客观地评价和判断电视广告片的优劣，以及用标准化的程序测验电视广告的效果。基本的测验项目有：

• 趣味反应。利用机体反应测试机，测定被测者对每一广告画面感兴趣的程度。

• 回忆程度。运用自由回答法，让被测者回忆广告片中的产品品牌、广告主名称、画面内容等，说出他们对广告的理解程度。

• 广告作品诊断。运用自由回答法让被测者指出该广告片的特色，并提出修改意见。

• 效果评定。采用调查问卷的形式，测验本广告片留给媒体接受者的一般印象，即广告片的一般心理效果。

• 购买欲望。让被测者说出有无购买广告产品的冲动或欲望。

• 广告片的整体效果。让被测者对广告片做出整体的评价。

这种测验法的优点是客观、全面，能真正反映媒体受众的心理活动状况，资料可信度高；缺点是操作技术性强，成本费用大，具体实施起来有一定的局限性。

### 相关案例链接

**××洗面奶广告**

“小姐、小姐，我很喜欢你！”一位男生怯怯地对一位女生说。“可我不喜欢脸上有油的男生。”女生回答。男生飞快地洗脸，一会儿脸上没油了，又凑过去说：“小姐、小姐，我很喜欢你！”“可我已经结婚了。”一阵笑声，结束。

请列举你所见过的无效广告，并说明理由。

评析：这是一个洗面奶的电视广告，受众反映看过很多遍，无论是画面、音效制作都非常精美，每次都觉得很有趣、很有创意。但是总没有记住是什么牌子的洗面奶。记住了广告，而没有注意或记住品牌的名称，这也是生活中常遇到的一种现象。叫好不叫卖的广告同样是不成功的广告。

## 二、广告经济效果测评

广告的经济效果，就是投入一定广告费用之后所引起的产品销售额和利润的变化状况，它集中反映了企业在广告活动中的营销业绩。**广告的经济效果测评**是指利用统计分析方法，对广告发布后商品销售量、销售额或利润的增减幅度的变化进行比较研究，以反映广告的经济效果。

根据市场营销学原理，广告产品在市场上的销售变化是由多方面因素综合作用形成的，如产品特色、价格、售后服务等。所以广告活动的经济效果一般比诉求认知效果测定的难度大。在进行其测定时，应注意客观全面的分析，定量和定性相结合。

销售额和利润额是衡量广告经济效果的两个基础指标。其变化状况包含两层含义：一是指一定时期的广告活动所导致的广告产品销售额及利润额的绝对增加量，这是一种最直观的衡量标准；二是指一定时期的广告活动所引起的相对量的变化，它是广告投入与产出结果的比较，是一种更深入、更全面了解广告效果的指标。广告投入产出指标对提高企业经济效益有着重大的意义。它要求每增加一个单位产品的销售额和利润额，广告投入最小，销售增加额最大；每增加一个单位的广告经济效益相对指标，企业获益要最大化。

常用的广告经济效果评估的方法有以下几种：

1. 广告费用比率法

广告费用比率法是指通过计算广告费与销售额之间的关系来测定广告效果大小的一种方法。其公式为：

广告费用比率＝本期投入的广告费/本期的销售额×100％

广告费用率的倒数可以称为单位广告费用销售率，它表明每支出一单位的广告费用所能实现的销售额。其公式为：

单位广告费用销售率＝本期广告后销售额/本期广告费×100％

例如，某公司第三季度投入广告费用1万元，销售额为200万元，则该企业销售费用率为0.5％，单位广告费用销售率为20 000％。

一般来说，广告费在销售额中所占比例越小，单位广告费用销售率越大，说明广告经济效果越好，反之则越差。

2. 广告效果比率法

广告效果比率法的计算公式为：

$$AE=\triangle S/\triangle P\times 100\%$$

其中$AE$代表广告效果比率，$\triangle S$代表广告产品销售增加量，$\triangle P$代表广告费用增加量。一般情况下，广告效果比率越大，广告的经济效果越好，反之经济效果越差。

例如，某公司为配合旺季销售，第四季度投放的广告费比第三季度增长了40％。同时，第四季度的销售额比第三季度增长了20％，那么该公司的广告销售效果比率应该是50％。

3. 广告效益法

其计算公式为：

单位广告费用销售(利润)增加额＝[本期广告后销售(利润)总额－本期广告前的销售(利润)总额]/本期广告费总额

例如，某公司第三季度销售额为240万元，第四季度投入广告费1万元，销售额上升为260万元，则该公司单位广告费用销售增加额为20元，即每元广告费取得20元效益。

由此可见，单位广告费用销售(利润)增加额越大，广告效果越好。

4. 弹性系数测定法

弹性系数测定法是通过投入广告费的变动率与销售量变动率之比来测定广告经济效果的一种方法。其公式为：

$$E=(\triangle S/S)/(\triangle A/A)$$

其中,$E$ 代表弹性系数,$E$ 值越大,说明广告效果越好;$\triangle S$ 为新增广告费用之后的商品销售增加量,$S$ 为原有商品销售量;$\triangle A$ 代表增加的广告费用,$A$ 为原有的广告费用。

例如,某企业 2011 年的广告费用投入为 100 万元,当年商品销售额为 1 000 万元;2012 年企业投入广告费用 200 万元,当年商品销售额为 4 000 万元,那么广告效果弹性系数为 2。

一般来说,生活必需品的弹性系数很小,通常小于 1,如瓜果蔬菜、日用洗涤等。而奢侈品的弹性系数则很大,如高级化妆品、豪宅名车等,那么当企业商品定位模糊时,也可以通过弹性系数的测定来判断商品在市场上的地位。

5. *广告有效率法*

其计算公式为:

$$广告有效率=市场占有率/声音占有率$$

其中声音占有率按广告产品一定时间内在某一媒体的同类产品广告费用总额的比率计算,并假定比率越大,声音占有率越高。如果相应市场占有率亦越大,则一定程度上说明广告更有效。如表 7-5 所示。

**表 7-5　金城公司广告支出情况统计**

| 年份 | 广告支出/万元 | 行业同类广告支出/万元 | 声音占有率/% | 市场占有率/% | 广告有效率/% |
|---|---|---|---|---|---|
| 2010 年 | 300 | 1 000 | 30 | 60 | 2 |
| 2011 年 | 400 | 1 500 | 26.67 | 40 | 1.499 8 |
| 2012 年 | 200 | 1 200 | 16.67 | 20 | 1.799 6 |

通过比较,一定程度上说明广告在 2010 年更有效,这里"一定程度"是指除广告效果外,其他影响因素也很多。

6. *广告效果测定指数法*

此方法是假定其他因素对广告产品的销售没有影响,只考虑广告与产品销售的关系。在广告推出后,广告经营者对部分媒体受众调查以下两种情况:有没有看过某则广告,是否购买的广告宣传中的商品。假定调查结果如表 7-6 所示。

**表 7-6　调查结果**

| 调查项目 | 看过某则广告 | 未看过某则广告 | 合计 |
|---|---|---|---|
| 购买广告商品 | $a$ | $b$ | $a+b$ |
| 未购买广告商品 | $c$ | $d$ | $c+d$ |
| 合计 | $a+c$ | $b+d$ | $N$ |

表中:a—看过广告而购买的人数;
b—未看过广告而购买的人数;
c—看过广告但没有购买的人数;
d—未看过广告也没有购买的人数;
N—被调查的总人数。

从上表可以看出，即使在未看过广告者当中，也有 $b/(b+d)$ 比例购买了广告的商品，所以要从看到广告购买的 $a$ 人中，减掉因广告以外影响而购买的 $(a+c)\times b/(b+d)$ 的人数，才是真正因广告而唤起购买的效果。将这个人数以全体人数除之所得的值年，称为广告效果指数，(advertising effectiveness index)，简称AEI，其公式为 $AEI=[a-(a+c)\times b/(b+d)]/N\times 100\%$。

例如，某企业为提高产品销售量，为同一系列产品进行了两次电视广告宣传，每次广告活动后，经调查所得资料分别如表 7-7、表 7-8 所示。

**表 7-7　第一次广告活动的调查结果**

| 调查项目 | 看过某则广告 | 未看过某则广告 | 合计 |
|---|---|---|---|
| 购买广告商品 | 85 | 48 | 133 |
| 未购买广告商品 | 101 | 166 | 267 |
| 合计 | 186 | 214 | N=400 |

**表 7-8　第二次广告活动的调查结果**

| 调查项目 | 看过某则广告 | 未看过某则广告 | 合计 |
|---|---|---|---|
| 购买广告商品 | 96 | 44 | 140 |
| 未购买广告商品 | 91 | 169 | 260 |
| 合计 | 187 | 213 | N=400 |

分别计算两次广告活动的广告效果指数如下：

$AEI_1=[85-186\times 48/214]/400\times 100\%=10.82\%$

$AEI_2=[96-187\times 44/213]/400\times 100\%=14.43\%$

由此可以看出，第一次广告效果指数为 10.82%，第二次广告效果指数为 14.34%。如果两次的广告媒体选择、播放时间、广告预算总额相同，那么就可以说明第二次广告策划显然比第一次效果好。

## 三、广告社会效果测评

请举例说明为什么要评价广告的社会效果?

广告的效果不仅仅是个人层面及营销实务层面，其效果涉及到社会、政治、文化、道德、精神等领域。**广告的社会效果**是指广告刊播之后对社会文化道德、人们的思想意识形态、生活消费观念产生的影响和作用。对于广告社会效果的测评一般采用事前测定法，在广告发布之前对其所产生的社会效果进行预测与评估。

### (一) 广告社会效果测评的内容

广告发布后对社会产生的影响，既有正面的，也有负面的。这种影响不同于广告的诉求认知效果或经济效果，广告策划者很难用数量指标进行衡量。广告的社会效果主要体现在以下几个方面：

1. 价值观念

价值观念涉及社会伦理道德、风俗习惯和宗教信仰等意识形态领域。广告的属性是获取最大利益的经济行为，广告的最终目标就是吸引消费者更多地购买和使用广告产品。但是，在达到这一目的的过程中，如果广告歪曲了正确的消费观念或者蛊惑不健康的消费理念，那么对消费者个人、社会、国家都会造成很大的伤害。例如有的广告宣传送礼的观念，对青少年的价值观产生了误导，会造成不良影响。

2. 消费观念

消费观念是人们对待其可支配收入的指导思想和态度以及对商品价值追求的取向。正确的消费观念是促进消费者购买的重要因素，直接影响到消费者的消费行为。一些扬言只有吃了某某营养品就能学习轻松、考试理想的广告，极易误导缺乏判断力的孩子和望子成龙的家长，只能助长少年儿童不劳而获、投机取巧的心理。

3. 社会风气

社会风气是整体或局部社会在一个阶段内所呈现的风貌，是社会中的风俗习惯、文化传统、行为模式、道德观念以及时尚等要素的总和。良好的社会风气归根结底是要靠道德规范内化为大多数人的德性和德行来实现。广告的劝服、诱导性行为会影响受众的德性和德行，例如一些炫富、耀贵的广告，还有人们熟知的“今年过节不收礼，收礼只收×××”广告，都因会对社会道德规范产生不良影响而饱受争议。与之相反，央视热播的公益广告“Family”，通过动画的表现手法将family这个英文单词拆开，并赋予其中某些字母现实意义，让它们各自扮演着不同的家庭角色，演绎了一段感人至深的家庭故事，并潜移默化地将中国传统文化中家的概念、尊老爱幼的美德进行了宣传，营造了和谐的社会文明。

## 相关知识链接

广告的社会效果主要由四个方面构成：

(1) 政府管理机构。政府管理机构对每一个广告的效果都十分关注。如，企业广告播出后是否符合政府相关的法律法规，是否符合当地的一些民俗或民族特点，这些都是社会效果的体现方面。因此，政府管理机构是社会效果的第一个构成因素。

(2) 企业的竞争者。广告播出后，企业的竞争者必然会对广告效果大感兴趣，并会投入相当多的精力来研究广告的具体情况。企业的竞争者可以通过广告播出的频率、效果以及广告与目标消费者的沟通结果，来判断对方企业的实力和下一步的发展意图，从而做出相应的反应措施。

(3) 投资者。通过广告的宣传，投资者可能会发现这个产品、企业或新的技术。如果投入庞大的资本后可以马上得到产业化的放大，那么很多投资者都会顺着广告的播出找到这个企业，提出与企业合作的建议，这样能使投资者和企业获得双赢。

(4) 人才。广告的另一个社会效果就是能够对人才构成一种更大范围的吸引。企业的广告发布之后，很多专业院校毕业的学生或其他就业者会纷纷前来求职，甚至还可能有一些技术的持有者特意来与企业进行合作。因此，广告的社会效果不仅仅是赚钱，还能改善企业的公众形象，对企业所经营所需要的各个方面的资源形成吸引。

### (二) 社会效果的测评指标

广告社会效果的测评方法一般分为两种情况：

(1) 测量广告的短期社会效果。可采用事前、事后测量法。通过对接触广告前后的消费者在认知、记忆、理解以及态度反应的差异比较，可测定出广告的短期社会效应。

(2) 测定广告的长期社会效果。这需要运用较为宏观的、综合的、长期跟踪的调查方法来测定。长期社会效果包含对短期效果的研究，但是还远不止这些，同时要考虑广告复杂多变的社会环境中所产生的社会效果。这方面的研究更多属于人文科学范畴。

测定广告的社会效果，应该进行综合考察评估。其测评指标主要是一定社会意识条件下的政治观点、法律规范、伦理道德和文化艺术标准。

1. 法律规范指标

广告必须符合国家和政府的各种法规政策的规定和要求。利用广告法律来管理广告是世界各国对广告进行制约的通行做法。这一指标具有权威性、规范性、概括性和强制性的特点。一般来说，各个国家的广告法规只适用于特定的国家范畴。我国广告社会效果测评的主要依据是《中华人民共和国广告法》、《广告管理条例》、《广告审查标准》、《广告管理条例施行细则》以及《国际广告法规条例》，此外还有一些相关社会规范。

2. 文化艺术指标

广告活动本身也是一种创作活动，广告作品实际上是商业和艺术的结晶。不同民族的文化有着自己特殊性和历史延续性，不同国家都有自己独特的文化传统和风俗习惯，形成不同的文化艺术观念，因此这一指标的评判标准也不尽相同。总的来看，广告应该对社会文化产生积极的促进作用，推动艺术创新。一方面要符合人类共同遵从的一些艺术标准，另一方面要从本地区、本民族的实际出发，考虑其特殊性，进行衡量评估。在我国，要看广告内容和表现形式能否有机统一，能否继承和弘扬民族文化，体现民族特色，尊重民族习惯等。要看所运用的艺术手段和方法是否有助于文化建设，如语言、画面、图像、文字等表现要素是否健康、高雅，摈弃低俗，能否科学、合理地吸收、借鉴国外先进的创作方法和表现形式。

3. 伦理道德指标

在一定时期、一定社会意识形态和经济基础之下，人们要受到相应的伦理道德规范方面的约束。一则广告要取得好的沟通效果和经济效果，必须能在情感上引起公众的共鸣，也就必须在内容和表现形式上符合社会伦理道德的要求。近年来出现的一些问题广告，例如2004年9月刊登在《国际广告》杂志第48页的一则名为“龙篇”的立邦漆广告，画面上有一个中国古典式的亭子，亭子的两根立柱各盘着一条龙，左立柱色彩黯淡，但龙紧紧攀附在柱子上。右立柱色彩光鲜，龙却跌落到地上。画面旁边对作品介绍的大致内容是右立柱因为涂抹了立邦漆，把盘龙都滑了下来。广告虽然用夸张的艺术手法表现了这种油漆保持木器表面光滑的特点，有一定的创意，但是却忽略了龙在中国的象征意义。北京工商大学传播与艺术学院副院长张翔在接受采访时说：“龙是中国的图腾，在一定意义上是中华民族的象征。每个国家对传统文化的理解不同，在我国的文化中，龙的内涵非常丰富。广告一旦忽略了与文化的联系，就会使受众感到不舒服甚至产生厌恶。”再如，耐克的“恐惧斗室”、“新兴医院广告风波”、“屈原喝酒不跳江”，以及食品、药品、保健品等领域虚假广告泛滥成灾的种种现象，不得不让人们对广告伦理问题进行深刻思考，将其作为衡量现代广告的一项重要内容。

## 经典案例赏析

### 绿A保健食品平面广告作品事前测试

1999年4月绿A保健食品集团委托旭日广告为其产品的广告代理公司。旭日广告公司建议客户在广告投放前进行一次小范围的测试，检验广告作品的主题、创意、语言、形象四个基本构成元素。研究对象界定为：25～45岁的已婚男士和已婚女士，平时工作压力较大，对自身或丈夫的健康问题较为关注，月收入2000元以上。

**一、保健品消费动机**

男性身体疲劳和精神压力，使他们潜在具有保健品调补的需要，而男性日常身体保健比较依赖女性的照料。

启示：

“绿A”广告不但要针对男性，也要针对女性，并着重于“抗疲劳”宣传。

**二、传播活动**

1. 广告标语测试

(1)“护夫”的词语组合在视觉上和听觉上都很容易给人误解成“护肤”。

(2)“太太真情”比“妻子情真”更受欢迎。因为广州人口语上很少用“妻子”，而“太太”这个词大众化，用面较广。目前市场上有明确定在“抗疲劳”的保健品不多，因此，绿A应抓住这个契机以宣传“消除疲劳”为主。

(3)对于这个“呵护丈夫”概念，女性认为可道出她们的心声，男性也感受到一丝温暖。

2. 报纸广告测试(拿出五篇报纸广告逐一进行测试)

(1)“压力篇”。与会者较多对此广告的第一印象很好，是最喜爱的广告。广告中，“家庭”与“事业”两个重担是推动男性甘愿去奔波的原动力，也是使他们产生疲劳的最根本原因。“举重若轻”广告词能诱导他们深入去了解如何轻松扛起两个重担。

(2)“成功篇”。男性与会者认为最有说服力的广告。

绝大多数男性与会者的第一印象觉得图案多。广告主题“综合症”被理解成是“百病”,“男人”字眼有点不恰当、别扭,很容易让人误会是性保健品。但其中以卡通的小图案将现实生活中各种引起疲劳的因素列举出来,有切身感受,能激发需求动机。

(3)“爱夫篇”。这篇广告对女性最具有说服力,“爱他就是爱自己”的广告词道出了作为女性的心声和希冀,给人一种温馨感,这一点是最打动女性的心。

一男一女的卡通人物健康、充满活力、贴近产品的健康概念。

(4)“负担篇”。与会者认为此广告不足之处在于给人一种压迫感。另外,广告并不实际,适应面不广。汽车、房子不是所有家庭都需要的,那么,不是这样的就不需服用保健品吗?

(5)“休息篇”。这则广告是一篇纯文字的广告,显得单调和平白。

广告主题一下子很难让人联想到保健品。

把粤语的口语转成文字不易让人看得懂,那么就无法很好地把信息和产品的概念传达给消费者。

启示:

图文并茂的广告比纯文字的广告更能吸引消费者。男性与女性对广告的需求点是截然不同的。由于五则广告都是以男性为目标对象的,所以男性更注重功效方面的理性诉求,进一步表明他们对“抗疲劳”保健品的需求。女性则对更能体现妻子对丈夫关爱的情感诉求感兴趣。

# 项目八 广告经营与管理

## 学习目标

- **知识目标**

(1) 了解广告组织的模式概念、模式和内容,熟悉广告公司的组织架构。

(2) 了解广告代理制度的内涵、产生发展过程及其作用。

(3) 理解代理收费制度的类型。

(4) 了解广告法规的体系构成和基本原则。

- **能力目标**

(1) 掌握广告管理体系的各个层次以及特点,并能联系实际正确分析和说明广告管理的内容。

(2) 能够联系我国的实际情况提出发挥企业广告最大效果的具体措施。

(3) 能够运用广告法规相关内容分析现实生活中的广告违法行为。

## 驱动任务

### 任务内容

通过本次任务,要求学生能够基本了解广告组织、广告管理的相关内容,增强分析问题的能力,并能够有效运用。

**百年麦肯**

麦肯世界成立于1902年,至今已有100多年的历史。为了配合国际客户在中国的业务发展,麦肯世界于1991年底在北京成立了麦肯光明。20多年来,麦肯光明服务并保持长久合作关系的客户数不胜数,还发展了许多国内的大型客户,在国内的业务呈现良好的发展势头。

客户之所以选择麦肯,看中的是它的整合营销能力、高水平的创意、专业的客户服务与媒介服务能力以及它庞大而又完善的服务网络。麦肯世界集团到目前为止,建立的广告公司遍布全球132个国家和地区,拥有200多家分公司,保持着世界上最大、最完善的广告服务网络系统,实现着集团化资源的全球共享。

与客户建立一种长期的合作关系,这就要求广告公司与广告主同时进步,不断丰富自己。对广告公司而言，就是要求自己的员工更专业、更勤奋、更踏实、更有创意，公司管理更加完善、更具人性化、更与世界接轨、设备更先进；对广告主而言，就是要求其产品质量更好、产品或服务种类更加多样化、更具市场竞争力。麦肯通过与客户荣辱与共、长久合作，实现了共赢。雀巢、可口可乐、吉列、联合利华、强生、欧莱雅、美宝莲、固特异轮胎、朗讯科技等都是麦肯长期服务的客户。

作为国际广告业龙头之一的麦肯，积聚最富资质和培养最具潜力的优秀广告人才是其永无止境的工作。麦肯不仅鼓励而且要求员工做广告界名人、当广告界明星。充满个性活力的广告人才能产生伟大的创意，而这正是麦肯闻名于世的品牌。

你认为对于广告公司而言，人才的重要性是如何体现的？

为迎接中国广告业的光明未来，麦肯已经着手精心准备。主要体现在三个方面：一是实施“人才管理计划”，与哈佛大学商学院合作研发一套为麦肯公司量身定做的人才管理系统；二是制定“创造需求计划”，一个对客户极具服务实效的系统；三是完善“全传播计划”，通过购买重组包括“魔动行销”等多家活动营销和公关公司，丰富麦肯的“全传播服务网络”并使其更加灵动。

**任务：**(1) 你认为专业广告公司是如何提供代理服务，调节市场的呢？

(2) 如何打造广告公司的品牌？

(3) 什么类型的广告组织最有活力？

**任务要求：**在老师指导下，让学生分组进行自由讨论；小组成员之间分工合理、合作默契；形成若干观点，派代表上台发言。

## 案例引读

### 4A 广告公司

4A 一词源于美国，即“美国广告协会”(The American Association of Advertising Agencies)。因名称里有 4 个单词是以 A 字母开头，故简称缩写为 4A。该协会是 20 世纪初由美国各大著名广告公司协商成立的组织，成员包括：Ogilvy & Mather(奥美)、J. WalterThompson(智威汤逊，JWT)、McCann(麦肯)、Leo Burnett(李奥贝纳)、DDBO(天联)等著名广告公司。该组织最主要的协议就是关于收取客户媒体费用的约定，以避免恶意竞争。此后各广告公司都将精力集中在非凡的创意和高超的客户服务中，从而创造出一个接一个美妙的广告创意。从而 4A 也成为众多广告公司争相希望加入的组织。

从 20 世纪 70 年代末到 90 年代初，4A 成员们渐渐地进入到华人世界，从台湾、香港一直来到中国大陆。由于国内尚未允许外商独资广告公司的存在，所以 4A 公司往往与国内公司合资成立合资广告公司，比如盛世长城(Saatchi & Saatchi 与长城)，智威汤逊中乔(J. Walter Thompson 与中乔)等。

20 世纪 80 年代末 90 年代初，改革开放初期随着跨国公司纷纷进入中国，国际广告公司也纷至沓来。当时，国内的广告业尚未发展，4A 公司凭借着国际客户的声誉以及大胆而精妙的创意、精彩的导演和拍摄，树立了其在国内广告界的名声，国内广告界渐渐了解了4A公司，4A广告公司便成为国际品牌广告代理公司的代名词了。

那些并不是4A成员的国际广告公司也被列为4A之列，例如Dentsu(电通，日本最大的广告公司，业务量甚至超出了许多4A公司)、博报堂等。由于广告公司的人员流动性比较大，所以大多数的广告人都有多家4A公司的背景。一般我们所说的4A广告公司是指国际上有影响力的广告公司，如奥美、智威汤逊、精信、麦肯、电通、电扬、BBDO、李岱艾等。

## 第一节　现代广告组织

### 一、广告组织的概念

组织是指通过协调活动来达到个人或集体目标的社会群体。它依靠自身的组织结构，在发挥组织功能的同时，实现组织的目标。**广告组织**是指从事广告经营或者广告活动的经济组织和社会团体，它包括广告主、广告公司、媒体组织和广告团体等。

广告组织是一个系统，广告活动的主体是广告主，但是广告主的大部分广告活动都是由专门的广告公司来代理的。广告公司的工作包括为广告主制定广告计划、确定广告信息内容以及通过广告媒体向消费者传递广告主的信息等。因此广告主、广告公司和媒体组织就构成了广告组织系统的三大主体机构(见图8.1)。

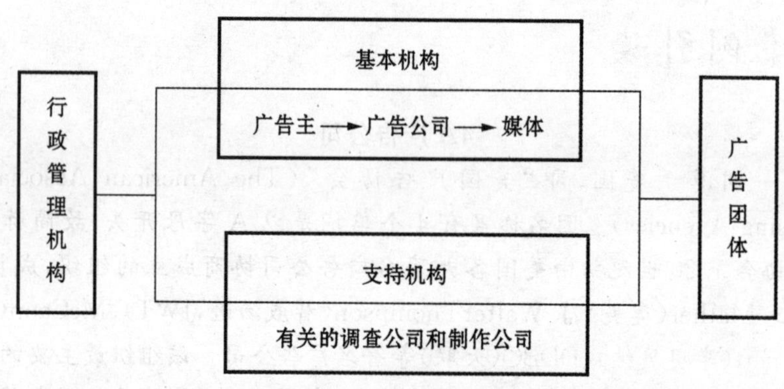


图8.1　广告组织系统

广告组织在广告经营管理活动中起着非常重要的作用，进一步地健全广告组织，是广告业务活动顺利开展的重要保证。

自然人都能成为合法的广告主体吗？
提示：只有具有合法经营资格的个人和具有特定行为资格的个人才能称为合法的广告主体。

### 二、广告主广告组织

**广告主**，也称广告客户，是指出资做广告的主体，包括企事业单位、团体或个人，是广告活动的委托人和直接受益者。广告主首先是决定广告目标和广告信息内容的主体，其次是广告经费的承担者。同时，广告主也是广告的责任主体，对其所做广告的一切法律后果承担责任。

### (一) 企业广告部门

企业的广告部门作为现代企业营销组织的重要组成部分，在现代企业营销中所发挥的作用越来越大。企业的广告管理与组织，受制于企业对广告的认识，也从属于企业的整体管理与组织形式。从我国企业的广告管理现状来看，其广告管理组织大致可分为公关宣传型、销售配合型和营销管理型三类。

1. 公关宣传型

公关宣传型的广告管理模式是基于企业广告的宣传功能定位，将企业广告纳入企业的行政管理系统，是企业行政职能部门的一个分支机构。这种模式比较注重企业形象推广和企业的内外信息沟通，但也存在着广告运作缺乏实效性和针对性、脱离市场等缺陷。

2. 销售配合型

销售配合型的广告管理模式，是目前国内外较多采用的一种模式，企业的广告组织从属于企业的销售部门，其主要作用是销售配合。也就是企业的广告组织在销售主管的管理下，与企业的其他营销部门一起，共同为企业营销服务。在实际工作中，又可以分为以市场或以产品为基础的两种组织管理类型。例如，美国的大部分消费品营销组织实行的“品牌经理制”就是以产品为基础的组织管理类型。创立于1929年的美国宝洁公司，当时为改变新产品佳美香皂销售不佳的局面，启用一名年轻的经理专门负责该产品的宣传和促销工作，大获成功。此后，这一模式被一直沿用。而目前在我国企业中，实行较多的是以市场为基础的广告管理组织模式。其广告的管理和执行表现出明显的层级性。企业的广告部门，既是企业的广告管理部门，也是企业的广告执行和营销服务机构。这种模式能使广告更好地发挥配合销售的效果，但由于过分强调了对销售的配合，反而会影响企业对广告的长期规划管理，并且因为管理和执行层次繁多，也会影响广告传播的整体效果。

3. 营销管理型

营销管理型的广告管理模式将企业广告部门从具体的销售层次中分离出来，提升为与其他职能部门并列的独立机构，是企业营销的重要推广组织和企业实施整体发展战略的重要组成部分。它注重将企业广告的宏观决策、组织管理和具体实施结合起来，减少了企业广告的管理层次，加强了企业广告的统一管理和长远规划，有利于企业广告资源的充分开发与合理调配。

无论企业采取何种广告管理模式，其广告基本运作程序是大体相同的，一般都要经过广告决策——确立企业广告基本战略思想和总体战略目标，广告计划——确立并制定出切实可行的具体广告计划，广告执行——广告计划的具体实施等三个阶段。

### (二) 广告主自设的广告代理公司

规模较大的企业，基于工作效率和成本费用的考虑，往往会在公司内部设置灵狮环球的前身是 Lintas,为联合利华的广告部门,1928 年从联合利华公司分离出来,独立经营。

广告部门,专门处理企业自身的广告策划、广告发布等事务。而一些广告量很大的企业则自设广告代理公司,又称为专属广告公司,是由特定的某一个广告主经营、支配的广告公司,经营商从属于该广告主。广告主通过它完成自己的广告设计、制作、发行等业务。

广告主自设广告代理公司的优势在于节省广告费用,便于协调与控制,便于保密,易于沟通,方便企业开展广告活动。其劣势在于没有专业广告公司经营丰富,服务质量受广告经费影响,竞争力较弱,会增加企业成本。

在实际运作,企业广告要达到完全自我执行,难度极大,有必要实行部分代理,把依靠企业自身力量难以完成的广告运作环节如广告策划与制作等,委托广告代理公司代理,以减少不必要的损失。相应地,委托代理执行的方式能极大提高企业广告效率,增强企业广告的投入产出比,是现代广告发展的需要,也符合企业发展的根本利益。

## 三、专业广告公司

**专业广告公司**是指依法成立,专门为企业策划、开发、制作广告的独立的专业化组织。它通过企业和广告媒体之间的双向代理服务,来传播信息、沟通产销、引导消费和促进生产。

20 世纪 90 年代以来,广告公司一方面朝着规模化方向发展,形成了若干全球性的广告集团;另一方面朝着专业化的方向发展,形成了大批专业性广告公司。根据服务功能与经营业务的不同,广告公司可以分为广告代理公司、广告制作公司和媒体购买公司。

### (一) 广告代理公司

广告代理公司是受广告主委托进行全面广告服务的经营机构。它是在经历了单纯媒介代理和技术服务时期之后,广告业发展成为一个独立的产业的前提下诞生的。根据规模大小,广告代理公司又可以分为综合型广告代理公司和专项服务型广告代理公司两类。

你所知道的世界著名的广告代理公司有哪些?

(1) 综合型广告代理公司。它为广告主提供全方位广告代理业务的广告经营企业,包括市场调研、广告策划、广告创意、媒体计划和购买、广告检测、广告效果测评等相关业务,是广告代理制的典型组织形式。其服务要经过客户部、市场调研部、创作部和媒介部四个环节,以及研究——建议——提呈——执行——测定总结五个程序,各部门围绕一个中心协同作战,形成一整套为客户提供全面服务的体制。

综合型广告代理公司一般规模较大,对于大的广告活动把握能力较强,还能够为客户提供信息咨询、企业形象设计、大型公关活动等战略层面的服务,但一般成本较高,收取的代理费用也较高。

(2) 专项服务型广告代理公司。它的经营范围较狭窄,服务项目较为单一,一般不承担广告运作的整体策划和实施,但能满足特定广告客户的特殊需求,具有一定的专业优势,同时顺应了广告专业化分工的趋势,有利于提高广告的专业水平。专项服务广告代理公司又可以分为三种：提供某一特定产业的广告代理专项服务，如房地产广告代理公司；提供广告活动中某一环节的广告服务，如广告创意公司、广告调查公司；提供特定媒介的广告服务，如户外广告、交通广告等。

## 相关知识链接

现代社会传播事业极为发达，广告客户需要广告公司提供全面服务，以满足其各方面的需要。只有具备一定规模和水准的广告公司，才有条件和能力为客户提供全面的广告策划和计划执行。广告公司的全面服务过程，一般可归纳为五个程序，即：研究——建议——提呈——执行——总结，按照“承揽业务——制定策略——设计制作——发布广告——效果调查”等几个环节来进行，有利于各部门围绕一个中心协同作战，形成一整套为客户提供全面服务的体制。它收集市场信息，分析消费趋势，把握流行动向，提出产品开发的意见。同时对于企业形象建设，企业的发展战略，企业文化建设，售后信息收集与分析等提供咨询服务和建议。科技发展的日新月异，广播、电视、电影、录像、卫星通讯、电子计算机等电子通讯设备的发明，以及由此带来的信息技术革命，使广告作为一种行业得以成熟，广告公司也彻底摆脱了媒介掮客的角色，最终成为现代信息产业的重要组成部分。

1. 广告公司的组织模式

广告公司所采取的组织模式一般有两种类型，即团队组织模式与部门组织模式，有些广告公司则根据自身的情况将两种类型的组织模式结合起来。

(1) 团队组织模式。这种组织模式也称为作业组织模式(见图 8.2)。如果一个广告公司接受两个以上客户的广告业务，就可以以文案、美术、媒体策划以及其他一些专业人才来组成一个团队。团队的成员都受客户领导者(AE)或者团队负责人的领导。在一个广告公司里可以拥有多个团队，而每一个团队都承担比较完整的广告公司的业务。团队组织模式的一个优点就是能充分发挥团队成员的专长，并且一个团队的成员在一般情况下不为其他客户服务。

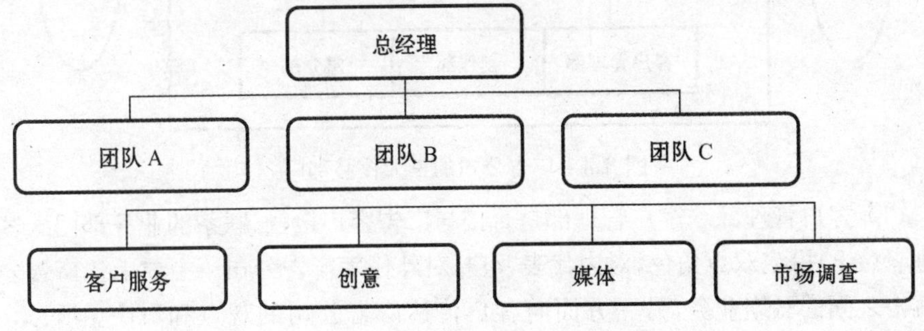


图 8.2　广告公司的团队组织模式

(2) 部门组织模式。这种组织模式也叫职能组织模式(见图 8.3)。在该模式中，把各有特长的专业人才或者承担专业业务的人员集中起来，隶属于机构的某部门。如广告公司内的所有文案以及创意人员都归属创意部。每个部门的成员不受客户领导者的领导，而受各部门经理的领导。在这种模式中，一名文案设计者或者市场调查者可以为其他客户领导所管理的客户服务。

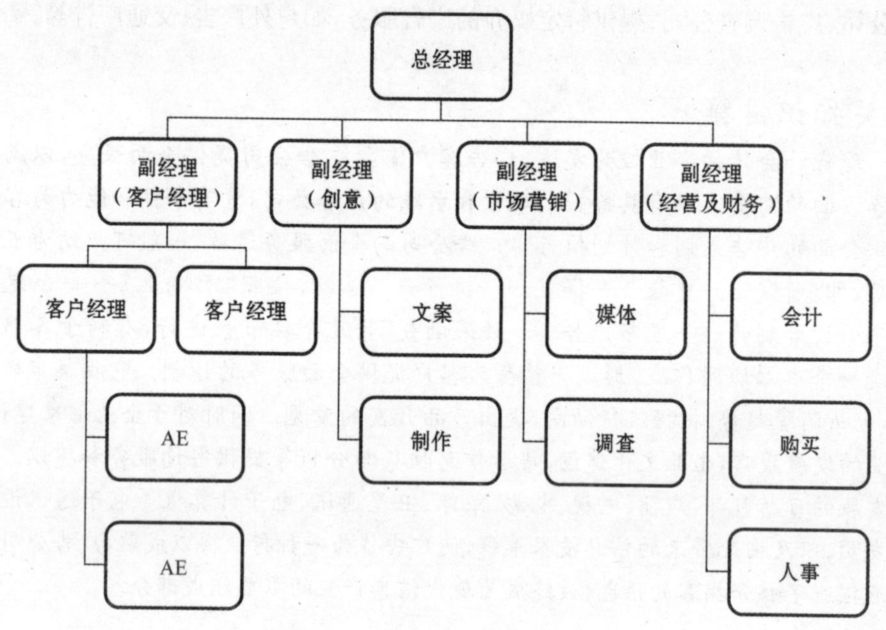


图 8.3　广告公司的部门组织模式

2. 广告公司的核心部门设置

广告公司的核心部门主要由客户管理部、创作部和媒介部构成，它们各司其职，相互配合，如图 8.4 所示。

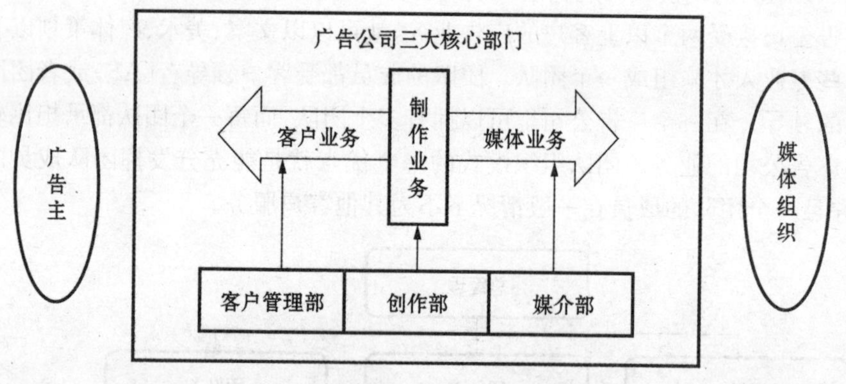


图 8.4　广告公司的三大核心部门

(1) 客户管理部。客户管理部是直接与广告客户接触、联系的业务部门。客户管理者(AE)扮演双重角色，对内代表客户，对外代表广告公司。主要承担广告公司与客户之间的联络业务，另一方面向客户传达广告公司的观点和看法。所以，AE一般要求具有开创性的、涉外性的、说服性的工作能力，要求具有广泛的知识。

如何解决广告主和广告公司两者之间出现的令人不愉快的现象？

当广告客户要求广告公司为其提供专业服务时，AE 首先要与之接触，了解客户的具体需求，衡量客户要求的可操作性。通过双方协商，代表公司与客户签订广告合同，并根据客户提供的有关资料，如产品销售状况、市场态势、广告预算、市场规划等，同有关部门制订出广告计划，经广告客户同意后，由有关部门协作执行。在广告计划的实施过程中，AE要及时与客户联系并进行信息反馈，转达广告计划的实施进展情况。同时，对广告的设计、创意、制作与刊播过程进行监督。对客户的有关信息资料要负责保管，严守商业秘密。

(2) 创作部。广告公司能否为客户提供令人满意并有效的广告创意制作，关系到能否争取客户并与客户保持长期合作关系。广告创作部的主要任务是从客户服务部了解广告活动的目的，然后创作人员进行创意构思，继而形成广告意念，同时负责将这些意念制作成完善的广告作品。创作部的人员包括创意总监(CD)，广告文案人员和负责美术设计的美术总监(AD)，具体完成广告稿的美工人员，负责制作电视、广播广告的监制人员，负责印刷及其他类型广告的制作管理人员。

(3) 媒体部。媒体部的职能是掌握各种传播媒体的特点及其对消费者的影响程度，并选择合适的广告时间和空间。在广告活动中，媒体部不仅要为广告活动制定广告媒介策略，为广告计划和广告预算的制订提供具体意见，并且在广告实施过程中，应与媒体保持经常性的联系，对广告的实施进行监督，并在实施后向媒体交纳广告费。媒体部门的人员主要包括了媒体总监、媒体经理、媒体策划及媒体购买人员等。

除了这三大核心职能部门外，广告公司还要设置行政部门。如人事部门按照公司人事管理制度的规定，负责办理公司的人员招聘、培训、任免、考核、奖惩、确定福利待遇等工作。财务部门执行国家有关财务工作的规定和公司的财务制度，负责办理公司的财务预算、决算、往来账目及现金管理，对公司的经营活动进行成本核算和财务分析。

### (二) 广告制作公司

广告制作公司专门从事广告产品的设计与制作方面的服务。由于广告制作的专业性较强，行业出现之处就与广告代理分离开来，成为独立的广告业务服务机构。如平面广告制作公司、影视广告制作公司，甚至包括路牌、霓虹灯、喷绘等专营或兼营制作机构都属于这一类。它可以直接为广告主提供广告设计与制作服务，也可以接受广告代理公司的委托，通过提供广告制作服务收取费用。广告制作公司的最大优势就在于设备精良、人员技术专业化强、分工精细。所以即使是大型的广告代理公司，也日益倾向于委托专门的广告制作机构来完成广告设计，而不再设置专门的广告制作部门。

### (三) 媒体购买公司

媒体购买公司是指专门从事媒体研究、媒体购买、媒体策划与实施等与媒体相关业务的公司。它是适应现代广告业与广告市场变化的一种新发展的组织。媒体购买公司对媒体资讯有系统的掌握，能为媒体选择提供依据和建议，能合理配置和有效利用媒体资源，并在媒体购买能力和价格方面有着很强的优势。所以媒体购买能力、媒体策划与实施能力以及巨额资本是媒体购买公司生存和发展的必备条件。

### 四、媒体广告组织

媒体广告组织即指媒体自己设立专门从事媒介广告经营的广告组织。广告媒介中发展最早的大众化传播媒介是报刊，媒介广告组织最早也是在报刊部门出现的。早期的报刊广告主要是由广告主起草，送由报刊发行单位的编辑审定，报社不设广告专职部门也没有专职广告人员。随着商业的发展，报刊广告数量增多并开始讲究排版，注重广告效果。为了进一步加强管理，逐渐提高广告作品水平，报刊单位开始出现专职的广告组织。在广播、电视、报纸和杂志这四大传统媒介发展起来以后，逐渐新兴起的网络也成为广告的主要传输媒介之一。这些媒介单位也在其内部相应地设立了媒介广告组织，并且日臻完善和复杂化，渐渐成为这些媒介组织的有机组成部分。

媒体广告组织的机构设置与广告代理制的实行状况相适应。在实行完全广告代理制的国家和地区，媒体在广告经营中一般只承担广告发布的职能，向广告代理公司和广告客户出售媒体版面和时间。这类媒体广告部门的机构设置就比较简单，称为广告部或广告局，下设营业部门、编排部门、行政财务部门等几大部门。营业部门负责对外业务的联络和接洽，编排部门负责广告的刊播，行政财务部门负责行政财务方面的管理，督促广告费的及时回收。

在没有推行广告代理制或没有实行完全广告代理制的国家或地区，媒体不仅负责广告的发布，还兼任广告承揽与广告代理职能，其媒体广告部门的机构设置就比较复杂。在我国大陆，广告代理制还处于逐步推行阶段，除规定外商来华做广告必须经由广告公司代理外，大量的客户绕过广告代理公司这一环节，直接与广告媒体发生业务关系，媒体的广告经营几乎与广告公司没有差别。实行严格意义上的广告代理制，即对媒体的广告经营实行广告承揽与广告发布职能的真正分离，使媒体专司广告发布，是我国广告业今后的发展方向。

## 第二节　广告代理制度

### 一、广告代理制度的含义

**广告代理制度**是国际上通行的经营体制，指的是广告代理方（广告经营者）在广告被代理方（广告客户）所授予的权限范围内来开展一系列的广告活动，即在广告客户、广告公司与广告媒体三者之间，确立广告公司为核心和中介的广告运作机制（见图8.5）。广告代理制是国际通行的广告经营与运作机制，是广告业现代化的主要标志。在整个产业结构中，广告代理公司处于中心地位。而对于相对滞后的国内广告业而言，媒介处于中心和强势地位，有“强媒介弱公司”的说法。广告代理制的最终确立与实施仍是我国广告业今后发展的努力方向和基本趋势。

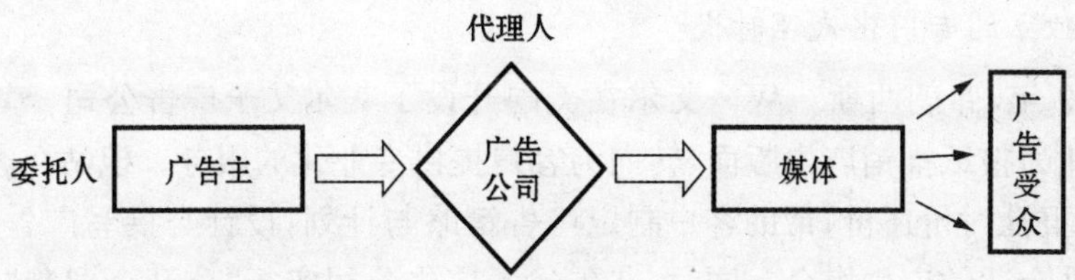


图 8.5　广告代理运作机制

广告代理具有双重代理的性质：一方面，它全面代理广告客户的各项广告活动。在广告代理制度下，广告客户必须委托有广告代理权的广告公司代理其广告业务，不得与广告媒介单位直接联系发布广告（分类广告除外），这样可以有效保证广告客户的广告投入效益。另一方面，它又代理媒介的广告时间与广告版面的销售，为媒介承揽广告业务。也就是说，媒介单位不能直接面对广告客户承接广告的发布、设计和制作等业务，这些活动都应该归属于广告公司的业务范畴。

在规范的广告代理制度下，广告主、广告公司和媒体三位一体，合作博弈，各司其职，三者相互支持，互惠互利。

## 二、广告代理制度的产生和发展

伴随着社会经济的发展需求和广告业自身发展的内在要求，广告代理组织从最初的萌芽——广告代理店，演变成为现代的能够为客户提供系统而又全面的综合服务组织，其间经历了漫长的岁月，相应的广告代理制度也经历了不同阶段的发展。

### 1. 处于媒体依附地位的媒体推销时代

早期的广告代理，从属于报业。因为最早承揽并发布广告的大众传媒是报纸。此时的广告代理主要是报纸广告版面的销售代理，被称为“版面销售时代”。1841 年，美国人沃尔尼 · B · 帕尔默在费城建立了第一家脱离媒体的、独立的广告代办处，专门为他所代理的各家报纸兜售广告版面，充当广告客户的代理人，并从报社收取 25%的佣金。它被视为是现代广告代理的最早萌芽，也是美国和世界上最早的广告代理店。

### 2. 脱离媒体的媒体掮客时代

1865 年，乔治 · P · 罗威尔在波士顿创办了与今天的广告代理公司更为相似的媒介掮客公司。他与百家报纸签订了版面代理合同，收取报社 25%的佣金，再把版面分成小的单位零售给广告主，获利丰厚。1869 年罗威尔又出版了《美国报纸导读》，公开发表美国和加拿大多家报纸的估计发行数量，并向广告代理商和广告客户提供各种报纸的版面价格，为广告客户选择媒介提供了参考依据。这种广告代理，虽具有独立经营性质，但在职能上仍保留有媒体业务代表的特性，只是单纯的媒介代理。然而，对于媒体而言，它能以其工作不断开发广告新客户，确保媒体一定的广告数量，减轻了媒介经营广告的风险。比起早期的广告代理，这无疑向前迈进了一大步，初步具备了真正意义上的广告代理性质。

3. 独立的专门化代理时代

为什么说广告代理制对广告发展而言具有里程碑意义?

1869 年，弗朗西斯·W·艾尔在美国开设了艾尔父子广告公司。其经营重点从单纯为报纸推销广告版面，转向为客户提供专业化的服务。他站在客户的立场上，向报社讨价还价，帮助客户制定广告策略与计划，设计与撰写广告文案，建议与安排合适的广告媒介。同时，艾尔父子广告公司实行“公开合同制”，规定广告代理店为广告客户和广告媒介提供服务，其代价是将真实的版面价格乘以一定的比率作为佣金，还进一步将广告代理佣金固定为 15%。这一制度于 1917 年在美国得到正式确认，并一直沿用至今成为国际惯例。广告历史学家称艾尔父子广告公司为“现代广告公司的先驱”。

这一时期独立的、服务专业化与多样化的广告代理公司的出现，广告客户与广告公司的代理关系以及广告代理佣金制度的建立与确认，标志着现代意义上的广告代理制度的真正确立。

自艾尔父子广告公司奠定广告代理制度的基本形态之后，经过约半个世纪的发展，到了 20 世纪 30 年代以后，专业意义上的广告代理制在美国基本形成，并相继在广告业比较发达的日本、美国、法国等国家和地区普及，逐渐成为国际通行的广告经营机制。广告公司开始全面代理广告客户的广告活动，在广告客户授予的权限范围内，完成有关环节的各项工作，包括市场调查、广告策划、广告设计与制作、广告文案撰写、广告发布和广告效果测定等一系列服务项目。广告公司的广告代理方案获得广告客户的认可并付诸实施后，可以从所代理广告的媒介刊播费中获得 15%的媒介代理佣金，在制作过程中各项支出总额的基础上获得 17.65%的加成。

图 8.6 为广告代理公司业务运作流程。

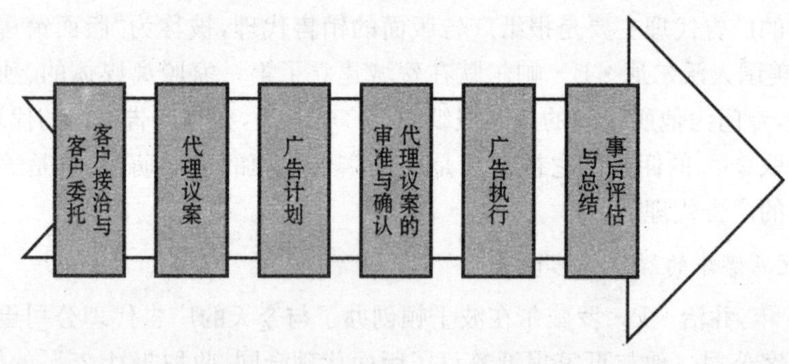


图 8.6　广告代理公司业务运作流程

广告代理制的确立与实施，确立了广告公司在广告运作中的中心地位。随着经济全球化趋势的日益加强，现代高新科技特别是信息通讯技术的不断发展，广告经营的国际化和规模化成为必然。20 世纪 70～90 年代，西方许多大型广告公司相继实施了规模化经营的发展战略，走上了国际化发展的道路。国际化、规模化的广告经营，大大降低了广告成本，增强了广告公司的活力与实力。

进入 21 世纪，整合营销传播成为广告公司的努力方向，对广告公司的全面代理能力提出了更高的要求，广告代理的业务范围又进一步扩展。广告代理活动变得更为精细的同时，又要求广告代理公司能够根据消费者的具体情况确立统一的传播目标，有效发挥各种不同的传播手段向消费者传达本质上一致的声音，为广告客户提供包括广告传播、公共关系、形象策划、包装与新媒介、直销和CI等内容的综合型服务，为企业的整体市场营销战略提供全面的、专业化的服务。这与广告代理兴起之初的简单媒介代理已有了根本的不同，对当今的广告代理公司无疑是巨大的新挑战。

## 三、广告代理的收费模式

广告代理制度是广告经营活动的核心。广告代理的收费范围（见图8.7）、收费标准与方式（见图8.8）及其财务管理是广告公司经营与管理的重要构成，它直接关系到广告公司能否产生公平合理的经营利润，直接关系到广告公司的生存与发展。

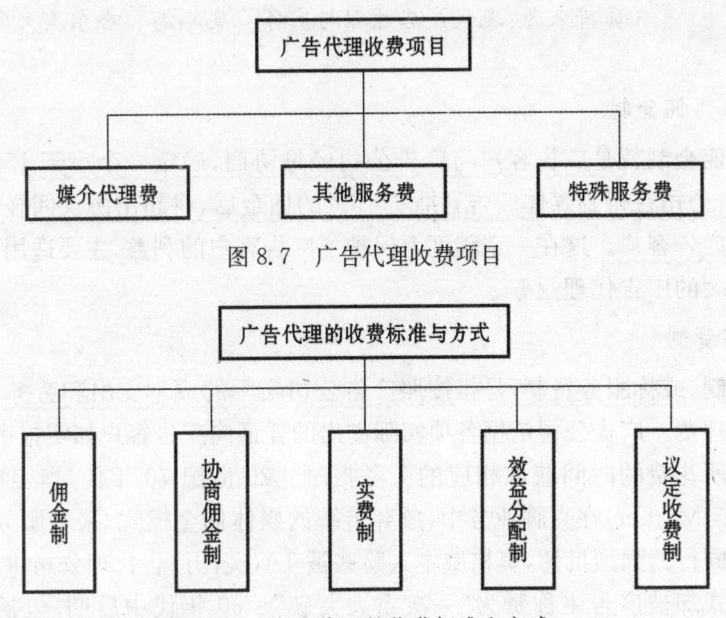


图8.7　广告代理收费项目



图8.8　广告代理的收费标准和方式

1. 佣金制

传统的广告代理公司获取报酬的方式是“佣金制”。**佣金模式**是指广告代理公司根据广告主的媒介投放量提取一定比例的佣金作为广告代理费的制度。按照国际惯例，代理佣金标准为：大众传播媒体的佣金比率是广告刊播费的15%，户外媒介的佣金比率为16.7%。在我国，承接国内广告业务的代理费为广告刊播费的10%，承办外商来华广告的代理费为广告刊播费的15%。

> 单一的15%的佣金制对广告市场中所有因素都是公平的。这句话对吗？

佣金制的最大贡献，在于把各个广告公司从价格混战的恶性循环中解脱出来，把广告公司的竞争重心转移到广告质量等非价格因素上来。其缺陷在于，佣金与广告代理工作努力程度没有直接联系，只要客户在媒体上投放广告，广告公司就可以从媒体得到佣金。当广告公司建议客户增加媒体投放量时,客户可能怀疑代理公司是为了获得更多佣金而建议提高本来没有必要的广告预算。

## 相关知识链接

### 国际广告界对媒体佣金的计算

国际广告界在收取广告制作费方面也有一定的标准,即广告客户除了如数提供给广告公司各项广告制作支出外,还要给广告公司 17.65%的加成,即按照广告费减去媒体折扣的净额的 17.65%收取代理费。这是对广告公司代理其广告制作活动的报酬。

之所以按照 17.65%收取,是因为广告公司所得恰好是广告主支出总额(广告费加折扣)的 15%。例如广告主投入 100 万元广告费,正常情况下代理商能拿到 15 万佣金。(100－15)万×17.65%＝15 万元,正好是 100 万元的 15%,与媒介代理佣金正好一致。

(资料来源:现代广告原理与实务　栾　港　哈尔滨大学出版社)

2. 协商佣金制

**协商佣金制**就是广告客户与广告公司经过协商,确定一个小于 15%的佣金比例,广告公司在得到媒体广告刊播费 15%的佣金后,将超出协议佣金比例的部分退还给广告客户。这在一定程度上保护了广告客户的利益,主要适用于媒体支出费用较大的广告代理业务。

3. 实费制

**实费制**,或称服务费制,是指按照广告公司实际的成本支出和劳务支出计算其广告代理费。广告公司依据各项实际支出的凭证向广告客户如实报销,并根据各项业务所花费的时间获取相应的劳务报酬。20 世纪 70 年代,奥美广告公司(Ogilvy & Mather)在壳牌业务中,放弃传统的媒体佣金模式,采用服务费模式。此举虽遭同行的强烈批评,奥格威本人险些被 4A(美国广告代理公司协会)除名,但这种模式却被广告主称赞为“一次重大突破”。80 年代中后期,包括通用、宝洁、IBM、福特、奔驰、宝马、耐克等企业纷纷采用服务费模式。

这种收费制度要求广告公司对为客户工作所耗费的一切成本进行详细记录,包括媒体费用、调查费用、制作费、印刷费、差旅费等凭证,以及在此业务上花费的精确时间和人员。这种制度的弊端在于,容易引起业内的价格战,从而导致广告主忽略一些本应提供的服务项目,更关键的是,这种制度在操作上难度较大,工时成本的记录难以精确计算,且按时间付费,留下了广告公司工作效率低的隐患。

4. 效益分配制

**效益分配制**,就是广告公司可以按一定的比例从它所代理广告的实际销售额中抽取相应的利润,如果广告不能促进销售,则得不到利润回报。这就将广告代理的权利和责任紧紧捆绑在一起,使广告公司必须承担广告代理活动的风险。

5. 议定收费制

**议定收费制**是实费制的补充形式，就是广告客户与广告公司针对具体个案，在对广告代理成本进行预估的基础上，共同商定一个包括代理酬金在内的总金额，由广告客户一次性付清给广告公司。此后在实际运行过程中，广告公司自负盈亏，与广告客户无关。议定收费制可以避免广告客户与广告公司之间可能引发的付费纠纷。

## 相关案例链接

**北京交通广播：15年广告代理制度传造出的神话**

北京交通广播是北京人民广播电台的系列台之一，于1993年12月18日开台。开台15年来，北京交通广播台广告额屡创佳绩，这与它的广告代理制度密不可分。它被认为是继广东的“珠江经济模式”和上海的“同城双台模式”之后的中国广播界的又一创举。

1. 制播分离　广告代理

在北京交通广播开播之前，北京交通广播以150万元/年的价格和某家广告公司签下了第一份广告代理合同。制播分离让编辑、记者和主持人摆脱了拉广告的任务，为他们创造出一个自由的艺术创作空间，也为节目质量提供了根本保证。另外，广告业务完全代理节省了电台的经营成本，也让广告公司代理能对广告投放有更科学有效的规划，实现效益的最大化。北京交通广播最终在第一年大幅度超额完成了台里定下的广告销售业务。

2. 多家联合　承包代理

在之后的5年中，北京交通广播逐渐从独家代理制度转变为多家代理制，广告收入也逐年飞速攀升。

1998年底，北京交通广播再次将广告代理制度进行了调整。广告公司在完成基本任务后，对于已完成的部分给予低于基本的代理费，留出5%用于奖励；对于超出总任务的部分，则实行高额奖励，即“多家联合承包代理”。自此，北京交通广播已经成功地走过了市场开发的初级阶段，开始形成一个以北京交通广播为中心的卖方市场。

3. 价格调整　分业代理

随着代理公司竞争愈加激烈等新问题的出现，北京交通广播发起了“受众升级”、“价格调整”和“分行业代理”三大改革。

分行业代理是将北京交通广播的广告公司所代理的客户大体分为9个行业，按照前一年的投放总额的70%确定一个标准，按照广告代理公司历年的经营业绩排名，业绩好的具有“优先认领权”。这一制度形成了广告代理公司相对的垄断经营，他们普遍地拓展了业务范围、加大了开发力度。这一改革使得北京交通广播2002年的广告额首次突破一亿元大关，到达1.07亿元，并持续上涨，2006年广告经营额达到2.8亿元，实现了全国广播单频广告收入七连冠。

## 四、广告代理制的作用

1. 有利于提高企业广告活动的效果

实行广告代理制度,最大的受益者是广告主。实行代理制有利于广告主减少企业开支、精简人员和机构,还可以借助广告公司的专业经营经验和技能,提高广告效果。同时也有利于将广告战略放到营销战略的整体中去通盘考虑。我国在未实施广告代理制之前,许多企业在广告宣传中缺乏统筹计划、整体策划,很少从长远的角度去规划企业的经营和发展,如要树路牌广告,就请户外广告公司制作,要在报纸、电视上做广告,就请报社、电视台设计、制作,这样常常造成广告图形、广告语言、广告形象的紊乱,从而影响和削弱了广告传播的整体效果。在很多时候,出于营销战略的考虑,企业都需要在多家媒体上齐头并进,去进行一系列的广告宣传。这时,单个的媒体单位既无力策划,也难以实施。而将广告业务全权交给广告代理公司去统筹负责就可以很好地满足企业的这一需求。

2. 可以充分发挥广告专业人才的作用

伴随着市场的逐步细分及新兴媒体的不断出现,广告主越来越希望能够从外部获得包括市场、营销、公关等在内的多元化服务,或是获得能达成实效的专业化服务。作为代理活动主体的广告公司具有较强的策划、创意和市场调查能力,可以凭借其专业化分工的优势,向广告主提供全方位、立体化的服务。其主要经营理念是:以策划为主导,以市场调查为基础,以创意为中心,以媒体选择和媒体组合为实施手段,以促进客户营销为主要任务。实行广告代理制,有利于广告公司和媒体之间的明确分工,充分发挥广告公司和媒体的各自优势,提高广告公司的地位和责任感,发挥其在广告运作中的主力军作用,进而提高广告公司的市场调查、广告策划、广告创意和制作方面的水平,提高广告效果,增强我国广告行业在国际广告市场的竞争力。

3. 有利于广告媒体规避经营风险

对于媒体而言,实行代理制不仅可以解除广告设计创作负担,更好地做好自己的传播业务,同时有利于减少商业运作和信用风险,降低业务成本,还能够更好地履行公众传媒功能,接受社会公众的业务监督。媒体通过广告公司承揽广告业务,不必直接面向极度分散的广告主,也不必承担广告设计制作任务,从而减轻从事广告业务的工作任务和成本;同时,媒体刊播广告的费用,由广告公司负责支付,媒体不必逐个对广告主进行信用审查,从而减少了商业信用方面的呆坏账风险。在规范的代理之中,不存在媒体与广告公司争夺客户的问题。这样,媒体可以集中精力履行其社会职责,办好栏目以赢得更多观众,同时获得更大的广告经营收益。

中央电视台就是一家通过坚持广告代理制而受益的典型电视媒体。中央电视台将其众多频道和栏目的广告业务分别委托给国内数十家知名广告公司代理,腾出精力来用于节目建设,通过对各个频道和栏目的不断调整和改版,提高收视率，既巩固了其在国内电视媒体中的"龙头"地位，也确保了广告经营收入的持续增长。

# 第三节　广告管理

## 一、广告管理的含义和特点

1. 广告管理的含义

**广告管理**是国家管理经济的行为，是国家工商行政管理的重要组成部分。它主要是指国家、社会、广告业内部对广告活动的指导、监督和控制，是为了限制广告活动的不良倾向，指导广告业的健康发展。

与广告的产生相比，广告管理的出现要晚很多。在18世纪末至19世纪初，英、美等国家爆发了工业革命，带动了经济的快速发展。繁荣的社会经济与工商业的发展为广告业的出现以及发展创造了条件。然而，由于没有正确的管理制度，广告业的竞争出现了混乱和无序，对西方经济生活的健康发展有着不利的影响。因此，西方政府于20世纪后开始着手广告的立法和监督工作，成为近代广告管理的开端。

广告管理使广告活动适应了国家宏观经济形势对广告业发展的要求，使广告行业逐渐由无序走向有序。政府职能部门对广告的行政管理、广告行业自律以及社会监督管理是我国广告管理的三种最基本途径。

2. 广告管理的特点

我国广告管理具有以下特点：

(1) 法制性。广告管理法律制度已经成为我国法律制度的一个组成部分，有关部门根据国家立法机关制定的广告管理的法律、法规，对社会的广告活动进行监督、控制，保护合法经营，杜绝虚假广告，保护消费者的合法权益，有效地减少了广告业的负面影响。

(2) 广泛性。广告管理的范围随着广告业的发展而不断拓展，内容涉及社会的各个方面，既涉及生产经营者、公民个人、其他团体组织等，也涉及社会、经济、文化等多个方面，并随着广告的发展而不断变化和增加。

(3) 多层次性。对社会广告活动的管理，是在政府行政立法管理、广告行业自律和广告社会监督的多层次、多部门协同下实现的。不同部门对广告活动采取不同的管理方法，如教育、处罚、监督、检查、控制、指导等各种手段和方法，用以维护社会经济秩序。

(4) 强制性。广告管理体现着国家的意志，并用法律法规保证其实施。广告活动的参与者要依法从事广告活动，对于广告活动中的违法行为，广告管理机关将依据法律法规对其进行处罚，对于情节严重，构成犯罪的，由司法机关依法追究刑事责任。

## 二、广告行政管理

**广告行政管理**是指国家广告管理机关依照广告管理的法律、法规和有关政策规定，或通过一定的行政干预手段，对广告行业和广告活动进行的监督、检查、控制和指导。在我国，广告的行政管理，是由国家工商行政管理部门按照广告管理的法律、法规和相关政策规定来行使管理职权的。

### (一) 广告行政管理系统

从整体上来看，广告行政管理主要由四个子系统构成：广告行政管理机构、广告行政管理法规、广告验证监督管理和广告行政管理对象。

(1) 广告行政管理机构。该子系统主要由国家工商行政管理机关和地方各级工商行政管理机关构成。我国《广告法》第 6 条规定："县级以上人民政府工商行政管理部门是广告监督管理机关，负责对所有广告活动实施监督和管理"。《广告管理条例》第 5 条规定："广告的管理机关是国家工商行政管理机关和地方各级工商行政管理机关"。

(2) 广告行政管理法规。它是广告行政管理机关进行广告行政管理的法律依据，主要包括《广告法》、《广告管理条例》和一些单项广告管理规章和有关政策规定，如《药品广告管理办法》、《医疗器械广告管理办法》等。

(3) 广告验证监督管理。这是广告管理机关依法对广告主、广告经营者和广告发布者的主体资格和广告信息内容进行验证管理，以及对广告发布后的监督管理。

(4) 广告行政管理对象。它们主要包括广告经营者、广告主、广告信息内容和广告发布者等。

### (二) 广告行政管理职能

1. 进行广告立法和对法规进行解释

广告法规是广告行政管理机构进行广告行政管理的主要依据，作为国家广告行政管理机构中最高管理机构的国家工商行政管理总局，是国务院的直属机构，其重要职能之一就是代国务院或者国家立法机关起草广告管理的法律、法规文件，单独或者会同国务院其他部门制定广告管理的单项规章。它还负责解释《广告管理条例》、《广告管理条例实施细则》、《广告法》以及其他广告管理的单项规章。

各省、自治区、直辖市和有地方立法权的城市的广告行政管理机构也可以替当地人民政府起草地方性的广告管理法规。其他广告行政管理机构均有义务为上述有立法权的广告行政管理机构起草的广告行政管理法律、法规进行研究和提供数据及有关资料。所以，进行广告立法和对广告法规进行解释既是广告行政管理机构的重要职能，也是广告行政管理中的重要内容。

## 相关案例链接

### 虚假广告案例分析

2005年7月1日，无锡市一家美容院，为了扩大知名度，招揽生意，在一段时间打出免费美容的广告。学生消费者汤某、高某信以为真，便同到该美容院接受美容服务。不料，美容结束后，该美容院列出清单要分别收取汤某、高某198元和582元的化妆品费，两名消费者感到上当受骗，向无锡市消委会投诉，经调解，该美容院退还汤某140元、高某432元的化妆品费。

分析：该美容院广告中称免费美容，按照通常理解，就是消费者无须交任何费用，便可得到该美容院的美容服务。消费者认为这是该院促销活动中的一种优惠。而实际上，这家美容院要照实收取美容过程中使用的化妆品费，且美容之前，又未向消费者介绍清楚，未征得消费者同意，就使用了昂贵的化妆品。此广告违反了《广告法》第9条第二款中“广告中表明推销商品、提供服务附带赠送礼品的，应当标明赠送的品种和数量”的规定，误导消费者做美容消费，构成虚假广告行为。同时在美容过程中，未征得消费者同意，便使用了消费者不知情的化妆品并收费，违反了《中华人民共和国消费者权益保护法》第9条中“消费者享有自主选择商品或者服务的权利”的规定，是一种违法的行为。

2. 对广告经营单位的审批

广告管理的审批工作是与管理对象——广告经营单位建立联系的开始。对广告经营单位的审批主要包括两个方面的内容：一是对广告经营资格的审批，即核准广告经营权；二是对广告经营范围的审批，也就是核定广告经营范围。对广告经营资格的审批决定广告公司能否经营广告业务，是区分合法经营和非法经营的界限；对广告经营范围的审批决定允许广告公司经营什么，决定其是守法经营还是超范围经营。对广告经营单位的审批是广告行政管理中的基础，是监督广告活动、保护合法经营、取缔非法经营的前提。

通过对广告经营单位的审批还有利于掌握一个地区、一个时期广告经营单位的发展情况。对广告经营资格的审批首先要考虑广告行业的发展规模、发展速度、发展方向以及是否有利于搞活广告经营；其次，审批广告经营单位要考虑申请单位的条件，并根据广告法规的规定，对申请单位的人员素质、管理水平、技术力量等进行考察，以保证广告经营单位的质量和行业水平。

3. 对广告主和广告经营者的监督与指导

对广告主和广告经营者的广告活动全过程的合法性进行监督，保证广告活动在法律规定范围内进行，是各级广告行政管理机构在进行广告行政管理时的一项日常性工作。

对广告主的广告活动进行监督，主要包括监督广告宣传程序是否符合国家法律、法规的规定，工商企业费用的计划、使用是否合法或合乎有关财务制度等。对广告经营者的监督则主要是要求广告经营者履行广告法规规定的义务，建立健全其内部经营管理制度,监督其在核定的经营范围从事广告经营活动。如没有代理权的不能代理广告业务,没有外商广告经营权的不得办外商广告业务。核心是要求广告经营者守法经营,禁止垄断和不正当竞争行为,维护广告市场的正常秩序,体现广告经营者的平等互利、等价有偿的原则。

4. 对广告违法案件的查处与复议

查处广告违法案件,依法制裁广告违法行为,追究广告违法行为人的法律责任,是各级广告行政管理机关的重要职能,也是其进行行政管理的重要内容。

根据《广告法》、《广告管理条例》、《广告管理条例实施细则》的规定,对违反广告法规的广告主、广告经营者和广告发布者,由工商行政管理机构追究其法律责任,并视其情节轻重给予不同的行政处罚,对构成犯罪的要移送司法机关。广告违法案件的发现途径主要有三种;日常监督、揭发和函件转来。广告违法案件的处罚决定做出后,其上一级广告行政管理机关担负行政复议的任务,并依不同情况维持、变更或者撤销原处罚决定。

5. 协调与服务

广告行政管理的协调与服务工作包括三个方面:一是工商行政管理机关内部广告管理部门与企业登记、经济合同管理等部门的协调;二是广告管理机关内部由于各地、各级工作的不同而产生的横向的、纵向的协调;三是广告管理机关与政府其他有关职能部门的协调。目前,由于我国尚没有统一的广告行业主管部门,广告管理机关实际上代行着行业管理的某些工作。因此,广告管理机关还有反映广告行业发展状况,代表广告业呼声,为广告业服务的职能。此外,广告管理机关还应做好对同级广告协会的指导工作。

## 三、广告行业自律管理

广告行业自律是指为保证广告活动的健康运行,广告业者以国家法律、社会道德与职业道德为准绳,通过制定章程、准则、规范等形式进行自我约束、自我管理。它是目前世界通行的一种行之有效的管理方式,是广告业发展到一定阶段的产物。世界上最早的广告行业自律规则是 20 世纪 60 年代由国际广告协会发表的《广告自律白皮书》,中国广告协会于 1990 年制定了《广告行业自律规则》,对广告应当遵循的基本原则和广告主、广告经营者、广告媒介所应体现的道德水准,做出了相应的规定。

1. 广告行业自律的特点

(1) 自愿性。广告行业组织一般是在自愿的基础上组成的,制定组织章程和共同遵守的行为准则,目的是通过维护行业整体的利益来维护各自的利益。因此,行业自律主要是依靠参加者的信念及社会和行业同仁的舆论监督作用来实现的,违反者也要依靠舆论的谴责予以惩戒。

(2) 广泛性。由于广告活动涉及面广且不断发展变化,广告法律、法规不可能把广告活动的方方面面都规定得十分具体。而广告行业规范可以不仅在法律规范的范围内进行规范，而且在法律没有规范的地方也能发挥其自我约束的作用，其范围要广泛得多。

(3) 灵活性。广告行业自律的灵活性，是指广告主、广告经营者、广告发布者和广告行业自律组织在制定广告行业自律章程、公约和会员守则等自律规则时，只要参与制定该自律规则的各方同意，广告行业协会可以随时制定自律规则，而且还可以根据客观情况的变化和现实需要，随时对自律规则进行修改和补充。

(4) 道德约束性。广告行业自律作用的发挥，一方面来自于广告主、广告经营者、广告发布者自身的职业道德、社会公德等内在修养与信念，即他们不仅主动提出了广告行业自律规则，而且还要自觉遵守。另一方面则来自一些具有职业道德、社会公德等规范作用的广告自律章程、公约、会员守则等对广告主、广告经营者和广告发布者的规范与约束。它主要借助职业道德、社会公德的力量和社会舆论、广告行业同仁舆论的力量来发挥其规范与约束作用。

2. 我国的广告行业自律

我国广告自律的基本内容体现在广告从业者道德规范、广告经营者的经营行为规范和广告发布者的发布行为规范三个方面。为塑造作为新兴产业的广告业整体形象，提高全体广告从业者的思想、业务与文化素质，培养敬业精神和加强广告业内部的分工合作，规范广告业发展，国家工商行政管理局于 1997 年 12 月 16 日发布了《广告活动道德规范》。

我国的广告行业自律管理主要由中国广告协会组织实施。该协会成立于 1983 年 12 月，是国家工商行政管理总局的直属事业单位，协会由全国范围内具备一定资质的广告主、广告经营者、广告发布者、与广告业有关的企、事业单位、社团法人等自愿组成。在国家工商行政管理总局的领导下，承担着抓自律、促发展，指导、协调、服务、监督广告行业的基本职能。

中国广告协会先后制定和通过了《广告行业自律规则》、《广告行业岗位职务规范(试行)》、《广告活动道德规范》、《广告宣传文明自律规则》、《广告公平竞争自律守则》等自律规章。

## 相关知识链接

### 国外广告业的主要监督机制

(1) 自律主导型。自律主导型即以行业自律为主(通过广告行业的自治组织实现对广告的监督管理)，国家监督管理、社会监督管理为辅的广告监督管理模式。美国是自律主导型管理模式的代表。美国广告行业建立了广告联合俱乐部、广告代理商协会、美国广告联盟、(Better Business Bureau，BBB)、美国广播事业协会等自律组织，对广告实行严格的自我管理、自我约束。这些自律组织的主要作用有：第一，建立自律规章制度和相应的约束机制。美国的各广告业协会联合制定了《广告业务准则》，强调广告的真实性，列出了 6 种值得引起警惕的广告现象，让社会公众进行广泛监督。美国广播事业协会制定了《美国电视广告规范》，从广告的基本标准、广告的播放、医药用品广告、赠奖和广告时间等方面做了严格规定,并对广告客户和广告人的广告活动做了较为详细的规定。第二,建立广告主、广告经营者、广告发布者互相监督,相互制约机制。作为广告发布者的美国媒体机构对广告有审核权,即使广告本身并非欺骗性质,媒体也可以拒绝刊发。电视台的审核是最严格的,除按正常程序审核广告内容外,电视台常常还要求广告主上交所有相关商品,据统计,约有一半的广告被退回,要求广告主重新修改。第三,建立广告公司、媒介、广告主内部自律机制。它们都有自己的法律部门或法律顾问对广告进行事前审查,以保证广告的真实、完美和正确。

(2) 政府主导型。政府主导型,即以政府监督管理为主,自律和社会监督为辅的广告监管模式。政府监督管理有事前管理、事中管理、事后救济三种方式。事前管理即在广告发布前,政府对广告的内容、用语等进行审查,许多国家对特种广告一般都实行广告事前审查制度。事中管理即对发布的广告进行监督管理。事后救济是当人们因为广告侵害而向政府有关机构投诉后,政府对广告予以查处的管理方式,各国立法几乎都建立了这种制度,以惩罚广告主,救济受害人。

自律主导型与政府主导型中政府监督管理的不同在于,自律主导型中的政府监督管理方式是事后救济,而政府主导型中的政府监督管理主要是事前审查和事中管理。

政府主导型以法国为代表。法国制定了完善、严格的法律对广告进行管理,实行广告发布前审查制度,未经审查机构批准的广告,任何媒介不得发布。广告审查不收费,审查机构主席由政府指定的法律专家担任。法国对广告实行严密的监督管理,设有政府管理广告的主要机构,其任务是监督广告活动,监视违反各种法律规章制度的行为。在事后救济方面,加强对违反《广告法》等法律法规行为的查处力度,建立受害人救济途径,对违反《广告法》等法律法规的行为实行严厉惩罚。如法国的《商业手工业引导法》第 44 条规定了"虚假广告罪",规定虚假广告行为一旦构成犯罪,当事人将被处 3 个月至 3 年的徒刑以及 3000 法郎至 25 万法郎的罚金。

## 四、广告社会监督管理

广告社会监督管理又称广告消费者监督,或广告舆论监督。主要通过广大消费者自发成立的消费者组织,依照国家广告管理的法律、法规对广告进行日常监督,对违法广告和虚假广告向政府广告管理机关进行举报与投诉,并向政府立法机关提出立法请求与建议。其目的在于制止虚假、违法广告对消费者权益的侵害,以维护广告消费者的正当权益,确保广告市场健康有序的发展。

1. 广告社会监督管理的特点

(1) 监督主体的广泛性。广告主的商品或服务通过大众媒介发布出来,成为广告信息,为广大社会公众所接受,产生消费意愿和消费行为的同时,要受到广告受众全方位的监督。这些广告受众即构成广告社会监督的主体,每一个成员都可以对广告的真实性、合法性进行监督，并向各级广告社会监督组织反馈其监督结果，从而构成一支庞大的广告社会监督大军。

(2) 监督组织的官意民办性。在西方，广告社会监督组织，即各种消费者保护组织，都是自发成立的，完全代表消费者利益，几乎不带任何官方色彩，在社会上扮演着“消费者斗士”的角色。而我国各级消费者协会则更多地带有“官意民办”的性质。这种“官意民办”性质主要表现在：其一，各级消费者协会都是经过同级人民政府批准后成立的，并非消费者完全自发的行为；其二，它成立后挂靠在同级工商行政管理机关，没有独特的地位；其三，它在经费、编制、人员及办公条件等方面需得到同级政府支持，缺乏自主权。这种“官意民办”性质决定了广告社会监督组织具有二重使命：既要在一定程度上体现官方意志，又要保护广大消费者的合法权益。当然，二者在更多的时候并不互相矛盾，而是一致的。

(3) 监督的自发性。广告受众依法对广告进行监督并非广告管理机关和广告社会监督组织的指令所致，而是一种完全自发的和自愿的行为。随着广告受众对接受真实广告信息权利认识的加强，以及保护自身合法权益意识的提高，对于广告监督行为越来越自发和自觉。

(4) 监督结果的无形权威性。广告主发布广告，目的是使潜在的购买趋势发展成为现实的购买行为。但社会公众是否接受广告信息，是否愿意产生购买欲望和购买行为，主动权在于社会公众本身。因此，以广告受众为主体的广告社会监督主体对广告的监督结果，具有一种无形的权威性。社会监督结果的这种无形权威性，是广告主、广告公司进行广告创意、构思、设计、制作时所不容忽视的，任何对它的忽视或轻蔑，都将招致严重的后果。

2. 广告社会监督的主要途径

社会对广告进行监督的途径主要有以下三个方面：

(1) 新闻媒体的舆论监督。随着新闻媒体行业的不断发展，许多虚假广告、违法广告行为都是通过媒体报道和揭露的。例如，中央电视台《今日说法》栏目揭示了虚假医药广告的利益链条，个别医药企业通过影视公司策划、演艺名人代言，靠媒体广告宣传炒作牟利，创收利润，多方分红，买单的却是广大上当受骗的消费者。加强新闻媒体的舆论监督，一方面，可以为广告管理机关提供线索；另一方面，可以使消费者了解事实真相，以免上当受骗。此外，还可以给违法广告行为的主体施加舆论压力，迫使其采取措施，改正错误。

> 作为消费者，你应该如何处理虚假广告?

(2) 社会团体的积极参与。对于违法广告行为，一些社会团体的积极参与是必不可少的。因为这些社会团体成立的宗旨就是关注社会公众利益，保护公民的合法权益不被侵犯。在我国，对损害消费者利益的违法广告行为，消费者协会应义不容辞地给消费者予以关心和帮助；对损害妇女儿童合法权益的违法广告行为，妇联的参与也是理所应当的；而残疾人联合会、宗教界联合会等社会团体都会积极参与社会监督队伍中，维护相关群体的合法权益。

(3) 公民举报投诉。每个公民都有责任和义务对违反法律的行为进行揭露。在公民个人的合法权益受到不法侵犯时，可以向政府主管部门反映和投诉，也可以通过法律途径提起法律诉讼。

## 第四节　广告法规

广告法规是法律的一部分，属于国家行政法规范畴。广告法规是国家运用法律手段对广告行业进行管理的重要手段。它一方面遵循民法平等、自愿、诚实信用、公平等原则，另一方面也符合经济法平等互利、协商一致、等价有偿的原则。

### 一、广告法规概述

1. 广告法规的概念

先进的政策法规是广告业健康发展的制度条件。法规建设的目的主要是要施行公共行政职能，通过一定的规章制约和行业监管，建立健全市场秩序来保障广告业的可持续性发展。不仅要保障经营主体的合法权益，尤其要保障公众的合法利益。**广告法规**是指由国家政权机关制定的关于广告宣传和管理的方针、政策、法律规范的总称。它是国家行政法规定的范畴，是国家法律规范的重要组成部分。广告法规是国家运用法律手段对广告业进行管理的重要手段。

2. 广告法规的历史

美国早在1911年就颁布了《普令泰因克广告法案》。1975年，美国广播事业协会订立了《美国电视广告规范》为行业自律规范。英国很早也制定了广告法规，主要有《广告法》、《医药治疗广告标准法典》、《销售促进法典》等。法国于1968年制定《消费者价格表示法》、《防止不正当行为表示法》、《禁止附带赠品销售法》等有关法律，对广告活动中的有关内容作出了严格限制，使广告活动能在法律规定范围内进行。1963年国际商会通过了《国际商业广告从业准则》，此准则在丹麦、希腊、瑞士等国家作为法律依据而执行。在我国台湾和香港地区也较早发布了各类广告法规，以台湾省为例，截至1980年，已有各种广告法规40个以上。

我国的广告法规起步较晚，其建立健全则是近十几年的事情。1982年6月，国务院颁布《广告管理暂行条例》。1987年10月26日，国务院正式颁布了《广告管理条例》，于1987年12月1日起施行。根据《广告管理条例》，1988年1月9日国家工商行政管理局发布了《广告管理条例施行细则》。中华人民共和国第八届全国人民代表大会第十次会议审议通过了《中华人民共和国广告法》（以下简称《广告法》），并于1995年2月1日起施行。从而使我国的广告业走上了法制化轨道。

3. 广告法规的体系及构成

广告法规作为部门法，从其体系构成来看，世界各国规定内容不同。各国的广告法规在内容上是千差万别的，但从总的法规体系上看都可归纳为以下两种部门法的建构方式：

(1) 没有专门的广告法规，但是有关的广告法律规定散见于有关民事活动和市场经济活动的相关法规中。世界上大多数国家的广告法规体系属于这一种体系。由于没有专门的广告法，所以涉及的广告问题比较多，负责制定和执行相应民事法规的管理部门就要担负起非本部门权责范围内的广告违法行为管理职责。因此，这种建构不仅涉及的广告法规多，参与的广告法规管理部门也多。美国和法国是这种法规体系的代表。

(2) 以本国的宪法为根本，以《广告法》为总的规范性文件，其他的相关法律作为补充，来调整广告的基本活动。从世界范围上看，只有为数不多的国家设立了专门的《广告法》，大多数国家都是用条例来调整。由于广告特殊的性质，广告法只调整商业性的广告，而非商业性的广告仍需要按有关的条例来办理。广告活动是一种民事行为，除了遵守《广告法》之外，还要遵守相应的法律法规，如民法、合同法、消费者权益保护法、反不正当竞争法等。以广告法为主干，所有的这些法律法规构成了完整的广告法规体系。英国和日本是此类法规体系的代表，我国也属于这种法规体系。

## 二、广告法规的基本原则

1. 诚实信用原则

诚实信用原则的基本含义是指当事人在市场活动中应讲求信用、恪守诺言、诚实不欺，在追求自己利益的同时不损害他人和社会利益，要求民事主体在民事活动中维持双方的利益以及自身利益与社会利益的平衡。诚实信用原则作为一种民事立法的价值追求，本身不直接涉及民事主体具体的权利义务，其性质具有高度的抽象性。

广告对消费者通过利益承诺方式，诱引消费者的兴趣。广告可以以竞赛为媒介诱引兴趣；以专家、明星指导为媒介诱引购买需求；以新奇为媒介的诱引，同时对于自我倾向明显的消费者，广告可以通过抬高身份、提供利益承诺等形式去打动他们，这就决定了作为广告来说就牵扯到一定的利益关系。因此，在广告关系中所牵扯到的各种利益主体就必须遵守诚实信用原则。我国《广告法》第 5 条规定："广告主、广告经营者、广告发布者从事广告活动，应当遵守诚实信用原则"。这项原则要求广告行为主体在广告活动中应保持善意、诚实，恪守信用，反对任何形式的误导和欺骗。任何广告在设计时不得滥用消费者的信任或者利用消费者缺乏经验或者知识，弄虚作假、欺骗误导。更不得利用广告这种具有广泛影响力和说服力的宣传形式，诋毁、贬损其他经营者。

2. 公平原则

1937 年通过的《国际广告行为准则》第 1 条明确规定："任何广告不得有违反通行的公平标准的声明或陈述。"这一规定基本上可以作为"公平原则"的国际法依据。根据我国《广告法》及相关法律、法规的规定，公平原则包含以下三个方面的内容：

(1) 从商品购买者和商品服务者的角度来看，广告对其购买者和服务者有着直接的或者潜移默化的引导作用。假如广告主、广告经营者或广告发布者利用虚假的、引人误解的广告欺骗或者误导广告受众，使其购买其产品或服务，那么该广告行为就是违反公平原则的行为。

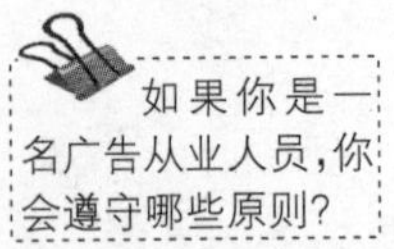

如果你是一名广告从业人员，你会遵守哪些原则？

(2) 凡是参与广告市场竞争的广告行为主体，都应当依照同一规则从事广告活动，严禁广告行为主体利用其优势，采用任何非正当的或者不道德的手段进行不公平竞争。诸如利用回扣、贿赂等手段承揽广告业务；利用自身优势垄断广告市场，阻碍他人参与广告市场的公平竞争等。

(3) 在广告活动中，广告的行为主体应当平等地享有权利和承担义务，不允许任何广告行为主体只享有权利而不承担义务，也不允许某些广告行为主体利用自己的优势地位，强迫交易对方放弃其依法享有的权利。

3. 真实合法原则

我国《广告法》第3条规定："广告应当真实、合法，符合社会主义精神文明建设的要求。"这一规定是广告"真实、合法原则"的法律依据。广告的真实性，从正面讲，就是要求广告主在广告中提出的任何主张和陈述都是客观真实的，其所依据的数据、资料都是可以证实的，其所援引的依据都是合法有效的；从反面讲，就是任何广告不得通过直接或者间接说明的方法，或者通过省略、含糊或夸大的方法误导消费者，也不得利用过时的研究成果或者滥用科技资料，让广告受众误认为其广告的主张或者说明是真实的。广告的合法性，是指广告的形式和内容都必须遵守法律和行政法规的规定，不得违反公序良俗或者损害他人利益。广告的合法性，又可分为广告内容的合法性和广告形式的合法性。

### 相关知识链接

**如何避免广告纠纷**

如何避免广告纠纷，以下五点有助于广告公司避开法律中的广告陷阱：

(1) 在广告活动中应当与广告经营者、广告发布者签订书面合同，明确约定各方的权利和义务。

(2) 要审查广告经营者、广告发布者是否有合法经营广告的资格。

(3) 应具有真实、合法、有效的证明文件。具体包括营业执照以及其他生产、经营资格的证明文件；质量检验机构对广告中有关商品质量内容出具的证明文件；确认广告真实性的其他证明文件。

(4) 使用他人名义、形象的，应当事先取得他人的书面同意；使用无民事行为能力人、限制民事行为能力人的名义、形象的，应当事先取得其监护人的书面同意。如"美媛春"口服液的广告画面使用了某画家的"泉"的油画，却未征得画家的同意，后引致法律纠纷。

(5) 广告的内容要符合《广告法》规定的有关内容。

如何针对目前我国广告活动中不尽如人意的地方，对完善广告法规提出一些合理化建议？

## 三、我国广告法规的主要内容

我国《广告法》共有6章49条，其中的主要内容有以下几个方面：

(1) 明确规定广告法只调整商业广告活动，并明确规定商业广告活动的主体。所谓的商业广告是指以介绍广告主所推销的商品或者提供的服务为广告目的的广告。商业广告的广告活动是希望广告信息接受者在见到或听到某种商品或服务后，产生购买这种商品或者服务的欲望，并将这种希望付诸实施，以营利为目的。广告主是指推销商品或者提供服务，自行或者委托他人设计、制作、发布广告的法人、其他经济组织或者个人，其中包括了广告的经营者和广告的发布者。广告的经营者是指接受委托广告设计、制作、代理服务的企业法人和不具备法人资格的经济组织和个体工商户，包括综合性广告公司、专门从事各种媒体广告的设计、制作的公司，兼营广告设计、制作的企业，以及符合国家关于工商户的有关规定从事广告设计、制作的公民。

(2) 明确规定广告活动的主体应遵守的广告原则与广告准则以及在广告活动的各个环节应承担的义务。广告法中明确规定了广告活动的基本原则是真实、合法，符合社会主义的基本要求。基本准则中明确规定的各广告主体在广告活动中应遵守法律、法规，遵循公平、诚实信用的原则，在广告活动中进行任何形式的不正当竞争，广告主负有提供真实、合法、有效的证明文件的义务。

(3) 明确规定了商品广告发布前的审查制度。我国广告法明确规定禁止在媒体与公共场所发布烟草广告外，还对药品、医疗器械、兽药以及食品、酒类、化妆品广告应当依照相关的法律、行政法规做出了明确规定，要由相关行政主管机关进行审查，由广告审查机关对广告内容和相关材料进行审查后作出是否准予发布广告的决定。

(4) 明确规定了广告活动中各种违法行为应承担的民事责任、行政责任和刑事责任。

民事责任：我国《广告法》第三十八规定“发布虚假广告，欺骗和误导消费者，使购买商品或者接受服务的消费者的合法权益受到损害，由广告主依法承担民事责任；广告经营者、广告发布者明知或者应知广告虚假仍设计、制作、发布的，应当依法承担连带责任。广告经营者、广告发布者不能提供广告主的真实名称、地址，应当承担全部民事责任。社会团体或者其他组织，在虚假广告中向消费者推荐商品或者服务，使消费者的合法权益受到损害的，应当依法承担连带责任”。第四十七条规定“广告主、广告经营者、广告发布者违反本法规定，有下列侵权行为之一的应依法承担民事责任：①在广告中损害未成年人或者残疾人的身心健康的；②假冒他人专利的；③贬低其他生产经营者的商品或者服务的；④广告中未经同意使用他人名义、形象的；⑤其他侵犯他人合法民事权益的”。

请寻找一些广告违法案例，并对其进行分析。

行政责任：包括行政处罚和行政处分。主要涉及对虚假广告、广告的可识别性的规定，药品、医疗器械、兽药以及食品、酒类、化妆品广告的规定，以及广告经营者、广告发布者明知或者应知广告虚假仍设计、制作、发布的行为，应当依法承担行政责任。对于广告监督管理机关和广告审查机关人员玩忽职守、滥用职权、徇私舞弊的给予行政处分。

刑事责任：对于发布虚假广告、违反《广告法》关于广告内容的基本要求及广告禁止的情形，如伪造、变造广告审查决定文件，以及监督管理机关和广告审查机关工作人员的渎职行为构成犯罪的，按规定依法追究刑事责任。

与我国《广告法》相关的法规内容还包括了《广告管理条例》、《消费者权益保护法》、《产品质量法》、《合同法》、《反不正当竞争法》、《民法通则》、《刑法》、《商标法》等相关法律条文对广告活动的规定。

## 经典案例赏析

### “兰贵人”化妆品违法广告案

案情简介：

1996年8月，《广州日报》、《南方周末》、《屏幕之友》、《广东电视周报》等报纸纷纷发布了南京中美圣大保健品公司的“兰贵人牛奶面容嫩白露”的大幅或整版广告。广告称：1996年8月，广州各新闻媒体竞相报道了《兰贵人“牛奶面容嫩白露”——走红广州!!》的消息。连日来，广州各大百货商店出现了众多顾客争相购买的销售热潮。一位卢杨华小姐特意从番禺赶来，没想到化妆品柜台前人山人海，水泄不通，顾客个个挤得汗流浃背，她好不容易从下午两点等到晚上六点才买到一套。兰贵人“牛奶面容嫩白露”的风靡，归根结底在于它从根本上解决了黄色人种消除黑斑、色斑、雀斑、粉刺斑的难题，可使粗糙、枯黄、晦暗的皮肤逐渐变得自然嫩白……广告中还配发了“争购的场面”照片，以及四位使用者使用该化妆品前后的照片和本人自述。还堂而皇之写到军阀孙殿英夜盗慈禧墓偷取秘方的故事。最后由美容专家介绍该化妆品的“科学奥秘”。

该广告的发布，引起广告监督管理机关的关注。经过调查，广州市工商行政管理局认定该广告含有下列违法内容：

(1) 广告谎称新闻媒体竞相报道的消息；虚构卢小姐的购买情节；不切实际地描述销售场面；刊用的场面照片也不是在广州拍摄。

(2) 广告引用“孙殿英夜盗慈禧墓盗出‘兰贵人’”的资料，未有出处。

(3) 广告称“大太监李莲英将慈禧美容秘方作为殉葬品，供慈禧在阴间继续享用”，“死去20年的慈禧居然面目如生，皮肤柔嫩光华”，渲染封建迷信不良文化。

(4) 广告极力夸大产品的效用，称“它从根本上解决了黄色人种消除黑斑、色斑、雀斑、粉刺斑的难题”，并称有消除“粉刺”的医疗作用。

(5) 广告刊用张××等4人对比照片及证言，又引述×××教授的介绍，违禁使用他人名义保证化妆品效用。

据此，广州市工商局在先行暂停该广告发布后，依法对代理、发布该广告的有关当事人给予没收广告费用、罚款的行政处罚。

点评：

“兰贵人”化妆品违法广告案是《广告法》施行后一则比较典型、情节严重的广告违法案件。纵观这起违法广告活动的发生、发展和结果，我们从中得到哪些启示呢？

(1) 企业必须树立法制观念和意识，依法开展广告宣传活动。

(2) 广告经营单位必须依法查验证明，核实广告内容。广告审查员应切实履行审查义务，不能形同虚设。

(3) 在广告中允许进行一定程度的艺术夸张，但是必须在一定事实的基础上加工，不能编造本来没有的所谓“故事”，否则就是虚假，要承担法律责任。

案例选自：张龙德主编：《广告法规案例教程》。上海大学出版社 2001 年 9 月版

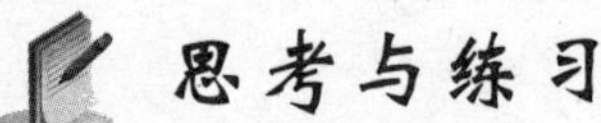

思考与练习　　　　姓名________　班级________　学号________

# 项目一　广告概述

**1. 名词解释**

广告

广告营销

整合营销传播

**2. 单项选择**

(1) 中国最早的广告形式是(　　)。

A. 口头叫卖　　B. 旗子　　C. 幌子　　D. 招牌

(2) 广告活动是一种有计划的(　　)活动。

A. 人际传播　　B. 人员提示　　C. 宣传　　D. 大众传播

**3. 填空题**

(1) 在 AIDMA 传播过程中，______显得特别重要，因此，越来越多的广告人把这种现象称为________________。

(2) 中国目前现存的最早的印刷广告是现存中国历史博物馆北宋年间______的广告。世界上最早的文字广告，是现存英国博物馆，写在羊皮纸上的______的广告。

**4. 判断题**

(1) 广告与营销是两个独立的策略体系。　(　　)

(2) 文字与印刷术发明了之后才有了广告。　(　　)

(3) 企业不用付费的宣传也是广告。　(　　)

(4) 广告的目的就是劝服人们更多地消费。　(　　)

**5. 实训题**

从报纸、广播、杂志、电视和网络上各收录一则广告，说明该广告的要素，并讨论其信息的表达方式。

# 项目二　广告调查与预算

**1. 单项选择**

(1) 将总体按一定特征分成若干群体,然后以群为单位进行抽样,对抽中的群内的所有个体进行调查的方法是(　　)。

A. 分层抽样　　B. 分群抽样　　C. 非随机抽样　　D. 简单随机抽样

(2) 长期广告计划的时间期限一般为(　　)。

A. 3～5 年　　B. 1～2 年　　C. 1 年　　D. 10 年以上

(3) 在广告预算编制中,(　　)是以销售量为基础。

A. 销售单位法　　B. 销售额百分比法　　C. 竞争对抗法　　D. 武断法

(4) 在广告费用中,(　　)所占比例最大。

A. 广告调研费　　B. 广告设计制作费　　C. 广告媒体费　　D. 广告行政费

(5) 广告费用媒体分配法是根据(　　)分配广告预算。

A. 租用时间　　B. 媒体的重要性　　C. 产品的重要性　　D. 租用媒体

(6) 在产品生命周期中,(　　)阶段的广告预算投入最少。

A. 导入期　　B. 成长期　　C. 成熟期　　D. 衰退期

**2. 多项选择**

(1) 按照广告性质划分,广告计划可分为(　　)。

A. 长期广告计划　　B. 短期广告计划　　C. 战略性广告计划　　D. 战术性广告计

(2) 编制广告计划时应遵循的组织原则有(　　)。

A. 目标明确原则　　B. 分工协作原则　　C. 高度保密原则　　D. 量化原则

(3) 下列属于广告预算范围的费用的有(　　)。

A. 广告调研费　　B. 广告媒体费　　C. 广告设计费　　D. 产品说明书费

(4) 下列属于影响广告预算的因素的有(　　)。

A. 企业自身状况　　B. 市场竞争状况　　C. 产品因素　　D. 媒体因素

(5) 广告预算的分配方法一般有(　　)。

A. 时间分配法　　B. 地理区域分配法　　C. 产品分配法　　D. 媒体分配法

**3. 名词解释**

(1) 广告调查

(2) 抽样调查

(3) 广告计划

(4) 广告预算

**4. 思考题**

（1）简述影响消费行为的因素。

（2）简述广告计划的内容。

（3）简述广告预算的几种主要方法和运用条件。

（4）简述影响广告预算的因素。

（5）简述广告预算的分配方法。

**5. 实训题**

（1）将全班学生进行分组，10 人一组对某种类型的产品进行广告调查，设计调查问卷，提交调查结果。

（2）将全班学生进行分组，5～7 人一组收集某一产品的一个广告计划，分析其内容。然后以大学生为目标对象进行某一学生用品的广告计划的编制。

（3）将全班学生进行分组，5～7 人一组调查某一广告公司或做过广告的企业，收集广告预算资料，了解广告预算的编制方法和分配方法。

# 项目三　广告战略和广告策略

**1. 单项选择**

(1) (　　)将提高消费者对新产品的知名度、理解度和品牌商标的记忆度作为目的。

A. 创牌广告目标　　B. 保牌广告目标

C. 竞争广告目标　　D. 形象广告目标

(2) 1992年，康师傅方便面为进入北京市场，在北京电视台黄金时段每天播6～8次广告，这体现了哪种广告策略(　　)。

A. 差别市场广告策略　　B. 无差别市场广告策略

C. 集中市场广告策略　　D. 产品差别广告策略

(3) “高露洁，有效防止蛀牙”，这样的广告宣传体现了哪种广告定位策略(　　)。

A. 原料定位　　B. 功效定位　　C. 形象定位　　D. 价格定位

(4) 众多厂家争夺中央电视台的标王，这是(　　)。

A. 节假日时机策略　　B. 季节时机策略

C. “黄金”时机策略　　D. 重大活动时机策略

(5) 王老吉凉茶，先选择广东、福建作为重点市场，待开拓后再转向全国其他市场。广告区域与之配合，先广东、福建，后推向全国，这是(　　)区域选择法。

A. 重点扩散法　　B. 稳定占有法　　C. 灵活机动法　　D. 全面占有法

(6) 大宝以“大宝，天天见”为广告语，向老、中、青三代人进行诉求，这体现了哪种广告策略(　　)。

A. 无差别市场广告策略　　B. 差别市场广告策略

C. 集中市场广告策略　　D. 产品差别广告策略

(7) “芳草，芳草，止血脱敏效果好。”该广告定位类型为(　　)。

A. 原料定位　　B. 功效定位　　C. 形象定位　　D. 价格定位

(8) “非油炸，更健康，五谷道场!”，该广告定位类型为(　　)。

A. 原料定位　　B. 功效定位　　C. 是非定位　　D. 逆向定位

**2. 多项选择**

(1) 按照广告活动所要达到的效果，广告目标可以分为(　　)。

A. 销售效果目标　　B. 创牌目标　　C. 竞争目标　　D. 传播效果目标

(2) 从内容角度设计广告战略，主要包括(　　)。

A. 企业广告战略　　B. 产品广告战略　　C. 系列战略　　D. 市场细分战略

(3) 运用市场细分理论，广告目标市场策略可分为(　　)。

A. 无差别市场广告策略　　B. 量化市场广告策略

C. 差别市场广告策略　　D. 集中市场广告策略

(4) 广告观念定位策略的具体方法有(　　)。

A. 功效定位　　B. 是非定位　　C. 逆向定位　　D. 品质定位

(5) 广告实施策略主要包括(　　)。

A. 广告区域策略　B. 广告心理策略　C. 广告产品策略　D. 广告时机策略

**3. 名词解释**

(1) 广告战略

(2) 广告目标

(3) 广告策略

(4) 广告定位

**4. 思考题**

(1) 简述广告目标市场策略的类型。

(2) 简述影响广告目标设定的因素。

(3) 简述广告目标与营销目标的关系。

(4) 简述广告定位与产品定位的关系。

(5) 简述广告定位观念的要点。

(6) 简述广告目标设定的原则。

**5. 实训题**

(1) 将全班学生进行分组,5～7 人为一组,收集某种产品的广告信息,分析该产品所采用的广告战略及广告策略。

(2) 将全班学生进行分组,5～7 人为一组,利用“五一”或“十一”节假日,到当地一些商场调查一种产品的节假日广告宣传策略。

# 项目四　广告创意

**1. 名词解释**

广告主题

广告创意

广告表现

**2. 单项选择题**

(1) 广告定位理论是由美国(　　)创立的。

A. 艾尔·里斯　B. 艾维斯　C. 罗伯特·陶先德　D. 龙金·麦卡

(2) 万宝路香烟的广告定位策略是(　　)；这种定位方法是广告大师(　　)的广告定位观。

A. 品质定位　B. 功效定位　C. 价格定位　D. 形象定位

A. 李奥·贝那　B. 奥格威　C. 伯恩巴克　D. 罗瑟·瑞夫斯

(3) (　　)创意法的价值主要体现在创意者把各种互不相关甚至互相抵触的事物交融、组合在一起，形成一个令人注目的创意。

A. “二旧化一新”　B. 水平思考　C. 头脑风暴

**3. 判断题**

(1) USP 战略主要强调以独特诉求点来推销产品最有效果。(　　)

(2) 詹姆斯. 韦伯. 扬的主要代表著作是《一个广告人的自白》。(　　)

(3) 垂直思考创意法的要义是做“不连续思考”、“多方向思考”，寻求“突破”，不必“彻底想通”。(　　)

**4. 填空题**

(1) 首次提出“品牌形象”概念的是________________。

(2) 广告主题的构成要素有________________、信息个性要素和________________。

(3) 广告创意的特征有________________、表现方式新颖、________________和________________。

**5. 实训练习**

实训目标：

(1) 深入体会广告创意的价值。

(2) 理解广告创意对广告效果的影响。

实训内容：

(1) 选择某一类产品，如饮用水、手机、洗发水等，收集一个你认为比较成功的广告案例，说明选择该广告的理由。

(2) 在该类产品中，收集一个你认为很失败的广告案例，说明选择该广告的理由。

(3) 比较以上两则广告在广告创意、表现手法等方面的差异，并进行分析和点评。

实训要求：

以小组为单位，以PPT形式展示，并在课堂上讨论交流。

# 项目五　广告媒体决策

**1. 名词解释**

媒体

广告媒体

广告媒体策略

**2. 单项选择题**

(1) 与报纸媒体不同,杂志一般面向(　　)读者发行。

A. 全国　　B. 都市

C. 某区域　　D. 农村

(2) 广播广告强调广告的(　　)。

A. 视觉效果　　B. 听觉效果

C. 视听效果　　D. 以上都是

(3) 兼有视觉和听觉效果的广告媒体是(　　)。

A. 电视　　B. 报纸

C. 杂志　　D. 广播

(4) 下列不属于传统的四大媒体的是(　　)。

A. 电视　　B. 网络

C. 报纸　　D. 广播

(5) (　　)一般设置在商业区或车站、广场、码头,人流量大的地方。

A. 广告牌　　B. 灯箱

C. 大型电子显示牌　　D. 霓虹灯

**3. 判断题**

(1) 传统的广告媒体包括电视、报纸、杂志和网络。(　　)

(2) 当电视媒体与报纸媒体同时运用时,应以报纸媒体为先导,再使用电视媒体。(　　)

**4. 填空题**

(1) 广告媒体的功能是________和________。

(2) 新兴的广告媒体有________、网络媒体和________。

**5. 实训练习**

实训目标:

(1) 了解不同类型的户外广告。

(2) 了解企业对于户外广告的应用状况。

实训内容：

(1) 对所在城市的大型广告牌、落地灯箱广告、公交广告和网络广告进行调查。

(2) 记录各类广告的主要客户所属的行业、广告信息种类和受众反应。

(3) 根据记录结果，说明不同客户媒体选择的理由。

实训要求：

分组完成，以 PPT 形式展示，并在课堂上交流讨论。

# 项目六　广告文案

**1. 名词解释**

广告文案

广告策划书

**2. 填空题**

(1) 广告文案由标题、________、广告标语和________组成。

(2) 广告文案的特点是真实性、________、独创性、________和商业性。

(3) 广播广告的构成要素有________、音响和________。

(4) 电视广告文案的写作格式有________和________。

**3. 思考题**

(1) 简述广告标题与广告标语的区别。

(2) 简述报纸广告文案的写作要求。

(3) 简述广播广告文案的写作要求。

(4) 简述广告策划书的构成。

**4. 案例分析题**

(1)

标题:女人为了男人穿鞋,男人教女人走路

正文:为了用婀娜多姿讨好他,你穿上了高跟鞋

你含蓄地用欢迎鉴赏的态度在他目光可及之处来回游走

慢慢慢慢慢慢地走

走成了习惯、走成了行为,走成了思想……

走不出他的目光围栏

因为在你穿上高跟鞋的时候,就收起了双脚

走路成了一件陌生的事

所以,走不出路的女人

只好安分守己地等着

男人教女人走路

口号:Just　do　it

随文:略

(2)

标题:你决定自己穿什么

正文:找出你的双脚,穿上它们

跑跑看,跳一跳……用你喜欢的方式走路

你会发现所有的空间都是你的领域

没有任何事物能阻止你独占蓝天

意外吗? 你的双脚竟能改变你的世界

没错,因为走路是你的事

怎么走由你决定

当然,也由

你决定自己穿什么

口号:Just do it

随文:略

问题:请说出该广告文案的广告主,并分析该文案。

**5. 实训题**

实训目标:掌握广告文案的写作要领。

实训内容:为下述图片写作报纸广告文案(见图 1)。

实训要求:每个同学写出广告文案一份,上交老师,由指导老师批改。

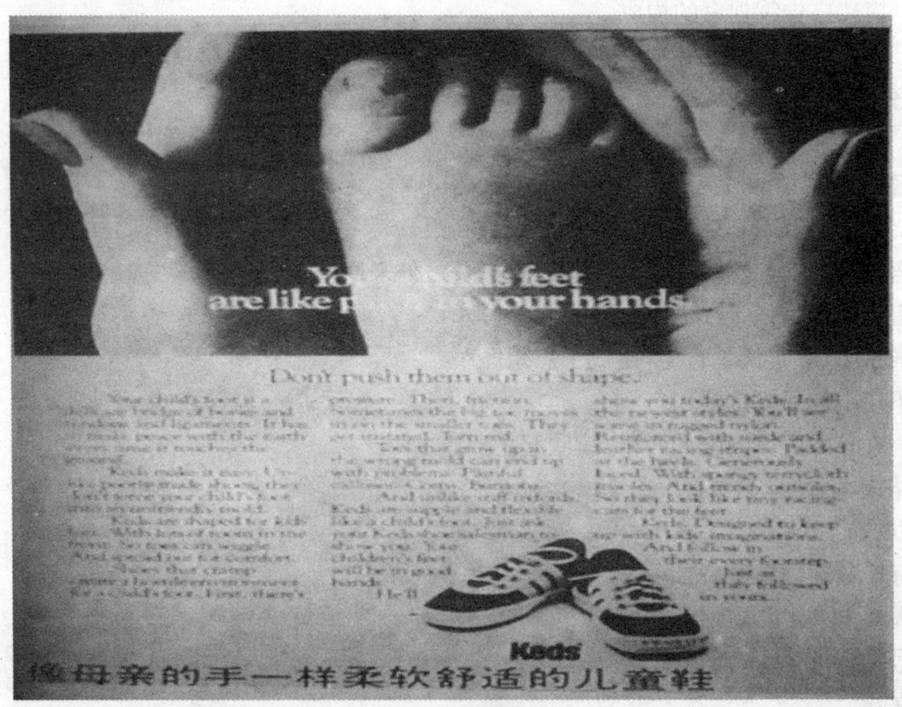


图 1 凯兹童鞋

# 项目七 广告效果与测评

**1. 名词解释**

广告效果

广告效果测评

**2. 单项选择题**

(1) 根据广告对消费者的影响，可划分为可划分为到达效果、(　　)、心理效果和行为效果。

A. 长期效果　B. 事后效果　C. 认知效果　D. 社会效果

(2) 由赫尔默(Helmer)和戈登(Gordon)首创于20世纪40年代，一种主观、定性的测评方法是(　　)。

A. 组群测试法　B. 内部评估法　C. 等级测定法　D. 专家意见法

(3) 广告经济效果测评中，通过投入广告费的变动率与销售量变动率之比来测定广告经济效果的方法是(　　)。

A. 弹性系数测定法　B. 广告有效率法

C. 广告效果测定指数法　D. 广告效益法

**3. 多项选择题**

(1) 广告效果具有的特性有(　　)。

A. 滞后性　B. 积累性　C. 间接性　D. 复合性

E. 难测定性和竞争性

(2) 广告效果包括的内容是(　　)。

A. 诉求认知效果　B. 经济效果　C. 心理沟通效果　D. 社会效果

E. 购买行为效果

(3) 广告诉求认知效果测评按时间划分可分为(　　)。

A. 年度测评　B. 事前测评　C. 事中测评　D. 事后测评

E. 长期测评

**4. 问答题**

(1) 广告效果测评的原则有哪些?

(2) 广告效果测评有哪些意义?

(3) 广告诉求认知效果测评的方法有哪些?

(4) 广告社会效果测评有哪些测评指标?

**5. 计算题**

(1) 某化妆品公司第一季度销售额为 480 万元,第二季度投入广告费 10 万元,销售额上升到 560 万元,根据广告效益法计算该化妆品公司单位费用销售增加额。

(2) 某服装企业第二季度的销售额为 280 万元,投入广告费 2.6 万元;第三季度销售额为 310 万元,投入广告费 3.4 万元,计算该企业单位广告弹性系数。

**6. 实训题**

(1) 1985 年美国企业界共做了 850 亿美元的广告投资,为了使这笔巨额的广告费发挥应有的效果,广告客户在广告效果的研究上投下了大比的资金,下面就是一则广告内容经一再测定、修改而成为杰出广告的例子。

Merrill Lynch 是美国一家全国性的连锁保险金融企业,以“公牛”作标志,所以它的广告均以一群公牛在平原上奔驰来表现,但是公司一直希望树立成功者脱颖而出的形象。经过广告效果测评,该公司了解到,在消费者的心目中,成功者的形象必须是突出的,不可能与一群公牛一起狂奔。因此,该公司的广告修正为一头公牛走进水晶专卖店,象征节节高升。而这种用一头公牛表现的广告的形象,帮助 Merrill Lynch 超越其他同行称为美国保险业市场占有率最高的公司。

请问,该公司对原有广告修改后,为什么会大大提高市场占有率?

(2) 有两则运动鞋的报纸广告,画面大小一致,A 广告的广告图是一双运动鞋的图片,文字在图片上方,文案是“1895 年时,我们在英国以最好的牛皮,用手工制造运动鞋,我们从不想成为最大的鞋厂,但坚持做最好的鞋。今天,我们在运动鞋的制造技术上,已成为当今世界各鞋厂的标准楷模。”B 广告的广告图以运动员的小腿为主体,脚着运动鞋,文字在图片右方,文案是“不管比赛或是平时练球,大多数球员在打球时,为了抢球,许多激烈的动作,会使脚踝极度扭曲而损及运动鞋。现在不会了,有了 RTN 新型运动鞋,独特的综合控制系统制造,可以在打球时增加对脚踝的保护。”

请分析对比这两则广告,制订出可行的广告效果测定方法。

# 项目八　广告经营与管理

**1. 名词解释**

广告组织

广告代理制度

广告管理

广告法规

**2. 单项选择题**

(1) 广告活动中连接各个部分、占主导地位的是(　　)。

A. 广告客户　B. 广告公司　C. 广告媒体　D. 广告受众

(2) 按照佣金制,大众媒体应向广告公司支付的佣金比率是(　　)。

A. 15%　B. 16.7%　C. 25%　D. 17.8%

(3) 我国广告管理行政部门是(　　)。

A. 法院　B. 中国广告协会

C. 工商行政管理部门　D. 消费者委员会

(4) 实施广告行业自律的组织是(　　)。

A. 法院　B. 中国广告协会

C. 工商行政管理部门　D. 消费者委员会

**3. 多项选择题**

(1) 综合性广告代理公司的服务往往要经过(　　)四个环节。

A. 客户部　B. 市场调研部　C. 创作部　D. 策划部

E. 媒介部

(2) 专业广告公司可以分为(　　)。

A. 专属广告公司　B. 综合性广告公司

C. 媒体购买公司　D. 广告制作公司

E. 广告代理公司

(3) 广告代理的收费模式有(　　)。

A. 佣金制　B. 实费制

C. 协商佣金制　D. 议定收费制

E. 效益分配制

(4) 广告行业自律的特点有(　　)。

A. 自愿性　　B. 广泛性
C. 灵活性　　D. 道德约束性
E. 无形权威性

**4. 问答题**

(1) 现代广告公司的三大核心部门是什么?
(2) 广告代理的双重性质是什么?
(3) 广告行政管理的职能有哪些?
(4) 广告社会监督有哪些特点?
(5) 广告法规的基本原则有哪些?

**5. 实训题**

**"丰田霸道"广告风波始末**

2003 年末,两则丰田公司汽车广告在网络上引起不小的波澜。其一为刊登在《汽车之友》第 12 期杂志上的"丰田霸道"广告:一辆霸道汽车停在两只石狮子之前,一只石狮子抬起右爪做敬礼状,另一只石狮子向下俯首,背景为高楼大厦,配图广告语为"霸道,你不得不尊敬"(见图 2)。其二为"丰田陆地巡洋舰"广告:该汽车在雪山高原上以钢索拖拉一辆绿色国产大卡车,拍摄地址在可可西里(见图 3)。

图 2　丰田霸道广告

**事件重现**

石狮向"霸道"敬礼鞠躬

很多网友认为,石狮子有象征中国的意味,"丰田霸道"广告却让它们向一辆日本品牌的汽车"敬礼"、"鞠躬"。"考虑到卢沟桥、石狮子、抗日三者之间的关系,更加让人愤恨"。对于拖拽卡车的"丰田陆地巡洋舰"广告,很多人则认为,广告图中的卡车系"国产东风汽车,绿色的东风卡车与我国的军车非常相像。"

图 3　丰田陆地巡洋舰广告

**网友评论**

“广告侮辱中国人感情”

为此，众多网友在新浪汽车频道、tom 以及 xcar 等专业网站发表言论，认为丰田公司的两则广告侮辱了中国人的感情，伤害了国人的自尊。更有网友发出言语过激的评论。

《汽车之友》

与丰田公司和盛世长城相比，刊登“丰田霸道”广告的《汽车之友》杂志已经有了动作，他们率先在网上公开刊登了一封致读者的致歉信。

《汽车之友》杂志广告部负责人沈克在接受记者电话采访时承认：“出现这样的事情，原因在于我们对广告把关不严，我们没有在广告的图案上细抠，而把关不严说明我们的政治觉悟不高。”

**致歉信**

丰田汽车公司对中国消费者的公开致歉信：

丰田汽车公司对最近中国国产陆地巡洋舰和霸道的两则广告给读者带来的不愉快情绪表示诚挚的歉意。

这两则广告均属纯粹的商品广告，毫无他意。目前丰田汽车公司已停止这两则广告的投放。

丰田汽车公司今后将一如既往地努力为中国消费者提供最满意的商品和服务，也希望继续得到中国消费者的支持。

丰田汽车公司<br>2003 年 12 月 4 日

——资料来源：季勇勇. 浅析丰田汽车广告危机公关[J]. 公关世界

问题：

(1) 结合案例，请谈谈正规广告应符合哪些要求？

(2) 丰田汽车的广告引起轩然大波的事实原因是什么？

(3) 结合丰田汽车的实例，谈谈社会监督如何对广告管理的发生作用？

# 参考文献


[1] 王宏伟,芦阳.广告原理与实务(第二版)[M].北京:高等教育出版社,2011.

[2] 赵兴元.广告原理与实务(第四版)[M].大连:东北财经大学出版社,2012.

[3] 李政敏.广告实务(第二版)[M].大连:大连理工大学出版社,2009.

[4] 莫凡,王成文.广告创意案例评析[M].武汉:武汉大学出版社,2009.

[5] 何碧.广告文案[M].北京:高等教育出版社,2008.

[6] 郐晓光,张晓.广告文案写作[M].北京:机械工业出版社.

[7] 陈培爱,覃胜南.广告媒体教程[M].北京:北京大学出版社,2005.

[8] 周鸿铎.广告策划[M].北京:中国财政经济出版社,2005.

[9] 陈培爱.现代广告学概论[M].北京:首都经济贸易大学出版社,2004.

[10] 樊志育.广告学原理[M].上海:上海人民出版社,2003.

[11] 张龙德.广告法规案例教程[M].上海:上海大学出版社 2001.

[12] 杨群祥.广告策划[M].北京:高等教育出版社,2005.

[13] 余明阳,陈先红.广告学[M].合肥:安徽人民出版社,2000.

[14] 张丽娟.广告原理与实务[M].北京:清华大学出版社,2008.

[15] 杨建宇.广告原理与实务[M].西安:西北工业大学出版社,2010.

[16] 钟立群,任淑艳.广告实务[M].北京:清华大学出版社,2011.

[17] 严学军,汪涛.广告策划与管理[M].高等教育出版社,2001.

[18] 闫洪深.现代广告策划[M].高等教育出版社,2007.